한민경의 타로수비학
나의 소울넘버

한민경의 타로수비학

나의 소울넘버

차 례

추천의 글　　나에게서 '나와 너'에게로　　8
개정판 머리말　　오래 기다리셨습니다　　11
초판 머리말　　소울넘버는 레벨 1의 공짜 무기　　16
타로 속의 수비학 개론
　　　　타로 은하계를 여행하는 히치하이커를 위한 안내서　　21
　　　　3단계로 알아보는 나의 소울넘버　　31

❶번　마술사

수비학 속의 소울넘버 1번　　우주를 숨긴 씨앗　　43
타로카드 속의 마술사　　하늘과 인간을 잇는 통로　　46
소울넘버 1번의 역할　　될 때까지 하면 되는 전문가　　54
4원소 속의 소울넘버 1번
　　　　텐 완드　　마술사에게 목표란?　　62
　　　　텐 컵　　마술사에게 인간관계란?　　64
　　　　텐 소드　　마술사에게 문제 해결이란?　　66
　　　　텐 펜타클　　마술사에게 재물운이란?　　68

❷번　여사제

수비학 속의 소울넘버 2번　　발아를 돕는 산파　　73
타로카드 속의 여사제　　새 세상을 여는 경계의 수호자　　76
소울넘버 2번의 역할　　궁여지책의 무림고수　　79
4원소 속의 소울넘버 2번
　　　　투 완드　　여사제에게 조직이란?　　86
　　　　투 컵　　여사제에게 파트너십이란?　　90
　　　　투 소드　　여사제에게 갈등이란?　　95
　　　　투 펜타클　　여사제에게 돈이란?　　98

❸번 황녀

수비학 속의 소울넘버 3번　떡잎이 된 대리모　107
타로카드 속의 황녀　아낌없이 나누는 행복한 쾌락주의자　110
소울넘버 3번의 역할　원하는 것을 원하는 만큼 원할 때까지　115
4원소 속의 소울넘버 3번
　　　쓰리 완드　황녀에게 모험이란?　128
　　　쓰리 컵　황녀에게 사교활동이란?　132
　　　쓰리 소드　황녀에게 욕망과 선택이란?　135
　　　쓰리 펜타클　황녀에게 낭비란?　139

❹번 황제

수비학 속의 소울넘버 4번　좌불안석 보호자　147
타로카드 속의 황제　요새에 앉아 망을 보는 지략가　151
소울넘버 4번의 역할　작은 성취를 꾸준히 쌓는 벽돌공　156
4원소 속의 소울넘버 4번
　　　포 완드　황제에게 대세란?　164
　　　포 컵　황제에게 거리두기란?　168
　　　포 소드　황제에게 자기관리란?　171
　　　포 펜타클　황제에게 자원이란?　174

❺번 교황

수비학 속의 소울넘버 5번　황금비율, 꽃 중의 꽃　181
타로카드 속의 교황　지혜, 사랑, 질서의 교본　184
소울넘버 5번의 역할　선량한 나르시시즘　190
4원소 속의 소울넘버 5번
　　　파이브 완드　교황에게 편들기란?　198
　　　파이브 컵　교황에게 관계 유지란?　202
　　　파이브 소드　교황에게 트러블이란?　205
　　　파이브 펜타클　교황에게 가치란?　208

6번 연인

수비학 속의 소울넘버 6번   결실을 맺는 춤   217
타로카드 속의 연인   에덴의 정원사   220
소울넘버 6번의 역할   현실적인 이타주의자   225
4원소 속의 소울넘버 6번
  식스 완드   연인에게 인정욕구란?   233
  식스 컵   연인에게 남 탓이란?   237
  식스 소드   연인에게 팔자란?   240
  식스 펜타클   연인에게 보상이란?   244

7번 전차

수비학 속의 소울넘버 7번   최초의 여행자   251
타로카드 속의 전차   길 위의 로맨티스트   257
소울넘버 7번의 역할   욕구 불만에 시달리는 이상주의자   260
4원소 속의 소울넘버 7번
  세븐 완드   전차에게 세상의 룰이란?   264
  세븐 컵   전차에게 욕망이란?   267
  세븐 소드   전차에게 컴플렉스란?   271
  세븐 펜타클   전차에게 몸값이란?   275

8번 힘

수비학 속의 소울넘버 8번   모든 열정을 품은 씨앗   281
타로카드 속의 힘   두려움을 잠재우는 내면의 용기   285
소울넘버 8번의 역할   사자를 길들이는 소녀   288
4원소 속의 소울넘버 8번
  에이트 완드   힘에게 과로란?   295
  에이트 컵   힘에게 배신이란?   298
  에이트 소드   힘에게 고난이란?   302
  에이트 펜타클   힘에게 생산성이란?   305

9번 은둔자

수비학 속의 소울넘버 9번	다른 차원으로 가는 은하철도 999	311
타로카드 속의 은둔자	멀리 넓게 퍼지는 지혜의 빛	318
소울넘버 9번의 역할	게으른 복고풍 혁명가	324

4원소 속의 소울넘버 9번

- 나인 완드 은둔자에게 직업이란? 328
- 나인 컵 은둔자에게 타인이란? 332
- 나인 소드 은둔자에게 걱정이란? 336
- 나인 펜타클 은둔자에게 로또란? 339

맺음말 불에서 물로, 그 연금술 같은 여정 344

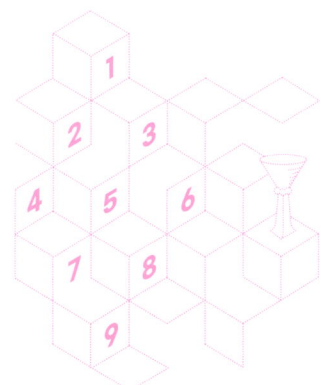

추천의 글
나에게서 '나와 너'에게로

요조

뮤지션, 작가, 책방무사 보스

어떻게 하면 내가 성공할 수 있을까?
어떻게 해야 행복해질 수 있을까?
어떻게 해야 사랑받을 수 있을까?

그간 점성술의 도움을 빌리며
끊임없이 던졌던 이 질문들 속에는
남들이야 어떻게 되든 상관없다는
조용한 잔인함이 깃들어 있었다는 사실을
나는 한민경 선생님 덕분에
비로소 깨달을 수 있었다.

오직 나만을 중심에 두고
세상을 바라보던 유치한 시선에서 벗어나
나만큼이나 소중한 수많은 사람들과
관계를 맺고 살아가는 '나'라는 일원의 귀함을
다시 보게 되었다.

그 소중한 깨달음으로 이끌어준
이 책에 진심으로 감사한다.

개정판 머리말
오래 기다리셨습니다

『나의 소울넘버』 초판을 세상에 내놓은 때가 2019년이었습니다. 그 후 전 세계는 코로나 팬데믹이라는 낯선 시간에 갇혔고 저 역시 시간이 멈춘 듯한 삶을 살았습니다. 기억에 남는 일이 없을 만큼 내 일상은 모든 게 멈췄지만 세상은 천지개벽처럼 여러 변화가 일어났습니다. 삶은 예기치 못한 방향으로 흘러갔죠.

그중 하나는 이 책을 처음 출간했던 출판사의 폐업 소식이었습니다. 출판사 대표는 제 책의 첫 번째 편집자였기에 안타까움이 컸습니다. 이렇게 『나의 럭키넘버』에 이어 『나의 소울넘버』의 판권이 제게 넘어 왔죠. 이게 계기였을까요? 팬데믹 시기에 저와 배우자는 타의반 자의반으로 반백수, 반강제 칩거생활을 이어가다가 '노느니 장독 깬다'고 '경다방'이라는 이름으로 출판사를

냈습니다. '이제는 내가 원하는 책을 내가 마음껏 출간할 수 있겠다'는 기쁨에 무척 들떴죠.

그러나 곧 깨달았습니다. 출간의 자유는 독촉과 마감이 없는, 아주 달콤한 덫이 될 수 있음을 말이죠. 개정판이라 수정과 보완이 자유롭긴 했으나 누구도 마감을 재촉하지 않으니 선천적 게으름병 환자인 저에겐 치명적인 '집필 환경'이었습니다. 그러다 어영부영 3년이란 시간이 훌쩍 지나버렸습니다.

30여년 간 수많은 상담을 하며 온갖 어려운 질문에 답을 제시했지만, "개정판은 언제 나오나요?"라는 질문이 세상의 난제 중에서 가장 어려운 난제였습니다. 혼자 끙끙 앓다가 몰래 타로를 뽑아본 적이 몇 번 있었죠. 그때마다 흐리멍텅한 2번 [여사제] 카드만 스토커처럼 나와서 더 답답하기만 했습니다. 어떤 변명을 늘어놓든 간에 궁색하기 그지없습니다만….

그러다 정신을 차리고 '개정판'이란 단어의 정의부터 찾아보기로 했습니다. 사전에는 "이미 낸 책의 내용을 고쳐 다시 출판하는 것"이라 쓰였더군요. 그래서 '초판의 내용을 수정하고 다듬어야지'하며 가벼운 마음으로 자리에 앉았죠. 하지만 매번 완전히 새로운 글을 쓰는 저를 발견하곤 했습니다. 썼다가 지우고, 다시 썼다가 고치고…. 그러니 탈고가 한없이 늘어질 수밖에요.

그러나 다행히도 초판을 쓸 때 제가 붙잡았던 핵심을 잃지는 않았습니다. 시간을 들여 고민하고 퇴고하는 과정을 거치며 마침내 더욱 명확해졌습니다. '내가 이 책을 왜 썼는지, 그리고 무엇을 말하고 싶었는지'가.

오늘날 오컬트occult는 세계적으로 하나의 문화 현상으로 자리 잡았습니다. 우리나라도 예외는 아닙니다. 무속과 신명이라는 문화 유전자, 즉 밈meme을 지닌 한국 사회에서 보다 독창적인 방향으로 발전 중이죠. 특히 타로는 젊은 세대에게 대중적인 연애 전문 점술로 자리잡았고, 아직 마이너한 분야이긴 하나 '타로수비학'은 타로 마스터와 사주명리 상담가들 사이에서 필수 교양으로 여겨집니다.

이런 흐름에 발맞추고자 저는 타로수비학을 세세히 설명한 매뉴얼이 아니라 오랜 상담과 배움으로 축적한 저만의 인사이트를 개정판에 담고 싶었습니다. 그리고 내용 수정뿐만 아니라 그간의 '관점 변화'를 기록하고 싶었습니다. 새로운 정보는 추가하면 되고 오류는 고치면 그만이지만, 관점을 변화하려면 전체를 다시 바라봐야 합니다. 그래서인지 변화된 관점이 무엇인지 명확히 설명하기가 매우 어려웠죠.

그러다 가수이자 책방지기이며 작가인 요조 님이 초판을 읽고 감상을 이야기해 준 덕에 꽉 막힌 체증이 쑥 내려갔습니다. 그녀는 특유의 느리고 단정한 말투로 지나가듯 이렇게 말했습니다.

> 사주나 별자리 같은 점술은 오로지 '나'에 관한 이야기인데,
> 소울넘버는 '타인과 나'에 관한 이야기 같아서 좋았어요.

이 말을 듣자마자 저는 깨달았습니다. 제가 말하고 싶은 가장 중요한 키워드는 '나'가 아니라 '나에서 타인으로 확장된 나'라는 것을.

저는 초판에 '나를 알고 남을 알면 백전백승이 아니라 싸울 필요가 없고 패배할 수도 없다.'는 의미로 "지피지기면 무전무패(無戰無敗)"라는 메시지를 담았습니다. 하지만 이번 개정판에는 '나를 알고 남을 알면 남과 나를 함께 도울 수 있다.'는 의미로 "지피지기면 이타자리(利他自利)"라는 새로운 관점을 녹여냈습니다.

'나를 아는 것'이 아니라 '나를 알아야 하는 이유를 찾는 것'이 삶의 진짜 목적입니다. 그렇기에 자신의 소울넘버뿐만 아니라 모든 소울넘버가 자신의 것이라고 인식해야 합니다.

초판을 읽은 독자들은 개정판을 보며 "바뀐 건 별로 없는 듯한데 이상하게 새롭다."라고 느낄 겁니다. 초판을 읽었을 때는 '내 소울넘버는 무엇이고 나는 어떤 사람인지'와 '주변 사람들의 소울넘버는 무엇이고 그들은 어떤 사람인지'에 초점을 맞췄겠지만, 이 개정판을 읽을 때는 '나에게 어떤 역할이 주어졌고 누구를 어떻게 도울 수 있을지'에 집중한다면 '지피지기면 이타자리'라는 제 마음과 만날 겁니다. 자의식이 비대했던 40대의 한민경이 50대에 이르러 비로소 수용한 '타인에 대한 마음'을.

길고 구차한 변명은 이쯤에서 줄이고, 감사 말씀을 짧게 전합니다. 오랜 시간을 기다리며 응원해 준 '타로라이프 멤버' 여러

분, 그리고 타로수비학을 사랑하는 모든 분들, 진심으로 감사합니다. 끝으로 개정판이 세상의 빛을 볼 수 있도록 곁에서 은근히 괴롭혀 준 '경다방' 유정식 대표께도 깊은 애정과 함께 감사 인사를 전합니다.

기다려 주셔서 정말 감사합니다.
2025년 8월
한민경

초판 머리말
소울넘버는 레벨 1의 공짜 무기

2014년 가을, 나는 첫 책 『무슨 고민인가요』를 펴냈다. 타로의 '연도카드'를 통해 자신만의 고유한 인생 질문을 찾는 방법을 다룬 책인데, 많은 분들이 읽어주시고 응원해주어 무척 감사했다 (지금은 『나의 럭키넘버』라는 이름으로 개정돼 판매 중이다). 당시에 나는 타로 강연이나 수업을 할 때마다 후속편으로 '소울넘버Soul Number'에 관한 책을 내겠노라 공언했다. 연도카드가 자신의 인생 그래프를 그려보는 방법이라면, 소울넘버는 '나는 누구인가'란 질문에 답을 주는 내용이라서 모두가 큰 관심을 보였고, 나도 처음에는 책을 쓰고자 무척 애를 썼다.

그런데 5년이 다 되도록 글에 진척이 없었다. 소울넘버에 관한 글을 쓰면 쓸수록 마음속에서 불만이 커졌다. 전기토스터 사용

설명서처럼 지루하고 무용하다고 느꼈다. '소울넘버 1번은 어떻고 소울넘버 2번은 어떻고' 운운하는 글을 쓰는 나 자신이 한없이 한심하게 느껴져 결국 집필을 포기하고 말았다.

그러다가 2018년 연말쯤 다시 책을 써야겠다고 마음먹었다. 그동안 타로수비학에 대한 관심도 높아졌고 이런저런 매체에서 나의 강연을 접한 분들의 관심으로 소울넘버의 인지도가 크게 확산된 것 같아 나름 기뻤다. 하지만 문제는 부작용이 예상보다 심하게 나타난다는 점이었다. 이것이 내가 이 책을 완성해야겠다고 마음을 다잡을 수 있었던 계기였다.

소울넘버는 하나의 '도구'다. 사람들 속에서 또는 자기 자신 속에 갇혀 힘들어하는 많은 내담자들의 고민을 상담하는 과정에서 나는 타로카드로 상담을 시작하기 전에 자신의 질문을 한번은 의심해 볼 새로운 시각이 필요하다는 결론에 이르렀다. 그래서 '내 고민의 시작은 나 자신'이라는 전제 하에 '나'를 이해하는 도구를 내 나름대로 만든 것이 소울넘버다. 철저히 '나'의 시점으로 타인을 이해하면서 점차 자기 고민을 납득해 가는 과정이 상담의 핵심이라고 나는 믿었다. 소울넘버는 이런 나의 의도에 가장 알맞은 도구가 됐고, 지금까지 내 상담의 실체를 이룬다.

그러나 소울넘버는 정해진 답이 아니다. 오히려 인간관계 속에서 꾸준히 진화해야 하는 프로그램에 가깝다. 그렇지만 너무나 많은 분들이 소울넘버의 의미를 오해하고 정형화된 성격 유형으로 받아들이는 것만 같았다. 이 좋은 도구가 그렇게 오해받고 오용된다면 소울넘버의 본질이 흐려질 것이기에 내 마음은 상당히 불편했다. 오용돼서 발생할 오해가 걱정되기도 했다. 다시 강조하건대, 이것이 '굳이 책을 써야 하나?'란 내 의심을 말끔히 거두고 이 책을 쓰도록 잡아끈 이유였다.

소울넘버는 온라인 게임을 할 때 던전의 보스를 잡으러 가야 하는 '쪼렙' 게이머에게 쥐여주는 레벨 1의 공짜 무기, 즉 '없는 것보다는 나은' 정도의 무기다. 아무것도 없다면 경기장에 나가길 주저하다 포기하고 말겠지만, 작은 검 하나라도 들고 나선다면 최소한 경기를 하며 적의 정보를 포착하는 기회를 잡을 수 있다. 소울넘버를 통해 '나와 상대방의 시점'을 동시에 이해하면 앞으로 어떻게 상대와 마주할지 대비할 수 있다. 힘든 인간관계에서 도피하지 않고 타인과 마주할 기회를 계속 만들면 짐작보다 많은 정보를 얻는다. 지피지기면 백전백승이 아니라 '무전무쟁(無戰無爭)', 즉 누구와도 싸울 필요가 없다.

소울넘버는 인간관계에서 한 걸음 내딛을 작은 용기를 부여한다. 사실, 딱 거기까지다. 소울넘버는 여러분의 종착점이 아니라 시작점이고, 소소하게나마 든든한 용기를 주는 타로의 마법이다. 이 책을 다 읽은 후에도 세상은 변하지 않는다. 개 짖는 소리는 여전하고 마음대로 되는 건 하나도 없다. 하지만 낙담할 필요는 없다. 각 소울넘버에게 부여된 자신만의 가공할 힘을 이해한다면 우리는 도망가거나 싸우지 않고서도 다른 소울넘버들에게 기여할 '나의 역할'을 찾을 수 있다.

이제 내가 한 번 포기했던 경기장에 펜 하나 들고 올라서려 한다. 쓰고 또 쓰다보면 분명 레벨 1은 넘어설 수 있으리라 믿는다.

2020년 1월

한민경

타로 속의 수비학 개론
타로은하계를 여행하는
히치하이커를 위한 안내서

타로수비학이 뭐라고요?

한국인에게 '운세'를 점치는 일은 꽤 익숙하다. 아무리 점을 믿지 않는 한국인일지라도 적어도 '신년 운세'는 가볍게 본다. 본인의 사주 명식을 잘 아는 이가 많을뿐더러 마치 한국인의 교양인 듯 올해가 '삼재'인지 아닌지 잘 안다. 최근에 전통 역학과 더불어 서양의 점성학과 타로 등 다양한 점술과 오컬트가 우리나라 젊은이들에게 하나의 문화로 자리잡았다. 이는 세계적인 흐름이기도 하다.

 이런 흐름에 숨겨진 보석같은 '타로수비학'의 인기도 높아지는 추세다. 이름이 낯설어서 타로수비학이 무슨 신종 점술인가

싶겠지만 전혀 그렇지 않다. 흔히 사람들은 연애점을 보는 데 인기가 많은 타로가 즉석에서 카드를 뽑아 가까운 미래를 내다보는 도구라고 여긴다. 하지만 그게 전부라면 쌀점이나 화투점처럼 고사됐을 것이다. 타로의 세계적이고 대중적인 인기는 타로 안에 정교한 구조가 존재하고 상징성이 풍부하기 때문이다. 타로의 구조와 상징을 이해하는 핵심 열쇠 중 하나가 바로 수비학, Numerology이다. 수비학은 타로라는 은하계를 여행할 때 필요한 나침반이고, 모든 여정을 담은 안내서가 바로 타로수비학이다.

그러면 수비학이란 무엇인가?

Numerology는 고대 그리스어 arthmos(숫자)와 manteia(예언)가 합쳐진 arithmancy에서 유래했는데, 1900년대 초에 이르러 Numerology라는 용어로 정착됐다.

수비학은 흔히 '수의 신비한 상징체계'로 정의되지만, 그 뿌리는 매우 다양하다. 고대 이집트에는 '신성 기하학'이란 이름의 수비학이 존재했고, 60진법을 최초로 사용한 고대 바빌론은 점성술과 수로 인간의 운명을 예측했다. 인도 수비학은 자이니즘Jainism과 베다vedas 점성술의 수비학으로 카르마(karma, 업)와 윤회를 설명했다. 중국의 수비철학은 음양오행과 주역으로 수의 질서와 우주의 조응관계를 체계화했고 사주와 풍수지리뿐만 아니라 한의학에도 큰 영향을 끼쳤다. 수비학은 이토록 다양한 역사적 근원을 가졌는데, 그중에서 현대 수비학에 가장 큰 영향을 준

뿌리는 고대 그리스의 '피타고라스Pythagoras 수비학'이다.

피타고라스 수비학은 모든 그리스 철학에 영향을 끼친 독립적인 학문이자 동시에 독창적인 종교로서 꽤 영향력 있는 교단으로 발전됐다. 피타고라스는 수를 만물의 근원으로 보았고 그에게 감화된 플라톤Plato은 이데아Idea를 본질로 한 관념론을 세웠다. 유클리드Euclid는 피타고라스가 비밀에 부친 무리수를 제외하고도 도형 작도를 가능케 하는 등 기하학의 토대를 다졌다.

이렇게 수와 도형으로 우주를 설명하고자 했던 실험은 중세 교회 건축에도 이어졌다. 기하학을 기초로 활동한 석공들은 프리메이슨Freemason이라는 이름으로 불렸는데, 왕이라 해도 함부로 부리거나 속박하지 못하는 독립된 지위를 누렸다. 기독교가 지배한 중세에 교회 건축은 매우 중요한 사역이었기에 석공들은 유럽 전역을 누비며 일할 수 있었다. 그렇기에 단순한 석공이 아니라 '자유로운 석공'이라는 의미로 프리메이슨이라 불렸다. 석공의 도구인 컴퍼스와 직각자는 지금도 프리메이슨의 상징이다.

고대 철학자들은 컴퍼스와 자를 써서 수천, 수만 가지의 도형을 그려내는 기하학을 신이 우주를 구체화하는 과정을 모방하는 일이라 여겼다. 그들에게 기하학은 단순한 수학이 아니라 '신의 작도作圖'였다. 여러 패턴의 도형들은 그저 기하학의 울타리 안에 머물지 않았고 우주와 자연계 곳곳에서 드러나는 생성, 소멸, 재생의 리듬과 연결되었다.

우리의 삶은 자연의 일부다. 인간은 자연의 질서와 순환의 법칙에서 절대 벗어난 적이 없었고 앞으로도 그럴 것이다. 탄생, 성장, 죽음에 이르는 삶의 흐름은 우리가 자연의 일부일 뿐이며 모든 존재와 운명적으로 이어졌음을 깨닫게 한다. 하늘에서 빛나는 행성에서 시작해 우리 주변의 나무 한 그루, 풀 한 포기에도 이 우주의 원형 질서가 고스란히 깃들었다. 그 생명과 순환의 리듬은 우리 삶의 여정과도 깊게 연결됐는데, 이는 수비학이 지닌 철학적 세계관과도 일맥상통한다.

특히 타로와 수비학이 만나는 타로수비학, 즉 나의 소울넘버 soul number는 자연의 원리와 인간의 운명을 이어주는 통로이자 삶의 패턴을 해석하는 하나의 거울이다. 우주의 작도에 새겨진 수들은 우리 자신을 이해하기 위한 정교한 안내서다.

타로와 수비학의 교집합은?

현재까지 밝혀진 최초의 타로카드는 14세기에 제작된 비스콘티 스포르자 덱Visconti Sforza Deck이다. 이 덱은 터키에서 서유럽으로 전해진 맘루크Mamluk 게임 카드에서 유래했다.

초기의 타로카드는 점술용이 아니라 게임용 카드로 제작됐는데, 모든 카드를 수작업으로 만들다 보니 제작비가 천문학적이라서 처음에는 귀족들의 전유물이었다. 그러다 인쇄술이 발달하자 평민들도 즐기게 되었고 비스콘티 스포르자 덱은 이탈리아에서 시작해 유럽 전역으로 확산되어 큰 인기를 끌었다. 그러니 자연스레 카드의 이미지와 상징은 점술 용도로 쓰였다. 우리나라에서 '화투'가 대표적인 게임 도구이지만 각 장의 이미지를 사용해 점을 보는 것과 마찬가지였다.

　이렇게 게임 도구가 점술 도구로 새로운 지위를 얻게 되자 타로 카드에 상징과 의미를 부여하는 이들이 출현했다. 18세기 프랑스의 학자이자 목사였던 앙투안 드 제블랭Antonie Court de Gebelin은 고대 문자, 수비학, 이집트 신화 등을 통합하여 타로 상징을 해석한 최초의 인물이었다. 19세기에는 엘리파스 레비Eliphas Levi가 타로에 카발라Kabbalah와 수비학을 연결했다. 그리고 에떼일라Etteilla는 드 제블랭과 레비의 연구를 바탕으로 카드와 숫자점을 연결하는 패턴 체계를 명확하게 구축함으로써 타로점을 직업화하는 데 기여했다. 다소 난해하긴 하지만 헤르메티시즘Hermeticism, 카발라, 점성학, 수비학을 타로카드에 융합한 혁신적 상상과 연구는 타로카드 해석에 다양한 가능성을 열어주었다.

　특히 세상에서 가장 유명한 라이더 웨이트 스미스Rider Waite Smith 타로덱은 타로수비학 세계관의 핵심이라 할 수 있다. 내가 이 책에서 소개하는 소울넘버와 타로카드의 해석은 모두 라이더 웨이트 스미스 덱을 기본으로 한다.

　이 덱은 구조적으로 수비학에 대응한다.

　　메이저 아르카나Major Arcana: 0번부터 21번까지 총 22장
　　마이너 아르카나Minor Arcana: 4개의 수트suit × 14장
　　　(숫자카드 1 ~ 10장 + 코트카드 4장) = 총 56장

각 카드에 표시된 수는 수비학 관점으로 가장 직접적인 해석을 가능케 한다. 따로 수가 적히지 않은 코트카드도 마찬가지다. 시종Page은 11, 기사Knight는 12, 여왕Queen은 13, 왕King은 14에 해당한다. 이 수들은 타로카드 전체를 관통하는 핵심 연결고리이고 타로의 상징성과 불가분의 관계를 갖는다. 따라서 타로카드마다 문신처럼 새겨진 수의 상징적 의미를 깊이 있게 탐구하는 일은 타로의 비밀을 밝혀내는 데 가장 중요한 기초다.

타로수비학과 소울넘버

철학이자 종교였던 고대 수비학의 원형이 타로카드와 융합하면서 타로덱은 게임보다 점술과 예언의 영역에서 더 큰 가능성을 발휘했다. 나 또한 타로상담을 하며 느끼던 구조적 결핍을 타로수비학을 접하면서 해소할 수 있었고 나름대로 체계를 구축할 수 있었다.

타로와 수비학 간의 융합 가능성을 최초로 연구한 때는 그리 오래 전이 아니다. 19세기 후반과 20세기 초반에 쉐이로Cheiro, L. 다우 발리엣L. Dow Ballieti, 줄리아 세튼Julia Seton 등 여러 수비학 연구가들은 현대 수비학의 기반을 세웠다. 그 후 21세기에 이르러 다양한 분야의 전문가들이 창의적인 아이디어를 제시함으로써 타로와 수비학을 점술과 예언의 영역 너머로 확장시켰다.

나의 타로수비학 스승인 메리 그리어Mary K. Greer는 1984년에 개인의 소울카드와 인생 주기 그래프를 소개한 『당신 자신을 위한 타로Tarot for Yourself』를 출간하여 선풍적인 인기를 끌었다. 그리어의 성공적 융합은 그녀에게 지대한 영향을 끼친 문화인류학자 앵글레스 아리엔Angeles Arrien 덕이다. 아리엔은 문화인류학과 심리학을 토대로 타로와 수비학, 상징과 원형을 통합함으로써 타로의 현대적 해석에 의미 있는 기여를 했다.

이들은 모두 21세기의 정치적 요동과 사회적 불안으로 커지는 불확실성을 해소하려고 고군분투했다. 종교와 사회 윤리의 붕괴로 대중이 영적 구심점을 찾아 방황하던 시대를 살았던 이들은 각자 자기 분야에서 타로수비학의 새로운 가능성을 발견한 선구자들이다. 이들의 고민과 업적 덕에 나는 무속과 점술의 전통이 뿌리깊은 한국 사회에 적용할 수 있는 '나의 소울넘버'를 창안할 수 있었다.

왜 소울넘버가 필요한가?

본질적으로 타로는 동시성과 우연성을 통해 지금 이곳에 '나'가 존재하는 운명적 의미를 안내하는 도구다. 그래서 같은 카드가 나오더라도 사람마다, 질문마다 다른 메시지를 전할 수 있다.

그런데 어느 날 강한 의문이 들었다. 내담자들은 각기 다른 상황에 처했고 선택지도 다른데 어째서 그들의 질문은 판에 박힌 듯 똑같을까?

- 재물운은 어떤가요?

- 결혼은 언제 하나요?
- 사업이 맞나요, 아니면 직장인이 맞나요?
- 궁합이 좋은가요?
- 제 팔자가 센 가요?
- 승진은 언제 하나요?
- 시험 보면 합격하나요?
- 건강은 어떨까요?
- 언제 죽나요?

현재가 없고 현존도 없으며 자유의지조차 없는 동일한 질문들에 타로는 과연 무슨 답을 할 수 있을까? 매번 비슷한 질문에 비슷한 답으로 상담을 반복하던 나는 슬럼프에 빠지고 말았다.

내 오랜 슬럼프를 끊어내준 것은 선구자들의 책이었다. 앞서 소개한 메리 그리어의 『당신 자신을 위한 타로』가 대표적인데, 이 책에 나오는 영혼의 수 '소울넘버'와 타로카드의 서사는 어둔 밤 달빛처럼 나를 인도해 주었다. 나는 급기야 뉴욕까지 날아가 그녀의 북 콘서트와 워크숍에 참여해 그녀의 육성을 직접 들으며 많은 것을 배울 수 있었다.

그녀 덕에 행복감과 자신감을 충전한 나는 타로와 소울넘버 상담에 열중했지만, 기대와 달리 내담자들의 만족도는 그리 높지 않았다. 사주팔자에 익숙한 내담자들, 구체적인 질문보다 전반적인 해석을 선호하는 내담자들에게 나의 수비학 상담은 기대를 충족시키지 못했다.

그러던 중에 나는 우연히 마이클 슈나이더Michael S. Schneider가 쓴 『자연, 예술, 과학의 수학적 원형A Beginner's Guide to Constructing the Universe』이란 책을 접했다. 그리고 곧바로 '유레카!'를 외쳤다. 타로와 전혀 상관없는 수학 교육을 전공한 교사이자 작가인 슈나이더는 이 책에서 우주, 자연, 인생의 조응관계를 기하학으로 우아하게 설명했다. 나는 반하지 않을 수 없었고 방황하던 상담의 방향을 바로잡을 수 있었다. 그리고 그와 어렵사리 연락해 그의 수업 자료와 영상으로 기하학을 공부했다. 그 덕에 나는 수비학을 입체적으로 이해했고 나만의 타로수비학 체계를 수립할 수 있었다.

사실 나는 수비학 전문가가 아니다. 내 수비학 지식은 넓고 깊은 호수에 물 한 바가지 정도에 불과하다. 하지만 오랜 타로 상담 경험을 통해서 타로를 이해하는 데 왜 수비학이 필요하고 또 어떻게 작동하는지는 충분히 설명할 수 있다. 그렇기에 '한민경의 타로수비학'이란 문구를 이 책의 부제로 삼았다.

한민경이란 사람의 경험과 시각으로 쌓인 임상 결과를 담은 이 책은 빛과 소금 같았던 여러 배움이 융합된 '한민경의 상담도구'다. 이 도구는 모두가 자신과 타인을 쉽게 이해하고 적용할 수 있도록 고안됐기에 누구든 소울넘버를 자신의 역할과 자리를 탐구하는 데 사용할 수 있다.

우리는 각자 따로 떨어져 빛나는 별들처럼 홀로 존재하지만,

너와 나 사이에 작용하는 신비로운 질서와 힘이 없다면 이토록 아름다운 밤하늘은 없을 것이다. 누군가는 지금도 이 광대한 '타로 은하계'를 여행하며 자신의 별을 찾으려 애쓸 것이다. 이 책 『나의 소울넘버』는 그 길 위에서 방향을 잃고 서성이는 히치하이커들을 위한 안내서다. '나는 누구이고, 어디로 가야 하며, 무엇을 해야 할지' 모르겠다면 그 자리에 멈춰 서서 이 안내서를 잠시 펼쳐 보길 바란다.

[일러두기]

일반명사로 쓸 경우를 제외하고 타로카드를 지칭할 때는 [ ]로 표시함

(예) 메이저카드 1번 '마술사' ⇨ [마술사]
　　　마이너카드 '나인 펜타클' ⇨ [나인 펜타클]

타로 속의 수비학 개론
3단계로 알아보는 나의 소울넘버

1단계: 나의 소울넘버 계산하기

1) 자신의 양력 생년월일 8자리를 모두 더한다.(생일을 정확히 모르거나 신분증 상의 생일과 실제 태어난 날짜가 다르다면, 주로 사용하고 기념하는 생일을 양력으로 전환해 계산한다.)
2) 나온 수가 9 이하면, 그 수가 자신의 소울넘버다.
3) 나온 수가 10 이상이면, 다시 각 자리의 수를 더해 9 이하의 한자리 수를 만든다. 마지막에 나오는 한자리 수가 자신의 소울넘버다. 다음의 예를 참고하라.

(예1) 2001년 1월 1일생
2 + 0 + 0 + 1 + 1 + 1 = 5 … 나의 소울넘버는 5번

(예2) 1945년 12월 31일생

1 + 9 + 4 + 5 + 1 + 2 + 3 + 1 = 26

2 + 6 = 8   ... 나의 소울넘버는 8번

(예3) 1990년 5월 5일생

1 + 9 + 9 + 0 + 5 + 5 = 29

2 + 9 = 11

1 + 1 = 2   ... 나의 소울넘버는 2번

2단계: 나의 소울넘버로 소울카드 찾기

자신의 소울넘버를 알아냈다면, 그 수에 해당하는 소울카드로 자신을 보다 깊이 이해할 수 있다. 각 소울넘버는 메이저카드 한 장, 마이너카드 네 장을 소울카드로 갖는다.

   메이저카드는 겉으로 드러나는 자신의 모습, 즉 자신을 대표하는 역할을 표현한다. 반면, 마이너카드는 좀 더 구체적이고 현실적인 질문에 대한 자신의 역할과 역량을 설명한다. 큰 그림은 메이저카드라는 붓으로 그리고 마이너카드로는 세부를 표현한다. 마이너카드는 만물을 고대의 4원소 개념인 불, 물, 공기, 흙을 표현하기에 4종의 카드는 고유의 상징성을 갖는다.

- 완드wands 카드: 횃불(막대)로 표현되는 불의 성질. 자신에게 주어진 일과 역할.

- 컵cups 카드: 컵(성배)에 담긴 물의 성질. 인간관계와 자신을 컨트롤하는 방식.
- 소드swords 카드: 칼(쇠)로 표현된 공기의 성질. 현실적으로 닥친 문제를 해결하는 방식.
- 펜타클pentacles 카드: 별이 그려진 동전으로 표현된 흙의 성질. 물질과 돈을 대하고 다루는 방법.

3단계: 나의 소울넘버 이해하기

이 책을 쓰기까지 나는 소울넘버를 어떻게 설명할지 여러 가지로 고민이 많았다. 간단히 일반화하기 어려운 부분이 많고 타로의 해석에 정답이 있는 것도 아니라서 타로 수업을 진행해 보면 같은 내용을 들어도 받아들이는 사람마다 다르게 해석하곤 했다. 그 중에서 가장 어려운 점은 '소울넘버는 그 사람의 성격이 아니다'란 점을 납득시키는 일이다.

  소울넘버를 설명할 때마다 나는 이것을 거듭 강조한다. 하지만 이 말을 골백번 되풀이해도 수강생들은 "아, 그렇군요."하며 고개를 끄덕이고는 계속 성격 이야기로 되돌아간다. "3번은 성격이 느긋한가요?", "7번이랑 9번은 성격이 안 맞는 거 같아요.",

"1번은 성격이 괴팍해요.", "저는 6번인데 제 성격은 8번인 것 같아요." 이처럼 수강생들이 잘못 이해하는 통에 수비학 강의가 정말이지 쉽지 않다. 대체 왜들 이렇게 성격이 궁금한 걸까?

소울넘버는 '나'를 이해하는 수이기도 하지만 타인을 알려주는 수이기도 하다. 자신이 어떤 사람인지 궁금해서 소울넘버를 보는 것이 일반적이지만, 남이 어떤 사람인지 궁금해서 소울넘버를 알려는 경우도 많다. 그게 적이든 친구든 연인이든 부모나 자식이든 말이다. 그래서 누군가의 소울넘버를 알아내면 손쉽게 유형화해서 그 사람을 판단할 수 있다는 유혹에 빠지기 쉽다.

그런데 성격은 과연 무엇인가? 성격은 한 사람에게 원래부터 깃든 본질적이고 변하지 않는 요소일까? 소울넘버는 무엇을 말해주는 도구이고, 사람의 성격과 소울넘버 사이에는 무슨 관계가 있을까?

소울넘버를 성격으로 받아들이면 지나친 일반화의 오류에 빠지기 쉽고 다양한 인간관계에서 일어나는 문제를 적절히 파악하기가 어렵다. 누구나 연애를 하면 감정기복이 심해진다. 그리고 많은 이들이 강자 앞에서 약해지고 약자 앞에서는 우월감을 느낀다. 이런 인간 행동과 심리는 특정인의 고유 성격이 아니다. 누구나 상황에 따라 반응하며 계속 변하기 때문에 성격은 특정인을 정의하는 데 큰 의미가 없다. '누구에게나 적용 가능한 성격 또는 성향'이라는 관점은 당장은 흥미로워 보이지만 타인을 편협하게 이해하도록 만들고 타로 상담을 한계에 이르도록 한다.

그러니 소울넘버를 성격으로 이해하거나 설명하는 방법은 의식적으로 지양해야 한다.

내가 해석하는 소울넘버는 '수비학의 구조'와 '타로카드의 시점'으로 구성된다. 각 수를 수비학으로 이해하면 해당 소울넘버의 '역량'을 알 수 있고, 그 수에 해당하는 타로카드를 보면 그 소울넘버의 '역할'이 드러난다. 1번부터 9번까지의 소울넘버는 인간관계 속에서 협업할 수 있는 각자의 고유 역할이며, 각자의 선의에 따라 타인을 돕는 행동방식이다. 각 소울넘버는 다른 사람들과의 관계 속에서 어떤 역할을 맡고 어떤 역량을 발휘하는지 알려준다. 그리고 자신의 메이저 소울카드에서 파생되는 현실적이고 구체적인 고민들에 '기준점'을 제공하는 것이 네 종의 마이너카드다.

각 소울넘버는 다른 소울넘버들과 연결되어 상호작용한다. 인간은 혼자서는 아무것도 할 수가 없다. 타인이 반드시 필요하다. 9가지 유형의 소울넘버는 완벽한 존재가 아니다. 우리가 우리 자신을 부족하게 느끼는 이유는 혼자서는 완벽하지 않기 때문이다. 결국 각자가 어떤 성격을 지녔는지와 상관없이 9가지 유형 모두가 여러분 자신에게 필요하다. 우리가 '무엇인가' 되고 싶거나 '무엇을' 하고 싶거나 '무엇을' 갖고 싶다면, 혼자서는 할 수 있는 일이 전혀 없다. 만약 스스로 모든 것을 해냈다고 하는 사람이 있다면, 아마도 그는 원하는 결과를 얻은 후에 나머지 8명을 죽였을 가능성이 크다. 이는 역으로 '이 상태의 나라도 충분히 괜찮다'라는 사실을 인정케 한다. 다들 부족하고 부진하며 우유부단하고 문제가 있지만, 누군가는 나를 도울 것이고 나도 누군가를 도울 수 있다. 이렇게 스스로를 인정한 후에 인간관계 속에서 자신에게 걸맞은 역할을 받아들이는 것이 자기 삶의 위치를 가장 빨리 찾을 수 있는 방법이다.

이 책에서 나는 소울넘버 1번부터 9번까지 속성을 설명하면서 우리에게 익숙한 산술적 수뿐만 아니라, 기하학의 세계관을 보여주기 위해 모나드, 디아드, 트라이드처럼 고대 그리스인들이 사용한 도형의 이름도 함께 사용했다(여기서는 몰라도 된다. 본문에서 자세히 설명한다). 이렇게 산술을 기하에 접목시키는 방법은 피타고라스 학파의 전통에서 왔다. 한 개의 점에서 시작해 다양한 도형이 생성되는 수학 패턴을 들여다보면 자연에서 발견되는 생명의 순환주기와 잘 맞아떨어진다는 점을 알 수 있을 것이다. 사람은 자연의 일부이고 자연의 패턴을 따르며 환경에 적응하고 진화한다. 그러니까 소울넘버로 이해하는 우리 개개인은 이 세상의 작동과 밀접한 관계를 맺는 공시성共時性, synchronicity을 믿는 것이라 말할 수 있다.

1
마술사
- The Magician -

수비학 속의 소울넘버 1번
우주를 숨긴 씨앗

그리스어로 모나드Monad는 원형原型을 나타내는데, 일상에서 사용하는 1이란 수의 의미는 이것에서 출발했다. 로마숫자 I은 하늘을 지탱하고 땅 위에 선 모습으로, 마치 우주 전체를 짊어진 거인처럼 보인다. 1은 단순히 하나의 수라는 의미를 넘어 우주와 우리를 '하나'로 이어주는 연결고리다. 모든 수에 1을 곱하면 항상 자기 자신이 되듯이 모나드, 즉 1은 마술처럼 우리 자신을 있는 그대로 투영한다.

  소울넘버를 수비학의 관점에서 설명할 때면 나는 어릴 적 친구들과 가위바위보를 하며 부르던 노래를 예로 든다. "감자에 싹이 나서 잎이 나서 묵찌빠!" 이 단순한 노래 안에 수의 비밀이 모두 담겼다. 감자는 바로 먹어도 되지만 땅에 심으면 그 자체로 씨앗이 된다. 씨앗에서 싹이 나오고, 싹은 잎을 틔우며 성장한다. '하나'의 씨앗인 감자가 싹과 잎으로 성장하며 수많은 감자를 재생산하기를 되풀이한다. 1번 모나드인 씨앗이 땅에 자리를 잡은 후 싹이 돋아나는 발아의 과정은 2번 디아드Dyad이고, 어린 싹이 광합성을 하기 전에 성장하도록 도와주는 떡잎은 3번 트리아드Triad에 해당한다. 이 과정을 반복하기에 하나의 감자에서 무수히 많은 감자를 수확할 수 있다.

기하학 관점에서 1, 2, 3은 현실 세계를 이루는 매우 기초적인 수들이다. 0차원인 점 2개를 직선으로 연결하면 1차원 선이 된다. 1차원의 선들을 무수히 쌓거나 교차시키면 2차원 평면이 된다. 그리고 2차원 평면들을 쌓으면 드디어 현실 세계를 이루는 3차원 입체로 확장된다. 이러한 이치에 따라 고대 피타고라스 학파는 1이 아버지의 수이고 2는 어머니의 수라서 1과 2는 본질을 뜻하고, 진정한 의미의 첫 번째 수는 3이라고 주장했다. 우리가 사는 현실 세계가 3차원이기 때문이다. 그래서 나는 '감자에 싹이 나서 잎이 나서 묵찌빠'가 수 1, 2, 3을 바탕으로 생성되는 현실 세계를 기하학 원리로 표현한 가장 간명한 '수비학 노래'라고 여긴다.

하지만 이 책에서 나는 난해한 수학 논리 혹은 수비학 논리가 아니라 '씨앗'을 주인공으로 한 짧은 동화로 수의 의미를 설명하고자 한다. 동화 속 씨앗의 이름은 '모나드'다.

어떤 종이든 모든 씨앗은 공통으로 배아를 보호하는 단단한 껍질을 가진다. 겉으로는 생명 반응을 느낄 수 없는 무생물에 가까운 작고 단단한 껍질로 보여도 엄연히 미래의 생명을 품은, 진정 살아있는 존재다. 미래에 어떤 열매로 태어날지 알 수 없지만 그래서 더욱 신비한 생명이다.

  미래의 비밀을 발견하려고 껍질 밖 세상으로 나아가려는 혁신적인 에너지가 필요하고 껍질보다 더 단단한 땅을 뚫고 가려는 진취적인 에너지가 필요하다. 그래서 씨앗, '모나드'는 자연에서 가장 창의적이고 가장 이상적인 정체성을 지닌다.

  나는 이 동화의 제목을 '씨앗의 여정 Monad's Journey'이라 부른다. 이 이야기는 여느 동화처럼 이렇게 시작한다.

> "옛날옛날에 모나드는
> 저승 세계처럼 어둡고 깊은 땅의 심장소리를 들으며
> 요람처럼 단단하고 아늑한 껍질에 싸여
> 깊이 잠들어 있었습니다.
> 어느날, 모나드는
> 눈과 비의 속삭임에 눈을 뜨고
> 태양의 따뜻함에 이끌려
> 세상 밖으로 나가고 싶어졌습니다……."

타로카드 속의 마술사
하늘과 인간을 잇는 통로

소울넘버 1번의 타로카드 이름은 마술사Magician다. 영어 단어 Magician은 그리스어를 빌린 라틴어 명사 마구스Magus에서 유래한다. 예수의 탄생을 경배하러 온 3명의 동방현자가 마구스(magus, 복수형은 magi)라 불렸다. 마구스는 고대부터 신과 내통이 가능한 매개자를 가리키는 이름인데, 주술사, 연금술사, 영매medium, 마술사라는 다양한 호칭으로 불렸다. 이들의 역할은 우주, 자연, 인간을 잇는 통로가 되는 것이다.

　라이더 웨이트 스미스Rider Waite Smith 타로 덱의 [마술사] 카드에는 4원소의 형상물이 놓인 테이블이 있다. [마술사]는 하늘과 땅을 연결하듯 오른팔은 하늘을, 왼팔은 땅을 가리키는 독특한 자세를 취한다. [마술사]의 자세를 따라해 보면 시간이 흐를수록 몸의 중심이 흐트러지고 양팔이 흔들린다. 이때 눈을 감으면 오히려 균형을 유지하기가 좋다. 시야를 방해하는 사물이 보이지 않으니 자세에 보다 집중할 수 있기 때문이다. [마술사]는 하늘과 땅을 연결하는 두 팔에 집중하느라 잡념을 품거나 다른 사물에 한눈을 팔 여력이 없다.

영적 수련을 오래 수행한 자들은 흔히 '제3의 눈을 뜬다.'라는 말을 하곤 한다. 감각의 세계에서 시각을 담당하는 눈은 많은 정보를 받아들이지만, 사실 모든 이미지는 눈을 통과하며 굴절되고 왜곡된다. 반면 제3의 눈은 감각의 세계를 초월한 정보를 수용하고 전달하는 눈이다. 뇌과학에서는 송과선('송과체'라고도 불림)을 제3의 눈이라 칭하는데, 그 위치는 부처의 이마 한가운데 보석이 붙은 자리와 같다. 많은 현자들이 미간과 이마 한가운데에 중요한 표식을 하는 이유이기도 하다.

[마술사]는 제3의 눈이 위치한 부분을 하얀 머리띠로 둘렀다. 아직 발현되지 않았으나 그에게 세상의 시작과 끝을 보는 능력이 있음을 뜻한다. 그러나 이는 소울넘버 1번에게 세상 돌아가는 상황을 두루 살피는 눈이 없음을 의미하기도 한다. 하늘과 땅을 잇는 매개자이니 굳이 세상을 살필 시선이 필요치 않다. 눈으로 수많은 정보가 산만하게 들어오면 하늘과 세상의 순수한 통로라는 역할이 방해를 받기 때문이다. 종교 현자나 마법사가 나오는 판타지 영화에서 영험한 능력을 지닌 자들은 날 때부터 장님이

거나 사고로 시력을 잃은 경우가 많은데, 이는 인간의 시각이 제거돼야 본질을 볼 수 있는 제3의 눈이 발현되기 때문이다. [마술사]는 정보를 눈이 아니라 온몸으로 받아들이고, 지식이 아니라 경험으로 익히며, 감각이 아니라 초감각을 발휘해 목표에 집중한다. 비유하자면, 리얼리티 쇼 「생활의 달인」에 출연하는 달인들이 수십 년간 반복하며 해온 일을 눈 감고 해내는 경지와 비슷하다고 할까?

의식과 무의식에서 견물생심의 욕망을 배제하고 불순물이 섞이지 않게 목표에 집중하는 강렬한 힘이 소울넘버 1번의 가장 큰 역량이다. 만약 1번이 여기저기에 힘을 분산시키며 번잡하게 산다면 순수한 의도가 아닐 것이다. 하늘의 뜻이나 땅의 목적이 아닌, 사리사욕의 목적일 것이다. [마술사]가 맡은 역할 때문에 1번은 종종 주변을 등한시하는 듯 보이고(사실 그렇다), 독선적이고 비사교적이며 일방적이고 지나치게 목표지향적이라 평가받는다.

하지만 이를 성격이나 성향으로 단정짓는다면 소울넘버 1번을 이해하기가 매우 어렵다. 1번은 자신이 최종 목표를 달성하려면 마치 계단을 오르듯 단계별 과정이 중요하다고 믿는다. 그외의 것에 에너지를 낭비하지 않으려 한다 그래서 타인들은 1번의 목표 자체가 아니라 1번이 목표에 맹진猛進하는 모습만을 본다. 이 때문에 종종 오해를 사고 의사소통에 애를 먹는다.

소울넘버 1번은 자기 분야에 오래 종사하며 한 우물을 파는 듯 보인다. 하지만 이는 좋아하는 것을 깊게 파고드는 '덕후' 기질과는 사뭇 다르다. 1번은 목표 달성과 결과물 생성에 몰두하기에 한 우물 파기가 가장 효율적이라 여긴다. 여러 곳을 파야 물길을 찾아낼 확률이 높다 하더라도 1번은 물이 나올 때까지 파고 또 판다. 이런 단순무지해 보이는 방법이 적어도 1번에게 잘 통한다.

나는 소울넘버 1번 내담자에게 '1만 시간 법칙'을 자기 삶에 적용하기를 권하곤 한다. "한 우물을 파세요. 원하는 결과가 나오지 않더라도 좀 더 파 보세요." 이런 파고듦의 과정에서 창의성이 생겨나기 때문이다. 엉뚱한 아이디어를 닥치는 대로 떠올리는 것을 창의성이라고 정의할지 모르지만, 1번에게 창의성은 '너무 재지 않고 바로 시작하는 행동'이고 '무엇이든 끝까지 행하면서 얻는 집중력'이다. 적어도 1만 시간(10년)은 파고들어야 무엇이든 이룰 수 있음을 명심하기 바란다.

소울넘버 1번 외과의사는 따뜻한 위로를 원하는 환자에게 그다지 좋은 평가를 받지 못한다. 반면 고도로 숙련된 기술이 필요한 수술이나 응급 조치가 시급한 환자에게 1번 의사는 상당히 높은 신뢰감을 준다. 이 의사는 체력 소모가 큰 수술에 오랜 시간 집중할 수 있는데, 그 이유는 조직이나 인간관계에 에너지를 덜 소모하기 때문이다.

알다시피 살면서 가장 힘든 문제의 원인은 첫째도, 둘째도, 셋째도 인간관계다. 이직, 이혼, 이사의 이유는 따지고 보면 인간관계에 소모되는 에너지가 커서 자기 삶에 공급할 에너지가 부족하기 때문이다. 우리는 알게모르게 '에너지 뱀파이어들'에게서 체력과 에너지를 빨리고 그 때문에 목표에 쏟을 힘이 부족해 자괴감에 빠지곤 한다. 다행히 소울넘버 1번 [마술사]는 인간관계를 위한 에너지 소모를 지양하기에 목표에 전념할 에너지를 상대적으로 잘 비축한다.

주변인들은 1번의 이런 특성을 가리켜 매우 씩씩하고 지치지 않으며 적극적이고 주도적인 성격이라고 말할지 모른다. 하지만 이것이 [마술사]의 진짜 성격은 아니다. 대다수 [마술사]들은 주변인들의 판단에 동의하지 않는다. 그들 역시 인간관계 때문에 엄청난 고통을 겪였으니까. 이유는 간단하다. 인간관계는 그 자체가 수단이나 목표가 되어서는 안 되기 때문이다. 설사 수단이나 목표가 된다 하더라도 그 의도와 명분이 순수하고 이상적이지 않다면 결과는 매우 부정적일 수 있다. 이처럼 결과와 성장이 모호한 목표는 [마술사]를 번아웃시킬 가능성이 높다. [마술사]는 성과 없는 관계에서 혼란을 느끼고 에너지를 크게 소모하기에 다른 소울넘버들에 비해 인간관계의 문제에 더욱 민감할 수밖에 없다.

다른 소울넘버들이 1번 [마술사]와 동일한 목표를 가졌다 해도 [마술사]와 균형있는 협업은 힘들다. 소울넘버 1번의 사회성이 떨어지거나 우호적이지 않아서가 아니라, 목표지향적이다 보니 1번의 속도나 방식을 따라가기가 쉽지 않기 때문이고, 1번 본인도 자기 목표에 집중하느라 주변과 소통하고 조율할 여력이 없기 때문이다. 인간은 누구나 홀로 살아갈 수 없지만 [마술사]가

다른 사람들과 함께 일하려고 인간관계와 사회성을 키우다 보면 앞서 언급했듯이 장기적으로 번아웃되기 쉽다.

[마술사]가 협업에 성공하려면 먼저 남들이 자신을 신뢰하도록 결과로 증명해야 한다. 증명된 전문성과 성과로 얻은 신뢰를 바탕으로 다른 사람들과 목표를 공유하며 조직을 구성한다면 매우 놀라운 성과를 거둘 수 있다. 이것이 가능한 위치에 오르려면 우선 전문가들과 조직 구성원들이 모두 인정할 만한 목표를 찾아 의욕과 성실함을 바탕으로 빠르게 성과를 내야 한다.

이렇게 대중에게 [마술사]의 탁월함이 검증되면 자신을 매개로 많은 사람들이 비슷한 성과를 얻으리라는 믿음을 준다. 그래야 비로소 [마술사]는 혼자만의 수련을 끝내고 약속의 땅 '가나안'으로 민족을 이끈 모세처럼 길잡이 역할을 본격적으로 수행할 수 있다.

나는 소울넘버 1번 내담자들에게 [마술사]의 개념을 설명할 때마다 인간 최초로 하느님과 직접 접선하여 신성한 십계명을 받아 인간에게 전달한 모세를 예로 든다. 기독교인이 아니더라도 크리스마스 시즌에 TV에서 자주 방영하던 「출애굽기」란 영화로 모세라는 이름을 들어봤을 것이다. '강에서 건진 아이'라는 뜻의 모세는 이스라엘이 아니라 이집트식 이름이다. 당시 파라오는 이스라엘인이 아들을 낳으면 무조건 죽이도록 명했는데, 강을 떠내려 가던 아기 바구니를 발견한 파라오의 딸이 아기를 키우기로 결심한다.

이집트 공주에게 입양된 덕에 모세는 이집트 왕족이라는 안락한 환경에서 별 탈 없이 성장했다. 하지만 후에 그는 하느님의 소명을 받아 자신의 이름을 나눠주었던 이집트 왕 람세스를 굴복시켰다. 「출애굽기」의 클라이맥스는 모세가 40일을 금식하며 기다린 끝에 하느님의 친필 사인이 적힌 십계명 태블릿을 하사받는 장면이다. 모세는 십계명을 받아들고 산에서 내려와 이스라엘 민족을 이집트에서 데리고 나갔다. 그 후 모세는 홍해 바다가 갈라지고 하늘에서 음식이 떨어지는 등 온갖 기적을 경험하며 40년간 광야를 헤매다가 결국 미션을 완수했다.

40년 만에 이스라엘인들은 마침내 가나안에 입성했지만 정작 모세 본인은 가나안으로 들어가지 못했다. 애당초 신은 이스라엘 민족의 탈출, 십계명 전달, 가나안 입성을 목적으로 모세를 선택했을 뿐이었다. 신의 목표에 해당되지 않았던 모세는 철저하게 신의 뜻을 매개하는 자였다.

이는 1번 [마술사]의 목표가 순전히 사익을 추구하는 것일 때는 상당히 위험하다는 것, 공동의 이익이라는 명분이 있는 목표를 추구하는 것은 비록 험난한 일일지라도 언젠가는 인정받는다는 것을 동시에 의미한다. [마술사]가 비록 인간관계에서 행복을 경험하지 못하더라도 많은 사람들에게 추앙받는 인물이 될 수 있는 까닭은 자신을 매개체로 삼아 모든 사람의 뜻을 이루도록 돕는 역할을 맡기 때문이다.

소울넘버 1번의 역할
될 때까지 하면 되는 전문가

내 경험에 따르면 1번 내담자들의 공통점은 '조직에서 능력은 인정받지만 특유의 고지식한 성향 때문에 주변과 충돌이 잦고 의사소통에 문제가 많다'는 것이다. 그들은 삼성 같은 대기업에서 승승장구하며 조직 내에서 성장하려는 목표가 강한 사람이거나 기술을 연마하고 일에 몰두해 실력을 급성장시키려는 기술자처럼 보인다. 한 직장에서 20년 넘게 근속하는 완벽주의자 워커홀릭이거나, 부모의 기대에 부응하려고, 또 자신이 설정한 높은 목표에 다다르려고 거짓말을 하면서까지 기어이 목표를 이루려는 사람에 가깝다.

 이런 사람들은 본인이 겪는 관계의 괴로움이 아니라, 주변 사람들이 본인 탓에 힘들다는 피드백을 받기 때문에 목표를 향해

가는 데 빨간불이 켜진 상태다. 수비학에서 1번 모나드의 특성은 나눠지거나 쪼개지지 않는 단일성이다. 그래서 1번은 융통성 없고 적응력이 떨어진다는 평가를 받곤 한다. 인간관계 자체가 목적인 사교나 정치적 비즈니스가 아닌 이상, 1번은 성과가 나오기 힘든 개인적 인간관계에 그다지 관심을 가지지 않는다. 무심하다기보다 대화로 공감을 얻고 자연스럽게 친밀함을 형성하는 데 서툴기 때문이다.

좋은 인간관계를 형성하려면?

1번이 주변인들에게서 인정을 받으려면 전문성과 특기, 조직에서 발휘한 성과 등으로 신뢰를 얻어야 하고, 그래야 인간관계가 긍정적으로 형성되고 유지된다. 목표를 정하지 못해 성과를 아직 증명하지 못했거나 전문성이 완성되기 전에 사람들에게서 인정받으려 할 때는 어려움을 겪는다는 점에 유의하라.

직업이 간호사라면 보고서 작성, 약제 분류, 정맥주사 잘 놓기 등의 영역에서 먼저 능력을 인정받아야 한다. 그래야 목표지향적인 성향 때문에 생기는 주변과의 마찰이나 오해를 방지할 수 있다. 자신의 특화된 역량으로 일종의 '까방권'을 만들어 놔야 관계 형성에 서툰 성향으로 발생할 부작용을 크게 줄일 수 있다.

1번은 이기적이고 냉정하며 욕심이 많다고 자신을 평가해서는 안 된다. 혹여 주변인들이 그런 부정적 피드백을 한다 해도 자존감을 잃거나 목표를 향해가는 의지를 꺾어서는 안 된다. 자기 앞에 놓인 문제만 해결하려 한다는 인상을 남들에게 주더라도 결과가 나오기 전까지는 자신에 대한 평가를 적당히 무시할 필요가 있다. 결국 성공적인 결과만이 모든 오해를 풀 열쇠이기 때문이다.

  1번은 실리에 밝은 사람에게 이익을 빼앗기더라도 그런 자잘한 것에 관심을 크게 갖지 않기에 본인의 상황을 다각적으로 인식하지 못할 때가 많다. 그러나 누구나 보다 큰 목표에 집중하다 보면 작은 것까지 신경쓰지 못하는 게 정상이다. 자신에게 무엇이 우선인지, 무엇이 가장 중요한지 항상 목표를 수립하고 기준을 설정해야 쓸데없는 고민으로 소모되는 체력을 아낄 수 있다.

[마술사]의 역량은?

1번은 관계보다 사람 자체에 관심이 많아서 심리나 상담 분야 공부에 흥미를 느끼고, 자신의 체험을 바탕으로 직관을 발달시키곤 한다. 심리 치료나 감정 치유보다 심리 분석이나 정교한 도구를 사용하는 방식이 더 잘 맞고, 감정의 복잡함을 이해하는 것보다 현상 연구가 더 적합하다. 한마디로, 1번은 정량화하고 목표화할 수 있는 영역에서 역량을 가장 잘 발휘한다.

  1번의 키워드는 '작은 씨앗'이지만, 동시에 어려움을 버티는 '단단함'이기도 하다. 그들은 상황을 복잡하게 인식하지 않고 어떤 문제든 내면의 기준으로 답을 얻기에 어떨 때는 고집스러워 보인다. 하지만 이것은 그들의 성격이나 의지가 아니다. 1번이 지닌 '나눠지지 않는 단단함'에서 비롯된 속성일 뿐이다. 그래서 1번은 문제 상황을 해결할 때 여러 경우를 검토해 다양한 전략을 구사하기보다 특유의 단단함으로 문제에 집중함으로써 목표를 향해 나아간다. 이것이 바로 '목표지향적이다'라는 말의 의미다. 1번은 가시적인 결과물을 얻으려는 성과주의자가 아니라, 순수하게 목표를 달성하려는 이상주의자에 가깝다.

  1번은 자신이 정한 목표가 구체적이고 확실할 때 스스로를 끝까지 밀고나간다. 사람마다 목표를 이루는 스타일이 다른데, 느리지만 기어이 결승점에 이르는 거북이 유형이 있고, 화살처럼 속도감 있게 과녁으로 포물선을 그리며 날아가는 유형도 있다. 또한 타인의 말에 귀가 펄럭거려 갈지자로 횡보하는 듯 보이지만 결국 자기 바람대로 어느 순간 목적지에 다다르는 유형도 있다. 이런 '근성'이 적성이 되다보니 1번 [마술사] 중에는 전문가들이 많다. 대세에 편승하거나 타인의 말을 따르지 않고 묵묵히 자기 갈 길을 고수했기 때문이다.

독선적인 고집불통

1번은 자신이 겪지 않은 경험은 신뢰하지 않으며, 현재 집중하는 일 외의 영역에 호기심이 적다. 삶의 기준을 내면에 두고 타인의 시선을 그다지 신경쓰지 않다 보니, 실리적인 지름길을 벗어나는 실속 없는 사람처럼 보이거나 독선적인 고집불통으로 보이기도 한다. 자신의 방식이 가장 효율적이라고 믿기 때문이다. 목표를 달성하고 성공을 거둔 경험이 많을수록 이런 경향은 더 강하게 나타난다.

1번에게는 자신의 경험을 근거로 감정이나 관계를 판단하는 경향이 있다. 자신의 잣대로 판단하기에 다양한 상황과 복잡미묘한 감정을 헤아리기 어렵다. 섬세함은 떨어지지만 1번 특유의 뚜렷한 존재감으로 사람들을 이끄는 카리스마가 있다.

소울넘버 1, 2, 9번을 '영적인 사제' 계열로 분류하는데, 그중에서 1번은 의도치 않게 상황이나 사람을 주도하는 경우가 많고 그때마다 특유의 독선적 카리스마를 발휘한다. 그래서 1번의 역할은 무리나 조직을 이끄는 '선지자' 혹은 '선각자'다.

그렇기에 1번이 전문 교육자나 상담 전문가가 되려면 일대일보다는 다수를 혼자 이끄는 방식이 더 적합하다. 소규모의 사람들을 이끌 때는 1번의 높은 기준과 과장스런 에너지가 부담을 줄 수 있지만 대규모의 사람들을 이끌 때는 이런 면이 오히려 독창적인 카리스마로 보일 수 있기 때문이다.

1번은 타인의 문제를 경청만 하기보다는 구체적인 실천방법을 알려줄 때 보다 큰 영향력을 발휘한다. 그러려면 전문 영역을 개발하고 전문성을 함양하려고 부단히 노력해야 한다. 이론뿐만 아니라 실행 역시 매우 중요하다. 타고난 카리스마만 가지고 해결할 수 있는 문제는 없기 때문이다. 자신의 분야를 꾸준히 깊게 공부한다면 타인을 이끄는 1번의 DNA가 어떤 분야에서든 훌륭한 리더십으로 발현될 것이다.

마이웨이를 고집한다

헤밍웨이, 스티브 잡스, 톰 크루즈, 레이디 가가, 안철수, 손석희 등이 소울넘버 1번의 대표적인 유명인이다. 언뜻 보기에 이들은 '단단하고 창의적인 인물'이라는 인상을 받을 것이다. 하지만 이들의 공통점은 '마이웨이my-way'다. 그래서 사회성이 떨어져 보이거나 고독해 보인다. 전반적으로 친밀한 인간관계 구축에 능하지 않다. 그들에게 친밀한 인간관계는 오직 가족일 확률이 높고, 배우자와의 관계가 그들에게 특히 중요하다. 만일 관계성이 높은 소울넘버 1번이 있다면 인간관계 구축이 정치적 목표나 비즈니스 목표 달성을 위한 수단인 경우다.

그들은 삶에서 목표, 단일성, 통일성, 일관성을 추구한다. 하지만 살다보면 한 방향으로 순탄하게 지속되는 것이 불가능할 때가 많지 않은가? 그렇다고 방향을 바꾸거나 되돌아 가지 못하기에 1번은 주기적으로 환골탈태에 가까운 탈바꿈을 한다. 스티브 잡스는 히피 시절을 지나 애플을 창업했고 애플에서 쫓겨났다가 복귀하는 등 여러 차례 탈바꿈했다. 안철수도 의사, 기업인, 정치인으로 여러 주기를 거쳐 탈바꿈했다. 헤밍웨이는 새로운 여성과 결혼할 때마다 새로운 주기를 시작했고 그때마다 새로운 작품을 세상에 내놨다. 그럼에도 이들의 목표는 쉽사리 바뀌지 않았다.

헤밍웨이에게 노벨 문학상을 안겨준 『노인과 바다』야말로 소울넘버 1번의 특징을 확실히 보여준다. 인간관계가 거의 단절된

외로운 노인, 커다란 청새치를 잡겠다는 단 하나의 목표, 망망대해에서 청새치를 놓고 상어 떼와 목숨을 건 싸움을 계속하는 삶. 결국 청새치의 살점이 다 뜯겨나가 가시만 남았어도 노인은 청새치를 포기하지 않는다. 광야의 모세 이야기와 함께 『노인과 바다』는 소울넘버 1번의 목표를 가장 잘 설명한다. 타인이 볼 때 이루지 못할 것처럼 아득한 이상향의 목표라 해도 1번에게 그 목표는 삶의 미션이다.

4원소 속의 소울넘버 1번

소울넘버 1번의 마이너카드는 시작을 의미하는 에이스Ace, 그리고 완성과 통일을 상징하는 수 10이다. 10을 이루는 두 개의 수인 1과 0은 둘을 더할 때 다시 1이 되기에 자기 자신으로 되돌아오는 모나드의 단일성과 신성함을 의미한다.

불교의 '십상도', 카발라의 '세피로트Sefirot', 기독교의 '십계명'처럼 10은 단계적으로 신성함에 다다르려는 완성과 완결의 에너지를 품었다. 인생에서는 출가한 성인이 모든 여정을 끝내고 고향으로 귀환하는 노스텔지어의 역사를 보여준다. 4원소의 10번 마이너카드들이 소울넘버 1번 [마술사]와 어떻게 연결되는지 각 카드로 알아보자.

텐 완드 Ten of Wands

마술사에게 목표란?

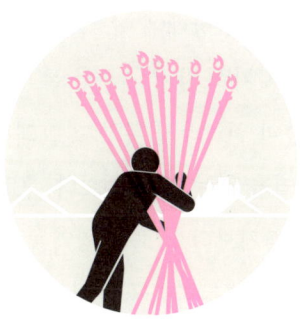

푸릇한 새싹이 돋은 막대 10개를 끌어안은 남자. 막대의 위쪽은 어느 정도 가지런하지만 팔 아래로 보이는 막대의 밑쪽은 방향이 제각각이다. 이것이 무엇을 나타낼까?

[마술사]는 어떤 어려운 일을 맡아도 장인의 노련함과 엔지니어의 전문성으로 성과를 낸다는 믿음을 준다. 하지만 이들에게 일을 맡길 때는 이들만의 일하는 방식을 인정해야 한다. [마술사]에게 '일을 맡긴다'는 의미는 바로 이것이다.

[마술사]는 자신이 정한 목표, 기준, 속도대로 일해야 적정한 성과를 낼 수 있다. 그래서 [마술사]의 일하는 방식은 독창적이고 때로는 타인이 이해하기 힘들 정도로 자기중심적이기도 하

다. 그렇기에 타인과 협업에 서툰 경향이 있다. 또한 타인의 능력이 자기 기준에 미치지 못한다고 판단해 결국은 혼자서 모든 업무를 끌어안는 경향이 크다. 그러다 보니 '일 중독'에 빠지기 쉬운데, 알다시피 이는 결코 건강한 상태가 아니다. 심한 스트레스와 감정 기복으로 번아웃 상태에 이르기 때문이다.

  [텐 완드]의 이미지처럼 자기 기준과 목표가 눈앞을 가리기에 주변인들과의 소통이 원활하지 못하다. 그래서 혼자서 책임지고 묵묵히 해내는 영역을 찾는 게 무엇보다 중요하다. 이미 레드오션이 된 분야에서 찾기보다 새로운 영역을 개척하는 것이 보다 큰 성공을 기대할 수 있다. 목표를 수립하고 기간을 설정한 다음 꿋꿋이 해낸다면 분명 자기 영역에서 선구자가 될 것이다.

텐 컵 Ten of Cups

마술사에게 인간관계란?

하늘에 떠 있는 10개의 컵은 막연해 보이고 손으로 잡을 수 없다. 컵 하나라도 잡을 수 있다면 관계는 성립되지만, 10개의 컵 모두가 허공에 떠 있다는 것은 밀접하고 개인적인 인간관계를 추구하는 모습은 아니다.

[마술사]는 세상 사람들이 이상적이라고 말하는 관계를 정답이라 여긴다. 헌데 이때의 '세상'은 태어나 경험한 가족관계와 성장하며 겪은 인간관계, 즉 개인 경험으로만 이뤄진 세상을 뜻한다. 이토록 제한적이고 주관적인 관계를 일반화하여 세계관을 형성하니 낯선 타인을 접할 땐 당연히 긴장과 혼란스러움을 느낀다. 그래서 자기 기준을 따라줄 것을 강요하기 쉽다. 마치 '비

둘기처럼 다정하고 화목한 가족'이라는 이상형을 그리고 '그것만이 내 세상, 내 가족'이라고 노래하는 격이다. 곁에서 보면 사랑이 넘치고 행복하지만, 과연 구성원들 모두가 동의할지 알 수 없다. 사실, 가족 구성원 각자의 행복을 온전히 인정하면 비둘기 가족이 아니라 '콩가루 집구석'이 되기 쉽다.

  [마술사]에게 결혼은 '사랑의 결과'라기보다 결혼이 주는 '결속'이라는 의미가 더 중요하다. 사랑, 존경, 인정으로 이루어진 결혼생활과 가족관계를 추구하려면 사실 온 가족의 노력과 희생이 필요하다. [마술사]는 남들에게 가정적인 사람family person으로 보이곤 하는데, 실은 '자기만의 방식으로만 가정적인' 사람을 뜻한다. 자기 방식을 고수하는 [마술사]가 남편이라면 다정한 독재자이고, 아내라면 히스테릭한 원칙주의자가 되기 쉽다.

  [마술사]에게 인간관계는 일방적이거나 일차원적이기 쉽다. 그래서 1 : 1의 관계보다는 1 : 0의 관계를 추구하는 것이 바람직하다. 1 : 0의 관계란 공동체 의식을 공유하는 조직, 그룹, 커뮤니티를 이루는 것이다. 혈연으로 이뤄진 가족이 아니라, 1번이 추구하는 신념과 공동의 목표를 함께할 사람들과 새로운 의미의 진정한 가족을 만드는 것이 좋다. 이런 관계 안에서 [마술사]는 리더로서 존중과 신뢰를 충분히 얻을 수 있고, 그래야 비로소 인간관계의 질적인 교감을 나눌 수 있다.

텐 소드 Ten of Swords

마술사에게 문제 해결이란?

이 카드의 볼 때마다 범죄 현장을 발견한 셜록 홈즈처럼 온갖 추리를 한다. 사람 하나 죽이자고 등에 칼을 10개나 꽂아야 할까? 대체 어떤 원한이기에? 10개의 칼이 일렬종대로 꽂힌 모습은 사이코패스의 시그니처 혹은 강박처럼 보인다. 혹은 아가사 크리스티 Agatha Christie 의 소설 『오리엔트 특급 살인』에서 13명의 탑승객이 각자 다른 원한으로 한 사람을 차례차례 칼로 찔러 살해하는 장면이 떠오른다. 그런 의미에서 카드 속 인물은 단순히 죽임을 당한 게 아니라 하나의 제의(祭儀, ritual)를 위한 제물이자 완벽한 '공모'의 예술적 결과물이라고 봐야 한다.

[마술사]에게 문제 해결이란 이토록 강박과 집요함을 요구하

는 미션이다. 그 과정에서 타협이나 융통성은 존재하기 어렵다. 겉으로 부드러워 보여도 중도에 변경하지 않고 끝까지 가려 한다. 물론 끝장을 본다 해도 남는 것은 허무함일지 모른다. 하지만 [마술사]는 문제를 절대로 대충 넘기지 못한다. 첫 번째 문제가 해결되면 두 번째 문제를, 그 다음엔 세 번째 문제를…. 이렇게 모든 문제를 일렬종대로 칼을 꽂듯 끝까지 파고든다. 이 성향은 사이코패스적이고 강박적인 성격 때문이 아니다. 문제 해결에 높은 기준을 설정하고 강도 높게 추진하며 자기만족을 위해 완성도를 추구하려는 욕망이 커서다. 이것은 1번의 재능이다.

하지만 이런 재능이 오해와 억측을 낳기도 한다. 설령 문제 해결의 의도가 선량하고 정의롭다 해도 주변인들을 질리게 만들 수 있다. 그러니 문제 해결 의지를 절제할 필요가 있다. 문제 해결의 대상이 타인이거나 자기 자신이어서는 안 된다. 컨트롤할 수 없는 자가 문제 해결의 대상이 되면, 아무리 초능력자라 해도 실패와 실망을 면할 길이 없다.

[마술사]가 원래는 연금술사에서 유래되었지만, 황금을 만들려는 허황된 연금술보다는 숱한 실험으로 인생의 황금률을 찾으려는 '영적인 운명의 연금술'을 추구해야 한다. 10번의 실험이 10번의 실패를 낳아도 새 방식으로 다시 시작하는 것, 어떤 실험을 하더라도 흙은 금이 되지 않지만 누가 뭐라 해도 그 실험정신과 도전정신은 [마술사]의 진정한 문제 해결 능력이며 그 과정 자체가 예술의 경지다.

텐 펜타클 Ten of Pentacles
마술사에게 재물운이란?

나는 학창시절에 1등을 해본 적이 없다. 1등을 하는 친구들은 특별해 보였다. 어떻게 공부를 하기에 만점을 받고 1등을 할까? 나는 못하고 그들은 할 수 있었던 이유는 아주 간단했다. 그들은 '공부할 때 정말 공부만' 했다. 1시부터 4시까지 공부를 한다면 실제로 3시간을 공부했다. 나는 어땠나? 공부할 건 많은데 뭔 바람이 불었는지 책상 정리나 하고, 하다보니 배고파서 간식 먹고, 배가 부르니 졸다가 그래도 공부를 해야겠으니 이 책 저 책 들춰보고, 색색깔의 볼펜으로 낙서나 하고. 3시간은커녕 10분이라도 제대로 공부했을까 싶다. 그리고 이 버릇은 지금도 여전하다.

말콤 글래드웰 Malcolm Gladwell은 2008년에 펴낸 『아웃라이어』

에서 '1만 시간 법칙'을 이야기했다. 적어도 1만 시간은 한 분야에 집중 투자해야 최고가 될 수 있다는 의미인데, 한국 사회에서 1만 시간 법칙은 '전문가는 한 우물을 판다'란 미신에 사회과학적 논리를 만들어 주었다.

최근에 1만 시간 법칙이 옳지 않다란 근거가 나왔지만, 사실 맞고 틀리고는 중요하지 않다. 왜 우리가 1만 시간 법칙을 간절히 믿고 싶어 하는지가 진짜 중요하다. 1만 시간 법칙은 '10년 법칙'이라고 불리기도 하는데, 10년 동안 꾸준히 연습하고 익히면 누구라도 한 분야의 전문가가 될 수 있다는 이야기는 근면 성실을 큰 미덕으로 여기는 우리나라 사람들에겐 아무런 재주가 없어도 남아도는 시간에 해볼 만한 도전으로 여겨진다. 그러나 책상에 오래 앉아 있는다고 공부가 아니듯, 목표를 향한 집중력 없이는 1만 시간은 무용할 뿐이다.

나는 소울넘버 1번이라면 1만 시간 법칙에 도전해 보라고 권한다. 목표를 향한 강력한 집중력과 에너지가 소울넘버 1번에게 있기 때문이다.

1번의 사회적 역할을 한마디로 표현하면 '성공적인 외골수'다. 일로 승부를 보든, 돈을 엄청나게 모으든, 아니면 화목한 가정을 꾸리든, 하나라도 빨리 시작하는 게 좋다. 인간관계 구축, 일, 돈 벌기, 명예 얻기 등 아무거나 빨리 선택해 성과를 낸다면 다음 단계로 전환이 가능하다. 돈을 많이 벌면 사람이 모이고 그에 따라 권력과 명예를 얻을 수 있다. 명예를 먼저 얻는다면 그 후에 사람이 따를 것이고 돈이 뒤따를 것이다. 뛰어난 집중력과 근성있는 1만 시간 투자로 가시적인 성공을 이루면 그 성공을 발판으로 궁극의 목적을 향해 다시 '퀀텀 점프'할 수 있다.

1번의 재물운은 [텐 펜타클] 카드에 나오는 노인과 닮았다. 타로마스터 레이첼 폴락은 이 노인이 10년이라는 험난한 여정 끝에 집으로 돌아온 '오딧세이'라고 말했다. 그가 망망대해에서 수많은 괴물과 싸우며 겪었던 고통과 고독이 인생에서 가장 소중한 것이 무엇인지 깨닫게 했다. 10년 혹은 하나의 완성 주기를 외골수의 힘으로 견딘다면 궁극의 목적지에 도달할 수 있으니 무엇을 할지 좌고우면하지 말고 일단 현재의 처지에서 할 수 있는 것부터 시작하라.

10년 중 가장 힘든 시기는 3년차, 5년차, 7년차이다(10년 이상의 주기를 갖는 일이라면 12년차도 힘든 시기다). 이 시기에 슬럼프가 오거나 외부 요인에 의해 좌절하더라도 목표를 포기하면 안 된다. 1번은 끝까지 가봐야 결론이 나는 사람이니까 주변인들의 눈치를 볼 필요가 없고 타인의 피드백에 상처받을 이유가 없다. 결과를 내면 모두가 인정할 거라는 믿음을 잃지 마라.

하지만 성공을 위한 성공, 부를 위한 부, 공명심을 위한 명예가 아니라, 세상을 이롭게 혁신하려는 목표를 세워야 한다. 그래야 1번은 스스로를 평범한 돌에서 황금으로 변신시키는 진정한 의미의 [마술사]이자 연금술사가 될 것이다. 스스로를 금으로 만드는 것이야말로 가장 확실한 재물이고 자산이다.

2

여사제

- The High Priestess -

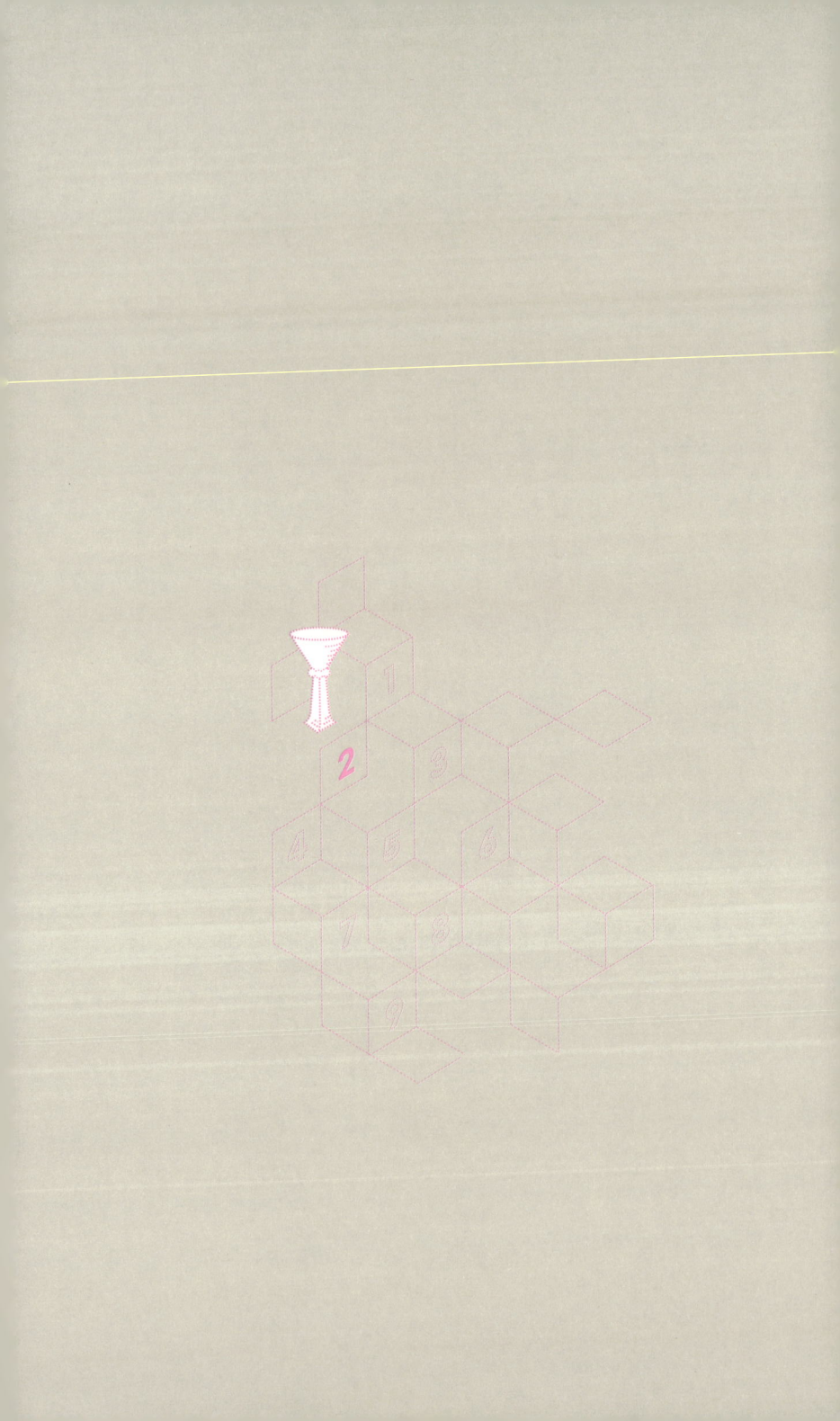

수비학 속의 소울넘버 2번
발아를 돕는 산파

 소울넘버 1번 [마술사]가 우주를 품은 '씨앗'이라면, 소울넘버 2번 [여사제]는 씨앗(모나드)이 깨어나도록 '발아'시키는 산파다. 씨앗은 정적인 상태인 반면, 발아는 동적인 움직임이다. 이 움틈의 과정이자 결과가 2라는 수다.

 편의점의 '1+1 이벤트'처럼 하나에 하나를 더해 만들어지는 자연수 2는 수비학적 함의를 갖는 2와는 다른 개념이다. 세포 하나가 분열되면 반으로 나뉘는 게 아니라 두 개의 세포가 된다. 스스로 분열하며 고유의 유전자를 가진 두 세포로 생성되는, 하나에서 새로운 하나가 나옴으로써 둘이 되는 것이 2라는 수의 수비학적 상징이다.

 모나드의 세계, 즉 죽은 듯 보이는 정적인 씨앗의 세계에서만

줄곧 머무른다면 이 세상은 어떠한 분열도, 혼란도 없을 텐데, 아무것도 생겨나지 않으니 아무 일도 벌어지지 않을 텐데, 왜 우리 삶에 '디아드'라는 분리가 필요할까? 디아드는 그리스어로 2를 나타내는 단어이고 [여사제] 카드의 수비학 이름이기도 하다. 로마숫자 Ⅱ는 2개의 동일한 형태의 기둥이 대칭으로 선 형상인데, 타로카드 속 [여사제] 좌우에 선 2개의 기둥과 일치한다.

똑같은 2개의 기둥처럼 나와 똑같은 유전자를 보유한 다른 존재가 있다면, 그중 누가 나일까? 나는 과연 하나일까, 둘일까? 무엇이 진리이고 무엇이 옳은 것이며 무엇이 진정한 모습일까? 이런 의심과 호기심은 자기 자신을 분리하여 객관적으로 바라보도록 한다. 분리되고 싶은 갈망과 다시 합쳐지고 싶은 욕망은 영원히 끝나지 않을 내면의 투쟁이지만, 그 과정에서 자각과 인지라는 귀한 지혜를 얻는다.

평생 혼자서 작은 방에 갇혀 사는데 자신을 비추는 거울 같은 존재가 하나도 없다면 어떻게 '나'를 증명할 수 있을까? '나는 존재한다'라고 스스로를 자각할 수 있을까? 세상에는 그 자체만으로 존재한다고 인식할 수 있는 것은 하나도 없다. 나와 대비되는 존재가 반대편에 있어야 비로소 나의 존재를 깨달을 수 있다. 낮은 밤을 통과해야 올 수 있고, 하늘이 있으려면 땅이 있어야 한다. 여성성(혹은 남성성)은 남성성(혹은 여성성)이 있을 때 의미가 있고, 실패가 없으면 성공은 무가치하며, 불안이 없으면 안전에 감사할 수 없고, 죽음이 없다면 탄생도 없다. 우리는 숱한 대비對比로

서로의 존재를 실감한다.

　세상은 '존재'에 대비되는 '다른 존재'를 필요로 하고 수많은 존재들은 모나드라는 씨앗의 상태에서 디아드라는 발아로 생겨나기 때문에 숙명적으로 모나드는 디아드 없이는 무의미하다. 잠자던 모나드를 눈뜨게 하는 것은 디아드이며, 디아드를 거치며 모나드는 씨앗으로서 자신의 숙명을 깨닫고 발아를 시작한다. '자기 분열'이라는 변화를 겪지 않은 존재는 생명을 지닌 존재가 될 수 없다. 모나드는 디아드를 거쳐야 비로소 닫힌 우주에서 세상으로 통하는 문이 생겨난다. 마치 엄마의 자궁에서 자라던 모나드가 자궁이 열리자 세상으로 나오는 것처럼. '나에서 분리된 나', '나와 동일한 또 다른 존재'로 자아를 인식하는 디아드는 '깨어남' 그 자체다.

타로카드 속의 여사제
새 세상을 여는 경계의 수호자

2번 [여사제] 카드에서 가장 의미 있는 상징은 흑과 백의 두 기둥이다. 구약 성경 「열왕기상」과 고대 건축 문헌에 따르면, 모세가 신에게서 직접 받은 십계명 석판을 가나안에 입성한 후손들이 아름다운 성궤에 담아 솔로몬 성전 깊은 곳에 모신다. 그 솔로몬 성전 앞에는 크고 아름다운 두 기둥이 있었는데, 기둥에는 각각 B(Boaz)와 J(Jachin)라는 알파벳이 새겨졌다고 전해진다. 이는 [여사제] 카드에 그려진 흑백의 두 기둥과 정확히 일치한다. 또한 두 기둥에 각각 100개의 석류 부조 장식이 조각되었다고 전해지는데 타로카드에서는 [여사제] 뒤쪽에 드리워진 태피스트리에 일곱 개의 석류로 표현되었다.

그리스 로마 신화의 페르세포네Persephone가 하데스Hades에게 속아서 먹은 과일도 석류알 일곱 개다. 그녀의 실수는 늘 푸르고 풍요롭던 세상에 혹독한 겨울을 낳았으며 죽음과 부활이란 대비를 만들었다.

또한 [여사제]의 머리에는 보름달이, 발치에는 초승달이 놓였는데, 이는 차고 이지러지는 달의 순환과 대비를 보여준다. [여사제]는 솔로몬 성전의 두 기둥 사이에 앉아 손에는 모세 5경이라 일컫는 토라Tora를 들었다. 대립하는 흑백의 기둥은 안과 밖을 나누는 두 개의 대척점처럼 당당히 섰지만 [여사제]는 성전의 안팎이 아니라 입구에 앉아 내부의 신성한 지혜인 아르카나(Arcana, 라틴어 아르카눔(arcanum)에서 온 말로, 거대한 신비, 신성한 비밀 등을 의미함)를 수호한다. 그리고 [여사제]는 분열이라는 극단을 오가며 드러나는 주기와 반복을 통해 세상의 비밀을 알리는 역할을 한다.

기둥에 쓰여진 B는 알파벳의 두 번째 문자이고 J는 열 번째 문자다. 10은 1로 치환되어 [마술사]를 의미하고, 2는 [여사제] 자신을 가리킨다. 그래서 두 기둥은 각각의 남성의 수 1과 여성의 수 2를 의미한다. 완전한 수 1은 불완전한 수 2로 분열함으로써 서로 반응하고 발아하여 새로운 세상으로 나가는 입구, 즉 베시카 피시스vesica piscis를 만든다. 베시카 피시스는 기하학의 창시자인 고대 그리스 수학자 유클리드의 『기하학 원론The Elements』에 처음 나타나는데, 원래는 컴퍼스를 사용해 정다각형을 작도하는 원리였다.

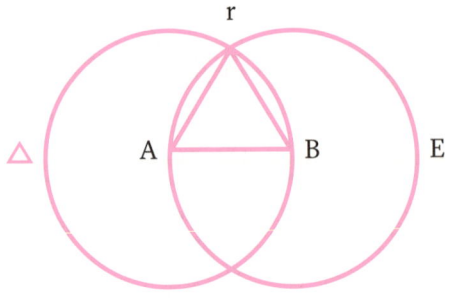

그림 1. 유클리드의 『기하학 원론』에 등장하는 베시카 피시스

그림 1에서 보듯, 한 점을 축으로 컴퍼스로 하나의 원을 그리고 그 원의 둘레 위 한 점을 축으로 해 다른 원의 중심을 지나도록(즉 다른 원의 반지름 거리만큼) 컴퍼스를 돌리면 새로운 원이 처음 원에 겹쳐 그려진다. 두 원이 겹친 아몬드 모양의 안쪽 점들을 연결하면 정삼각형, 정사각형, 정오각형 등의 도형을 그릴 수 있다. 베시카 피시스는 이 겹친 부분을 가리키는 말인데, 원래는 '물고기의 부레'라는 뜻이다. 베시카 피시스를 활용하면 다각형을 끊임없이 만들 수 있고, 베시카 피시스들을 무한히 겹쳐 놓으면 새 형태를 만들 수 있기에 후대엔 두 개체가 만나 새 개체를 탄생시킨다는 의미에서 '탄생, 다산, 여성' 등을 상징하게 됐다.

[여사제] 카드에 숨겨진 다양한 상징들은 단일했던 세상이 분열과 대비를 통해 정체성을 깨닫고 그 존재의 의미를 드러내는 2의 수비학적 속성을 품었다.

소울넘버 2번의 역할
궁여지책의 무림고수

'연희동 한쌤'이라는 별명으로 알려졌다는 걸 핑계로 나는 연희동을 쉽사리 떠나지 못한다. 재미있게도 연희동의 친한 친구 대부분은 소울넘버 2번이고 나 역시 그렇다. 어쩌면 이것이 내가 이 동네를 떠나지 못하는 이유가 아닐까? 2번인 내 친구들은 사주나 타로, 성격 테스트 같은 것에 관심이 많지만 타인보다는 자신에 더 관심이 많다. 흥미롭게도 그들에게 소울넘버 2번의 특성을 설명해 주면 하나같이 주변의 2번들과 자신은 공통점이 전혀 없다고 말한다.

이것이 바로 2번이다. 소울넘버 2번은 각자가 다 다르다. 아니, 다르고 싶어 한다. '타인과 내가 다르다'는 것을 중요한 정체성으로 여긴다. 누군가가 2번에게 자기와 취향이 비슷하다고 말하면

2번은 겉으로 웃고 있지만 속으론 절대 그렇지 않다고 부인할 것이 분명하다. 자신의 기준을 고집하고 그 기준을 잣대로 타인을 분석하고 평가하는 게 2번의 자연스러운 모습이다. 그래도 다행인 것은 타인의 취향을 존중한다는 점이다. 다름이 틀림이 아니라는 걸 확실히 알기 때문이다. 2번을 상대로 물건을 팔 때 '요즘의 잇템, 트렌드, 베스트셀러 제품'이라고 소개하면 표정이 굳어진다. 2번은 '자신이 남들과 비슷하다'는 피드백을 받으면 불쾌감을 느끼기 때문이다.

[여사제]는 '나는 남과 다르다. 내가 잘났거나 옳다는 의미가 아니라, 그냥 난 조금 다르다.'라고 스스로를 규정한다. '나는 오로지 나'라는 정체성에 목숨 거는 이들이 2번 [여사제]다. 하지만 그렇다고 해서 드러내놓고 자신을 증명하려고 하지는 않는다. 일부러 남의 눈에 띄거나 튀는 것을 불편해 하지만 남들이 인지할 수 있을 만큼 존재감을 갖고 싶어 하는 모순을 보인다. 재야의 무림고수로 인정을 받고 싶지만 사람들의 주목을 받고 싶지는 않다고? 별 이상한 욕망이라고 혀를 차겠지만 2번에게는 이런 극단적 감정이 동시에 존재한다.

소울넘버 2번이 종종 신박한 아이디어를 내는 이유는 2번의 '게으른 에너지' 때문이다. 빨래하기 싫은 사람이 세탁기를 발명하듯이 (실제로 그랬다) 힘 안 들이는 방법으로 일을 하려니 새로우면서 비전통적인 관점으로 문제 해결에 접근한다. 이런 방식이 타인들에게는 잔머리가 뛰어나거나 전통과 규칙을 무시하고 파괴하는 것처럼 보이기에 보수적인 환경에서 2번은 다소 저평가 되곤 한다.

독창적인 반골

미국 대통령 오바마와 클린턴, 재클린 오나시스, 모차르트, 마돈나, 박진영, 코코샤넬, B.T.S의 지민 등이 소울넘버 2번이다. 이들에게서 어떤 공통점이 느껴지는가? 아마 소울넘버 1번 [마술사]보다는 부드럽고 소통하기 편하다고 느낄 것이다. 이들은 강직하거나 권위적이기보다 개방적이다. 주도적이거나 목표 지향적이기보다 개인주의적이다. 자신이 원하는 것을 추구하는 등 자기 세계가 분명하다.

이런 특성은 선천적인 성격이 아니라 소통으로 문제를 해결하려는 그들의 역할에서 비롯된다. 2번은 개방적이라서 주변과 잘 소통하고, 참신한 아이디어를 내기에 진취적이고 진보적이라는 평가를 받는다. 하지만 이런 특성과 역할이 중요해지고 영향력을 크게 발휘할 때는 기존 질서를 위협하는 존재라는 이유로 기피 대상이 될 수 있다.

이런 의미에서 마돈나는 소울넘버 2번의 역할을 가장 잘 설명하는 사례다. 성공한 수많은 여성 싱어 중 마돈나는 뛰어난 가창력을 지닌 자가 아니고 특출한 외모의 소유자도 아니다. 댄스에도 천부적인 재능을 가졌다고 보기 어렵다. 하지만 마돈나는 매번 공연마다 자신이 직접 선발한 무명의 백댄서들을 과감하게 기용해 능력을 발휘하도록 기획했고 아무도 예상하지 못한 파격적인 퍼포먼스를 보였다. 마돈나의 성공에는 필요한 인재를 발탁해 적재적소에 배치하는 안목도 있겠지만 더 중요한 건 매번 세상을 경천동지하게 만들었다는 점이다. 마돈나는 자신의 방식이 세상을 불편하게 한다는걸 알았지만 그걸 숨기기보다 잘 이용했던 영리한 기획자다. JYP의 박진영도 데뷔 초에는 파격적인 스타일로 호불호가 극명하게 갈렸지만 지금은 여느 엔터테이너 회사와 다른 색깔과 독창성을 확실히 구축한 기획자로 자리잡았다.

주머니 속 송곳을 드러내라

소울넘버 2번 내담자들은 보통 자기가 몸담은 사회와 인간관계 속에서 적응하지 못하거나 적응하려고 애쓰다가 번아웃된 상태로 상담을 요청한다. 그들에게 '당신은 마돈나, 박진영, 오바마처럼 개성 강한 사람들과 같은 유형'이라고 말하면 긴가민가한 표정을 짓는다. 그럴 때 나는 그들에게 이렇게 말한다.

"소울넘버 2번의 유명인들은 어떻게 보면 사회적으로 트러블메이커 혹은 부적응자입니다. 파격적인 행보 때문에 팬이 많지만 적도 많죠. 하지만 당신과 다른 점이 있다면 그들은 '주머니 속 송곳'인 자신을 그냥 드러냈다는 것입니다. 하지만 당신은 송곳이 주머니에서 삐져 나오지 않게 하려고 피를 철철 흘리며 애를 쓰네요."

소울넘버 2번이 '평균'이란 기준이 명시적으로 작용하는 한국 사회에서 욕 안 먹으려고 대세를 따르고자 애쓴다면 강도 높은 피로감을 경험할 수밖에 없다. 소울넘버 2번은 남들에게서 유별나다는 피드백을 받아 상처를 받거나 어디에도 소속되기 어렵다 하더라도 위축될 필요는 없다. 힘들거나 문제가 생길 때 사람들은 2번을 찾을 것이기에 그 '유별스러움'이 2번만의 강력한 무기가 될 수 있다. 아더 왕King Arthur의 엑스칼리버Excalibur 같은 번쩍이는 명검은 아닐지라도 무엇이든 한 곳은 정확히 찌를 수 있는 치명적이고 예리한 송곳이 언제나 주머니 속에 있음을 깨달아야 한다.

수비학에서 디아드는 기존 세계에서 분리되려는 갈등과 돌아가고 싶어하는 갈망을 동시에 갖는다. 소울넘버 2번이 디아드의 이중적 극단성을 표출하지 않으면 세상에 뚜렷한 인상을 주지 못한다. 충돌없이 세상이 원하는 대로 휘둘리거나 주변인들을 실망시키고 싶지 않아서 늘 어중간한 자리에 머물면 자신을 비롯해 어느 누구도 확실히 만족시키지 못한다. 특히 사회활동과 경제활동을 활발히 해야 하는 상황이라면 우유부단하다는 평가를 들으며 (관계지향적인 한국 사회에서는 더욱 그렇다) 매일 다람쥐 쳇바퀴 돌 듯 무기력하게 살기 쉽다.

2번 내담자들은 자신이 조직 생활에 맞는지 아니면 독립해 사업을 하면 좋을지 물어보곤 하는데, 실은 둘 다 하기 싫다는 속내를 감추지 못한다. 이런 질문을 하는 내담자들은 겉으로 큰 문제가 없어 보이지만 문제가 없게 하려고 스스로를 무기력하게 만든 상태에 있다. 이렇게 현실도피적인 질문을 하는 것보다 상사와의 관계가 악화돼 이직 가능성을 묻는 질문을 해야 희망적이다. 자신을 속이면서까지 '문제 없는 사람'이라고 무력감에 빠지는 것보다 문제가 있더라도 그 이유가 자신에게 잣대를 들이대는 타인과 사회의 고질적인 문제라고 간주하는 것이 정신건강에는 더 좋기 때문이다.

아웃사이더의 길을 가라

소울넘버 2번은 리드하는 것도, 리드 당하는 것도 싫어한다. 그럼 어쩌라는 말인가? 그냥 독자 노선을 가면 된다. 전략적으로 아웃사이더의 길을 택해야 한다. 그렇다고 소울넘버 2번이 조직 생활을 힘들어하는 사회부적응자라는 뜻은 아니다. 자기 머리는 못 깎아도 남의 머리는 깎아주는 존재가 2번이다. 2번이 불특정 다수를 상대하는 대인 서비스업에 많이 종사하는 이유는 내 코가 석 자여도 남의 문제는 잘 해결해 주기 때문이다.

그런데 2번 내담자들에게 '남의 머리 잘 깎아주는' 역할에 적합한 상담이나 교육 분야의 직업을 택하라고 조언하면 대다수는 손사래를 친다. "저는 말을 잘 못하고 남 앞에 서는 것도 힘들어요."라고. 내가 2번이 달변가이거나 무대 체질이라고 언급한 적이 없는데도 말이다. 내가 상담과 교육을 권하는 이유는 2번이 가장 지혜로운 [여사제]이기 때문이고, 그들의 역할이 새로운 시각으로 '난산을 돕는 산파'이기 때문이다.

　사업이나 장사도 대인 서비스업이긴 하지만, 2번은 이윤만을 적극적으로 추구하는 상술이나 직원 관리에 어려움을 느낀다. 그렇다고 그런 일을 혼자 하다가는 금세 지친다. 그래서 2번은 '협업자'의 스탠스를 취하는 것이 좋다. 스타트업의 초창기 멤버로서 비즈니스가 태어나는 데 기여하는 산파가 돼야 한다.

　하지만 그 '아기'의 엄마는 산파가 아니라 산모라는 점을 유념해야 한다. 2번은 누군가와 동업으로 비즈니스를 시작하면 처음에는 기여를 많이 한다. 그러나 시간이 지날수록 입지가 좁아짐을 느껴 불만이 쌓이면 무슨 일이 있어도 함께 하자는 '도원결의' 식 동업은 파국으로 끝날 가능성이 크다. 그렇기에 2번은 일을 주도하는 자를 옆에서 자문하거나 여러 가지 어려움을 해결해 주는 독자적 협업자라는 포지션을 취해야 한다.

　자신이 필요한 상황인지 아닌지를 정확히 판단하고 자신을 필요로 하는 곳이면 어디든 달려가 함께하는 산파가 바로 소울넘버 2번의 역할이다. 그렇기에 한곳에 오래 머물지 못하고 자주 이직하는 것을 경력의 약점이라 여기면 안 된다. 뛰어난 용병처럼 역량과 전문성이 알려질수록 필요로 하는 곳이 많아지는 법이라 여겨야 한다. 달이 차고 기울고 다시 차듯이 주기적으로 반복되는 경험은 소울넘버 2번의 운명적인 역할이다. 2번에서 나오는 달빛은 고대부터 지금까지 밤길을 나서는 사람들에게 고마운 존재다.

4원소 속의 소울넘버 2번

투 완드 Two of Wands
여사제에게 조직이란?

내게 찾아오는 [여사제] 내담자 중에는 직장 문제를 상담하는 분들이 많다. 그들은 자기가 회사에 입사하면 잘 나가던 회사가 망하거나 합병돼서 본의 아니게 이직을 거듭한다는 말을 하곤 한다. 여러 회사를 전전하다 결국 조직을 떠나 개인 사업을 시작하거나 프리랜서로 진로를 바꾼 경우도 상당수다. 한 직장에 오래 근속한 경우라도 소속 부서나 직무가 자주 바뀌고 프로젝트 단위로 이동이 잦다.

예를 들어, 방송국 PD처럼 개편에 따라 프로그램이 바뀌고 그

때마다 새로 시작하거나 준비해야 하는 역할이라면 비록 힘은 들어도 회사를 오래 다닐 수 있다. 왜냐하면 2번 [여사제]의 산파 역할이 새 프로그램을 만드는 기획 단계까지는 빛을 발하기 때문이다. 그들은 아이디어를 내고 출연자를 섭외하며 여러 사람들과 커뮤니케이션하는 등 준비 기간에는 추진력 있게 일을 진행한다. 그러나 막상 프로그램이 시작되면 험난한 촬영 일정과 끝없는 편집, 제작진 간의 충돌 등 여러 가지 이유로 곤경에 빠지곤 한다.

30여 년의 타로수비학 상담 경험으로 내가 직접 이름을 지은 소울넘버 2번의 역할은 '극단적 산파'다. 아기를 낳도록 도와주는 직업인 산파는 고대부터 존재해 왔다. 하지만 산파는 공인된 산부인과 의사가 아니다. 시스템 안에 있지 않고 시스템 밖에서 활동하는 전문가다. 사회 시스템 내의 일처리는 절차와 안정성이 중요하기에 2번은 자신만의 방식을 추진하기 어렵다. 규범이나 매뉴얼에 얽매이지 않고 개인의 경험과 독학을 통한 직관으로 난제를 해결하는 데 능하기 때문이다. 여기서 '극단적'이란 말의 의미는 사회적으로 합의되거나 교육된 매뉴얼이 아니라 주관적이고 직관적으로 문제를 해결한다는 의미다. 2번은 시스템 밖에서 독자적으로 배우고 힘겹게 경험을 쌓기 때문에 사회적 확장성에 한계를 느끼고 불안한 경력에 깊이 고민하지만, 결국 이런 과정이 자립력 강한 전문가로 성장하는 밑바탕이 된다.

그러나 명심할 것이 있다. 극단적 산파가 세상의 모든 난제를 수월하게 해결하지는 못한다. 경험과 실패를 바탕으로 자신이 할 수 있는 것과 할 수 없는 분야를 빨리 찾아 그 경계를 확실히 설정하는 것이 중요하다. 만약 모든 난제를 해결할 수 있다는 자신만만함이 가득 차오른다면 본인에게 심각한 문제가 생겼다고 판단하고 조심해야 한다. 잘 알지 못하는 분야라서 모호하거나 직관이 통하지 않는 문제라면 냉철하게 판단해 재빨리 회피해야 한다. 자신이 가장 잘 다룰 수 있는 문제에 집중하고 그 역량을 특화하는 데 노력해야 한다. 타로카드 속 [여사제]가 앉은 위치는 솔로몬 성전의 입구이자 '안과 밖'의 경계다. [여사제]의 역할은 성전에 들어가려는 자들을 돕는 것이지 그들을 안내하거나 동행하는 게 아니다.

    [투 완드] 카드에서 망토를 걸친 뒷모습의 남자는 한 손에 지구본을 들고 세상을 바라보지만 여행을 떠나지는 않는다. 손 안에 지구가 있으니 굳이 떠날 이유가 없기 때문이다. 멀리 바라볼 수 있는 위치에서 멀리 가야 할 사람들을 위해 지도를 만들거나 자문을 하면 됐지, 굳이 그 길을 동행할 필요는 없다. 남자의 시선은 땅이나 하늘 혹은 사람을 향하지 않는다. 오로지 앞으로 가야 할 길을 찾는다. 그렇게 하려면 남보다 우수한 순발력, 직관력, 판단력을 갖춰야 한다.

    소울넘버 2번은 장기적으로 볼 때 '조직이 바라는 구성원'은 되기 어렵지만, 그래도 현실적인 이유로 조직에서 버텨야 한다면 자신만의 '필살기'를 꼭 갖춰야 한다. 그렇다고 해서 사내 정치에 관심을 갖거나 관계성 좋은 사람이 되려고 노력하면 양심에 거슬리고 뒷심도 달려서 용두사미로 끝나거나 주변의 오해를 사기 십상이다. 비록 타 구성원들이 2번을 비사교적, 비협조적, 비사회적이라고 심하게 평가하더라도 그들과 친화하려고 노력하기보다는 업무를 뛰어나게 해내는 유능한 서포터 혹은 문제해결사라는 캐릭터로 평가를 받는 게 조직생활에 훨씬 유리하다. 물론 자신만의 분야와 전문성을 구축하는 일이 결코 쉽지는 않다. 하지만 다행히도 각자의 개성과 방식을 존중하는 분위기로 세상이 많이 변했다. 십수 년 전만 해도 소울넘버 2번의 갈지자 행보는 지나치게 '튄다'는 평가를 받았지만 요즘은 기존 방식과 차별된 독창성이라고 가산점을 받는다.

모든 에너지를 직관력에 소모하다 보니 지구력이 부족해 금세 지치고 산만해지는 단점이 있다. 그러나 상황 파악이 빠른 2번 특유의 순발력으로 본인의 능력이 크게 발휘될 문제를 찾을 수 있고 구태의연하지 않은 자기 방식으로 존재감을 증명할 수 있다.

투 컵 Two of Cups
여사제에게 파트너십이란?

타로가 연애점으로 젊은이들 사이에서 큰 호응을 얻는다니 나에게는 무척 고무적인 현상이다. 사주나 명리학으로는 일상의 감정이나 연애 같은 소소한 것들을 바로 묻고 답하기가 용이하지 않은 점도 있겠지만, 타로가 큰 호응을 얻는 결정적 이유는 공동체 일원의 책임보다는 개인의 감정이 더 중요해졌기 때문이다. 출세, 성공, 결혼, 직업 등 삶의 실용적 문제가 아니라, '누군가가 나를 좋아하고 있을까'와 같은 내밀한 질문에 복비를 지불한다는 것은 세상이 많이 변했다는 증거다.

하지만 연애 상담처럼 개인 영역의 다양한 질문 속에는 여전히 근대적인 사고방식이 남았다. '그/그녀가 나를 좋아하는지',

'내가 연애를 할 수 있는지', '헤어진 연인이 다시 나에게 돌아올지'가 타로 상담에서 가장 많이 나오는 질문 베스트 3인 점에서 알 수 있다. 이런 질문에 '나는 무엇을 할 수 있을까'란 의지는 보이지 않는다. 자기 감정보다 상대방의 결정과 감정을 더 궁금해하고 그에 따라 선택하고 행동하려는 수동성과 무기력함이 느껴진다.

일반적으로 연애는 쌍방이 하는 것이라 착각하는데, 사실 연애는 '내가 하는 것'이다. 나라는 실체가 분명하게 존재해야 상대방의 실체를 마주할 수 있다. 최악의 경우는 나나 상대방이나 실체가 없는데 '우리는 연애한다'고 착각하는 것이다. 애석하게도 이런 상황에 빠진 커플들이 연애점을 가장 많이 보러 온다. 실체가 없는데 연애가 잘 될지 말지 어떻게 알 수 있을까? '내가 없고 상대방도 없는' 상태로 방구석에 누워 상상하는 사랑을 과연 연애라 부를 수 있을까? 연애는 동등한 입장의 두 사람이 존재해야 성립할 수 있다. 서로 주고받을 실체가 있어야 하고 주고받는 것의 가치를 기뻐할 주체가 있어야 한다. '나는 그에게 무언가를 줄 수 있는 주체자인지, 그는 나에게 무언가를 받을 수 있는 실체인지' 고민해야 한다. 주고받는 것은 동등해야 한다. 그렇지 않으면 한쪽은 불만을 키우고 다른 한쪽은 집착에 빠질 것이 뻔하다.

[투 컵] 카드의 전통적 의미는 연인 간의 교감과 결합이다. 하지만 수비학에서는 두 존재의 동등한 만남을 상징한다. '대비되는 두 존재'를 편의상 남자와 여자로 표현했을 뿐이다. 두 사람의

모습은 다르지만 교환하려는 두 컵은 동일한 모양이고 컵을 든 높이 또한 동등하다. '다르지만 동등함'을 서로 동의할 때 건강한 연애가 가능하다. 소울넘버 2번 [여사제]의 인간관계에서 최우선 순위는 '누가 날 좋아해 줄까'가 아니라 '나는 누구이고 무엇을 원하는지, 무엇을 줄 수 있고 무엇을 줄 수 없는지 아는 것'이다.

그런 후에야 자신과 동일한 가치를 나눌 만한 상대방을 찾을 수 있다. 포기할 것은 빨리 접어야 한다. 시쳇말로 '자만추(자연스러운 만남 추구)'처럼 낭만적이지 않을 수 있지만 [여사제]가 인간관계는 물론 연애와 결혼 생활을 안정감 있게 지속하려면 이런 '등식'이 성립돼야 한다. [여사제]에게 필요한 연애는 '둘이 같은 우산을 쓰는 것'이 아니라 '각자 우산을 쓰고 가되 손을 맞잡고 가는 것'이다.

[여사제]의 매력은 산파 역할을 할 때 드러난다. [여사제]는 상대방에게 다양한 아이디어로 조언할 때 매력적이다. 간혹 2번이 적극적으로 발벗고 나서서 상대방을 돕기도 하는데, 누구든지 힘든 상황에서 2번의 도움을 받는다면 천군만마를 얻은 듯 느낄 것이다. 더 나아가 2번의 마음을 더 알고 싶어하거나 좋은 인연을 만들어가길 원할 수 있다.

앞서 언급했듯이 여사제의 역할은 엄청난 난산으로 출산의 고통을 겪는 산모를 혼신의 힘을 다해 돕는 산파와 같다. 하지만 아무리 뛰어난 산파라 해도 결국 아이를 낳는 건 산모의 몫이기에 너무 강하게 몰아부치거나 너무 의지하도록 채근하는 것은 지양해야 한다. 아무리 산파의 지혜와 노력 덕에 건강한 아이가 태어났다 해도 아이의 엄마는 산파가 아니라는 점도 항상 유념 해야 한다. 산파는 도울 뿐이다. 그러니 2번은 상대방이 비록 자신의 산파 역할 덕에 좋은 연인 관계를 형성했다면 누군가에게 도움을 주는 본인만의 가치를 계속 발전시키고 증명해야 한다.

  소울넘버 2번이 인간관계에서 고충을 겪는 가장 큰 원인은 '경계'를 설정하지 못하는 데서 비롯된다. 극단적 산파는 첨단 의료 장비 없이 직관과 경험만으로 산모의 상태를 파악한다. 2번이 자신도 인지하지 못한 채로 끊임없이 주변 사람의 상태와 문제를 살피는 이유는 무엇일까? 타인의 불편이 자신에게 전달되어 힘들기 때문이고 주변이 편해야 본인도 편안함을 느낄 수 있기 때문이다. 이럴 땐 능력이 굴레가 되어 인간관계 속에서 이리 저리 끌려다니다가 결국엔 번아웃되거나 폭발하기 쉽다. 이러면 주변 사람들은 2번이 돌변했다고 오해하고, 이런 오해가 불필요한 다툼으로 이어지기도 한다. 그렇기에 2번은 '할 수 있고 할 수 없는 것'의 경계를 잘 설정해야 한다. '잘해 주고도 미친 놈 소리'를 듣느니 감당 못할 관계에는 애초에 조용히 선을 그어야 한다.

  여기에서 주의할 점! 인간관계가 힘들다고 극단적으로 관계를 멀리하거나 끊으면 오히려 더욱 감당하지 못할 끝판왕을 만날지 모른다. 자신이 못나거나 마음이 약해서 항상 실속이 없다고 자책할 필요는 없다. 인간관계에서 이런 실패와 배신의 경험들은 각자의 역할을 동등하게 수용할 수 있는 대상이 누구이며 내가

할 수 있는 것과 없는 것이 무엇인지 분명한 한계와 경계를 깨닫게 하는 귀중한 계기가 된다.

　인간관계의 다양한 고충은 [여사제]에게 지혜의 원천이 되고 공감의 매개체가 된다. 이런저런 힘듦을 모두 회피하려다가 얼떨결에 튀어나와 이리저리 찌르고 나를 찌르는 송곳이 되느니 차라리 처음부터 예리한 송곳임을 드러내라. 주변인들이 싫어하거나 부정적인 시각을 보이더라도 송곳을 필요로 하는 사람은 반드시 있다. 분명 그 사람은 송곳을 잘 넣을 수 있는 송곳집을 갖고 있을테니 [여사제]를 충분히 감당할 수 있는, 다르지만 동등한 능력자나 인연을 만나라.

투 소드 Two of Swords
여사제에게 갈등이란?

4원소의 마이너카드 중 [여사제]의 내면 깊은 곳을 가장 잘 보여주는 카드는 단연 [투 소드]다. 여자가 앉은 자세, 여자 뒤에 펼쳐진 바다와 하늘에 뜬 초승달을 보노라면 [여사제]가 성스러운 겉옷을 벗고 석고대죄하는 모습처럼 처연함이 느껴진다.

이 카드가 나오면 내담자들은 대부분 한숨을 내쉰다. 카드의 의미를 몰라도 교착상태에 빠져 당장 해결할 방법이 없다는 것을 직감하는데 바로 이것이 [투 소드]를 해석하는 전통적 의미다. 그러나 수비학 관점에서 이 카드 속 여자는 78장 타로카드 중에서 가장 강력한 힘을 가진 여성이다.

카드 경계 밖으로 벗어날 만큼 큰 두 자루의 칼을 양손에 쥐고 가슴 위에서 교차하는 모습은 마치 황금 관에 누운 파라오가 갈고리와 도리깨를 든 팔을 교차하여 왕권을 위시하는 모습을 연상케 한다. 이 '양팔 크로스' 자세는 자기 안에 존엄한 힘이 존재함을 암시한다. 바로 칼을 휘두르지 않는 이유는 나약하거나 겁쟁이라서가 아니다. 때가 되면 힘이 드러나기 때문이다. 자신의 힘이 무엇이고 얼마나 강한지 모른 채 공격을 시도하거나 과시하면 역으로 약점이 노출되어 큰 손실을 볼 수 있다. 이 자세는 최적의 타이밍을 계산하는 추리와 극심한 스트레스를 조율하는 이성을 풀가동해야 하니 엄청난 내공이 없으면 쉽지 않다.

눈을 가린 이유는 눈에 보이는 객관적이고 이성적인 근거에 편향되어 현상의 본질을 파악하지 못할 수 있어서다. 눈을 가림으로써 모든 감각과 직관을 깨워야 비로소 올바르고 이성적인 판단이 가능하다.

칼은 강하고 위험한 도구이지만 스스로 움직이지 못하는 수동적 도구에 불과하다. 의도와 의지를 지닌 누군가의 손에 쥐어져야 칼은 깨어난다. 위대한 검 엑스칼리버 역시 자신을 뽑아 올릴 주인을 기다려야 한다. 4원소 중 소드가 상징하는 이성과 논리라는 강력한 무기도 '몸의 감각'과 '내면의 직관'이 두 손에 올바르게 쥐어질 때 표적을 향해 정확한 공격이 가능하다. 이견과 오해가 생기는 난감한 상황에서 아무리 억울하고 분해도 기다려라. 당신이 옳다 하더라도 모든 인간사를 옳고 그름의 논리적 판단만으로 이길 수 없다. 공감받는 것은 더 어렵다. 타협하거나 참으라는 게 아니라 진짜 공격해야 할 대상이 드러날 때까지 기다리는 뜻이다. 눈앞에 보이는 현상만으로 판단하지 말고 눈을 가리고 모든 감각이 전달하는 정보를 감지하고 내면의 목소리를 들어야 한다. 그래서 [투 소드]의 여인은 눈을 가리고 이성과 직관의 칼을 크로스한 채 모든 갈등과 문제가 스스로 본질을 드러낼 때까지 견딘다. 초승달이 보름달로 차오르고 밀물이 썰물로 바뀌면 아무것도 하지 않아도 모든 갈등이 사라질 테니까.

투 펜타클 Two of Pentacles
여사제에게 돈이란?

한 [여사제] 내담자는 상담 중에 "제가 돈을 많이 벌 수 있을까요?"라고 물었다. 그 목소리엔 희망이나 욕망이 전혀 느껴지지 않았다. 그저 삶의 깊은 피로감만 전달됐다. 누구나 잘 안다. 한국 사회에서 유산을 받거나, 영혼까지 끌어모아 산 부동산 가격이 몇 배 오르거나, 목숨걸고 올인한 주식과 코인이 대박을 내지 못하면, 월급만으로는 경제적 자유를 얻을 확률은 매우 희박하다. 아니, 0퍼센트다. "제가 돈을 많이 벌 수 있을까요?"란 말은 혹시라도 재물운이 있다면 투자나 투기에 뛰어들어 볼 수 있지 않을까라고 그저 던져보는 질문이다.

이런 질문을 던지는 이유는 당연하다. 인간의 수명은 놀랄 정도로 길어졌지만 미래는 보다 불투명해졌기 때문이다. 상황이 이러하니 재물운을 횡재운으로 혼동한다. 많은 사람들이 부동산 임대사업이 노후를 보장하리라 기대한다. 그러나 누구에게나 가능한 사업은 아니다. 특히 2번 [여사제]에게는 결코 쉽지 않은 일이다. 모든 세입자가 제때 월세를 낼까? 악덕 건물주만 있는 게 아니다. 세상에는 악랄한 세입자도 많다. [여사제]가 악랄한 세입자를 한 번이라도 만난다면 정신이 피폐해져서 안정된 노후는커녕 심신미약증에 시달릴지 모른다. 2번이 남에게 돈을 빌려준 경험이 있다면 뼈저리게 느낄 것이다. 돈을 돌려받는 일이 수명을 단축시킬 만큼 어렵다는 것을.

    [투 펜타클] 카드는 출렁거리는 바다를 배경으로 어떤 남자가 위태롭게 저글링하는 모습이다. 이 이미지는 인생의 굴곡에서 균형을 유지하려고 안간힘을 쓴다는 뜻, 재정적인 문제로 악전고투한다는 의미를 가진다. 하지만 수비학은 남자의 위태로운 자세나 거친 바다가 아니라, 펜타클을 감싼 무한대의 띠에 주목한다. 돈은 돌고 돌며, 들어오면 나가는 게 순리다. 이 순환이 멈추면 돈은 재물이 아니라 재앙이 된다.

    [투 펜타클]은 비록 주변 환경은 불안정하지만 무한대 안에서 안정적인 저글링이 계속됨을 암시한다. 이는 [여사제]가 경제적 균형 감각을 타고났다는 뜻이다. 아무것도 없는 맨손에서 새로운 생산성을 창조할 수 있는 수완이 [여사제]에게 있다. 그리고 유연하고 균형 있게 대처하면서 위기를 기회로 바꾸는 순발력도

있다. [여사제]는 눈에 불을 켜며 돈을 밝히지는 않지만 경제적 균형감각이 뛰어나다. 직장이나 사업이 불안정해도 어찌어찌 지갑이 채워지는 재물운을 타고났다.

소울넘버 2번의 마이너카드들을 종합하여 살펴보면, [여사제]의 속성을 '변화무쌍한 안정감'이라고 요약할 수 있다. 다른 소울넘버들은 세상이 요동칠 때 금세 균형 감각을 잃고 힘들어하지만, [여사제]는 평소 내면의 불안정에 익숙하기에 자신이 처한 상황이 변화무쌍하더라도 저글링하듯 중심을 잘 잡을 수 있다. 이런 특징 덕에 [여사제]는 미래지향적인 존재다.

소울넘버 수업에서 내가 학생들에게 꼭 물어보는 질문이 있다. "누군가 당신에게 '매우 현실적입니다'라고 말하면 어떤 기분이 드나요?" 소울넘버 2번은 자신이 현실적이란 말이 '내가 그렇게 속물로 보이나?'라고 들려 불편하다고 대답한다. 2번은 돈이 있으면 좋을 뿐 그렇다고 해서 돈만 좇는 것은 천박하다고 여긴다. 돈이 많아서 돈을 좇는 걸 멈추고 싶을 뿐이다. 옳고 그름을 판단할 능력을 추구하는 [여사제]가 돈에 연연한다면 그것은 본능에 거스르는 행동이다. 하지만 앞서 언급했듯이 2번이 계산에 흐리고 돈에 무지한 것은 아니다. 오히려 누구보다 돈에 관한 지식을 많이 가지고 있다. 그저 돈만 좇는 삶이 피로할 뿐이다.

나는 소울넘버 2번인 의사나 한의사에게 의원 개업을 권하지 않는다. 사업은 이익 추구가 목적인데, 2번은 이 목적을 이루려고 악착같이 일하지 못한다. 만약 2번이 돈에 관심을 크게 갖는다면 현실의 의무를 돈으로 대체하기 위함이지 재물과 성공을 열망해서가 아니다. 물론 2번은 대학 병원이란 조직에서 승승장구할 타입도 아니다. 그렇기에 특수 분야의 의술, 대체의학, 테라피 교육 혹은 상담 분야에서 스페셜리스트가 될 가능성이 높다. 만약 2번인 미용사라면 어떻게 해야 할까? 유명 미용실의 직원이 되어 일하기는 어렵고, 자기 소유의 미용실을 오픈하면 직원들이 남아있지 않을 테니 어떻게 해야 할까? 적당히 벌면서 스트레스를 덜 받는 1인 미용실이 낫지 않을까?

  AI의 등장으로 앞으로 상당수의 직업이 사라지리라 전망된다. 한때 잘나가던 직업들이 이제는 어떤 보장이나 안정성을 주지 못한다. [여사제]는 경쟁 대열에 끼려고 애쓰기보다 자기만 할 수 있는 직업을 창조할 수 있다. 2번에게 미래지향적 재물운은 로또나 임대사업이 아니다. 지속가능한 경쟁력을 갖추는 것이다. [여사제]는 타고난 아웃사이더 마인드로 혼자서도 충분히 할 수 있는 직업을 택해 적당히 일하고 적당히 벌어야 한다. 그래야 극심한 변화에도 좌초되지 않고 특유의 균형 감각으로 오래 일할 수 있다. 이것이 2번의 진정한 재물운이다.

  [여사제]가 열심히 돌리는 2개의 펜타클은 기존의 직업이 아니라 언제든 전환하고 시작할 수 있는 새로운 직업, 자신에게 적합한 일자리를 만들어내는 행운의 '멀티잡 플레이'를 의미한다. 솔직히 소울넘버 2번이 처음부터 돈을 잘 벌기는 쉽지 않다. 2번에게 능력이 있다는 것을 주변인들이 알기까지 상당히 오랜 시

간이 걸리기 때문이다. 그래서 멀티잡을 가져야 한다. 두세 가지 일을 동시에 하다 보면 서로 연계시킴으로써 시너지를 발휘할 수 있다. 돈을 먼저 모으겠다는 계획을 세우지 말고, 밑장 빼서 앞으로 전진한다는 마음으로 자신에게 투자하고 계발하면서 다음 단계로 나아간다면 [여사제]에게 은퇴는 없을 것이다.

이렇게 말하면 "평생 일만 하다 죽으라는 것이냐?"라고 반문할지 모른다. 안타깝게도, 그렇다. 계속 일해야 한다. 재물운은 '일하지 않아도 돈이 생기는 불로소득 운'이 아니라 어떤 위기 상황에도 할일이 들어오고 어떻게든 재물을 구할 수 있는 운이다. 그러니 저글링을 계속해야 한다. 그래서일까? 2번은 언뜻 게으르고 한량같아 보이지만 누구보다 열심히 산다.

또 하나 주의할 점이 있다. 기본적으로 2번은 타인에게 무언가를 해주고 싶어하는 '아첨꾼 어드바이저'라서 실속없이 끌려다니는 경향이 있다. 그래서 제대로 보상받지 못하고 가치를 평가받지 못한다. 선의로 한 일로 돈을 받기가 과연 쉬울까? 그래도 2번은 꼭 돈을 받아내야 한다. 자신의 가치를 가격으로 책정하지 못하면 스스로 자기 명예와 명분을 포기하는 꼴이다.

돈에 관한 마지막 조언. 앞서 2번은 빌려준 돈을 돌려 받는 데 애를 먹는다고 언급했는데, 누군가가 돈을 빌려 달라고 하면 그가 갚지 못할 것을 전제로 빌려주라. 그냥 줘도 될 만큼만 빌려주라는 뜻이다.

3

- The Empress -

수비학 속의 소울넘버 3번
떡잎이 된 대리모

트리아드triad는 그리스어로 3을 나타내는 tri와 각角을 나타내는 ad가 결합해 만들어졌고 영어 three의 어원이기도 하다. 피타고라스 학파는 3을 최초의 진정한 수로 간주했는데, 삼각형이 점을 이어 만들 수 있는 첫 번째 다각형이기 때문이다. 많은 종교가 3을 완성의 수, 신의 수로 신성시하는데, 대다수의 문화권에서 3은 역사적으로 '조화, 지혜, 이해'를 상징해 왔다. 자료를 살펴보면, 3이라는 상징은 헤아릴 수 없이 다양하다. 공통적인 것은 고대부터 우주, 세상, 인류가 생태계를 이어가기 위한 첫 번째 단계로 3의 합合, 즉 '조화'를 선택했다는 사실이다.

그런데 이 조화로운 합의 상태는 고정됐거나 불변을 의미하지 않는다. 사실, 조화가 필요한 곳은 갈등과 분열이 존재하는 변화무쌍한 곳이 아닌가? 이 세상이 모나드(1)와 같이 아무런 갈등이 없는 단일한 상태라면 트리아드라는 중재자가 필요치 않았을 것이다. 하지만 디아드(2)라는 분열이 일어나 양극성이 생겨나면서 중재자가 필요해졌고, 트리아드(3)를 통해 일시적이지만 안정된 상태인 조화를 이루게 된다. 하지만 양극 중에서 어느 한 쪽의 힘이 커지거나 돌발 변수가 발생하면 다시금 갈등이 생겨나고 그 상황에 맞는 새로운 조화와 중재가 필요하다.

트리아드의 창의적 속성은 바로 조화와 중재의 다양한 방법을 찾는 과정에서 생겨나며, 그 과정에서 필연적으로 새로운 지혜에 이른다. 우리가 흔히 말하는 '자연 상태'란 이처럼 '모나드-디아드-트리아드'의 조화로운 순환으로 모든 생명이 가장 효율적으로 생존한다는 의미다. 그리고 이것이야말로 신의 섭리, 즉 '신성'을 말한다.

또한 우리 삶에 다양성과 풍요로움을 부여하는 최초의 상태이자 최상의 안정 상태는 언제나 3이라는 수와 연결된다. 그래서 우리는 가위바위보를 하더라도 '삼세판'을 해야 공정하다고 여기고, 만세를 외칠 때 삼창은 해야 후련해 하며, 요술 램프의 요정 지니에게 소원을 빌더라도 세 가지는 빌 수 있어야 한다. 색의 기본은 3원색이고, 음악의 대표 화음은 3화음이며, 시간은 과거-현재-미래로 구분된다.

소울넘버 3번이 물심양면으로 타인을 위해 기꺼이 수고를 감내하는 이유는 '천사표 컴플렉스'이거나 실속이 없는 호구라서가 아니라 자신과 타인의 조화로운 상태를 욕망하기 때문이다.

　오랫동안 타로수비학으로 소울넘버 상담을 해온 사람으로서 나는 신성한 트리아드가 씨앗(모나드)에서 생명이 움터 생존과 성장이라는 운명적 여정에 오르도록 돕는 떡잎의 역할에 가장 부합한다는 결론에 이르렀다. 씨앗이 분열할 때 처음 나오는 것은 잎이 아니라 떡잎이다. 알다시피 떡잎은 나중이 돼도 남는 잎이나 줄기가 아니다. 떡잎은 새싹이 땅 위로 올라가 광합성을 하기 전까지만 식물이 성장하도록 돕는 유일한 자양분이다. 마치 아기에게 젖을 물리는 어머니처럼 헌신적이고 풍요로운 존재다.

　죽은 듯 잠들던 씨앗(모나드)은 디아드를 통해 분리와 분열이라는 발아 과정을 겪고, 트리아드는 그 사이에서 풍부한 영양분을 품은 떡잎의 형태로 탄생한다. 부족한 것을 채워 조화롭게 하고 필요한 방향을 찾아 나아가게 해주는 떡잎이야말로 조화와 순환의 상징인 트리아드이고 새로운 생명의 성장과 생존을 돕는 넉넉한 그릇이다.

타로카드 속의 황녀
아낌없이 나누는 행복한 쾌락주의자

3번 카드의 이미지를 볼 때마다 르네상스 이탈리아 화가 보티첼리Botticelli의 「봄Primavera」이 연상된다(그림 2). 이 그림에서 아름다운 여신들은 중앙의 비너스Venus를 양쪽에서 둘러싼다. 오른쪽 여신(그림 2에서 핑크색으로 표시된 여인)에 주목하라. 그녀는 화려한 꽃무늬 드레스를 입은 봄의 여신 플로라Flora다. 머리에 얹힌 다채로운 색과 모양의 야생화 화관은 [황녀]의 머리에서 빛나는 열두 별의 왕관과 유사하다. 볼륨감이 풍성하고 질감이 부드러우며 야생화가 그려진 드레스를 입은 여신 플로라처럼, [황녀] 역시 주홍색 석류가 가득 그려진 드레스를 입고서 비너스를 상징하는 하트 쿠션 위에 편안하게 앉았다. 그녀의 편안한 자세에서 여유와 당당함이 엿보인다.

특히 3번 [황녀] 카드는 그리스 로마 신화 속 가장 강력한 힘을 가진 여신들의 수호를 받는다. 임신한 여성의 풍만한 자태는 사랑의 여신 비너스의 수호를 받은 듯하고, 황금 결실을 배경으로 당당히 자리잡고 앉은 모습은 모든 자연을 관장하는 대지의 여신 테라Terra를 떠올리게 하며, 그녀의 화려한 의상은 얼어붙은 대지를 깨우고 모든 예술가에게 영감을 주는 봄의 여신 플로라를 연상시킨다.

그림 2. 「봄」, 보티첼리 (원래의 그림에서 따옴)

보티첼리의 그림처럼 [황녀] 카드는 신비한 상징과 기호로 가득하다. [황녀]는 [마술사]처럼 경직된 자세를 취하지 않을 뿐더러 [여사제]처럼 차갑고 딱딱한 석조 스툴 위에 불안하게 앉지도 않았다. 그녀는 초록의 싱그러운 숲과 황금보리가 일렁이는 들판으로 소풍 나온 귀족처럼 장식이 화려하고 푹신한 쿠션에 여유롭게 앉았다.

[황녀]는 풍요로운 자연의 품에서 마땅히 누려야 할 것을 즐기는 여신처럼 보인다. [황녀]가 누리는 모든 것은 물질적 욕심으로 축적하거나 힘들게 경작한 것이 아니라 애초에 그녀의 주변에 존재해 왔던 것이다. 그렇기에 그녀는 그 땅의 주인으로서 모든 것을 자연스럽게 누린다.

풍요로움은 3번 [황녀]에게 인생의 목표이거나 성공에 따른 보상이 아니다. 그녀에게 풍요로움은 당연한 것이다. 이것이 바로 [황녀]가 자신의 것을 타인에게 아낌없이 나눠주고 싶어하는 동기다. [황녀]는 자신이 경험하는 즐거움을 타인과 공유하는 것이 삶의 의미이고 행복이며, 자신을 세상에서 가치 있는 존재로 만들어 준다고 믿는다.

[황녀]가 부자라서 아낌없이 나누는 것일까? 돈이 많기에 돈을 펑펑 쓰는 것일까? 성공한 사람들은 남을 돕는 일에 헌신적일까? 항상 그렇지 않다는 것을 우리는 잘 안다. 부자들이 더 가지려고 벼룩의 간을 빼먹는 일이 허다해서 '있는 놈이 더하다'라는 속담이 생겨날 정도니까. [황녀]는 가진 것이 많아서가 아니라 다른 사람들과 나누는 것에서 행복을 느끼기에 아낌없이 나눈다. 가진 것이 많은 사람이 부자가 아니라, 잘 베푸는 사람이야

말로 진짜 부자임을 [황녀]는 본능적으로 잘 안다.

    나는 소울넘버 3번을 '베풂의 기쁨'을 추구하는 쾌락주의자라고 명명한다. 그렇기에 나는 그들에게 나누고 베푸는 쾌락과 기쁨에 집중하는 것에 피해의식이나 죄책감을 느낄 필요가 없다고 조언한다. 그런 쾌락과 기쁨으로 얻는 다채로운 경험과 배움은 나중에 다양한 베풂의 역할과 선행으로 업그레이드할 것임을 알기 때문이다.

    다시 타로카드로 돌아가자. 우리는 [황녀]의 풍요로운 환경과 화려한 외모 뿐만 아니라 살짝 불러온 그녀의 배에 주목할 필요가 있다. 여자들은 일명 '똥배'를 가리려고 배에 잔뜩 힘을 주고 긴장하지만 임산부는 그 배를 자랑스럽게 드러낸다. 그녀의 자세는 마치 편안함과 안전함을 느끼는 행복한 임산부처럼 봉긋한 배를 자랑스레 드러낸다. 1번 [마술사]의 천상천하 유아독존 같은 자세, 그리고 2번 '여사제'의 사대천왕 수문장 같은 자세처럼 [황녀]의 앉은 자세도 그 자체로 중요한 상징이다. [황녀]의 느긋한 포즈는 진정한 존재의 의미, 행복, 자부심을 느끼는 순간은 바로 자신이 소중한 생명을 품을 때라는 것을 상징한다.

    타로카드의 키워드를 현대의 관점으로 정리한 에덴 그레이 Eden Gray는 [황녀]가 결혼, 물질적 풍요, 모성의 생식 능력을 가진 어머니를 의미한다고 정의했다. 이는 한국인이 떠올리는 모성의 이미지, 즉 '신이 모두를 돌볼 수 없어서 엄마를 보냈다'라는 말처럼 자기 자식을 위하는 일방적이고 맹목적인 모성과 다르다.

[황녀]는 내 자식을 낳아 키우려고 헌신하는 모성이 아니라 건강하고 아름다운 대리모가 가질 법한 모성을 가리킨다. [황녀]는 젊고 아름다운 몸과 건강한 생식 능력, 안정된 정서, 훌륭한 인성을 갖춘 대리모다. 그녀는 자신이 품은 아이가 누구의 아이인지, 그 아이가 잘났는지 못났는지, 귀하고 천한지 따지지 않는다. 자신을 통해 세상으로 나아가려는 새 생명이라면 어떤 존재라도 기꺼이 잉태하고자 한다. 이것이 수비학에서 보는 3번 트리아드 [황녀]의 모성애다.

소울넘버 3번의 역할
원하는 것을 원하는 만큼 원할 때까지

대개의 소울넘버 3번은 상담하러 오면서 인기 있는 빵, 디저트, 커피 등을 사온다. 보통 그들은 누군가에게서 나를 알고나면 곧바로 상담을 오고 싶어 한다. 또한 평소에 사주, 점성술, 타로 등에 관심이 많아서 상담을 시작할 때부터 기대감과 궁금증을 솔직하게 드러낸다. 상담 내내 리액션도 풍부하다. 상담에 만족한 3번들은 문 밖을 나서기도 전에 핸드폰을 열어 "이 분과 상담해 보라."고 신나게 '전도'한다.

 이런 모습을 보면 소울넘버 3번이 매우 사교적이고 외향적이며 해맑은 사람이라고 단정할지 모른다. 사회 생활이나 인간관계에서 이런 성향의 3번을 흔하게 만날 수 있을 것이다.

 그러나 내가 늘 강조하건대, 소울넘버는 성격이 아니라 '역할'

이다. 3번의 행동이 오지랖 넓고 조금은 가벼우며 어린이처럼 순수하게 보이는 까닭은 그들이 '본능적으로 잘하는 역할' 때문이다. 소울넘버 3번이 선의의 행동으로 호감과 칭찬을 얻고자 노력하는 까닭은 그런 방식으로 타인에게 자신의 존재감을 드러낼 수 있기 때문이다. 이것이 바로 3번이 자신의 역할을 잘 수행하고자 하는 욕망의 표현이다.

소울넘버 3번이 '내향적이고 공감 능력이 강한' 성격을 지녔다고 가정해 보자. 그러면 그는 가족의 병간호를 기꺼이 도맡거나 온갖 궂은 일을 떠맡을 것이다. 만약 대상이 애인이나 배우자라면 자신에게 소중한 기회를 포기하면서까지 조력자를 자처할 것이고, 상대에게서 헌신적이고 착한 사람이라는 칭찬을 받을 것이다. 반대로, 소울넘버 3번이 '외향적이고 사회 활동이 많으며 영리하고 유머 감각이 있는' 성격을 지녔다면 좌중을 휘어잡는 입담으로 주변인들을 즐겁게 하고, 맛집이나 최신 트렌드를 잘 꿰고 있어서 센스 있다는 칭찬을 들을 것이다. 설령 3번이 소개한 맛집의 음식 맛이 그저 그렇다 해도 3번과 함께 먹는다면 분위기에 취한 나머지 '아주 맛있게 먹었다'라고 착각할지 모른다.

소울넘버 3번은 자기가 잘해 주고 싶은 대상이 무엇을 좋아하는지, 무엇을 필요로 하는지 본능적으로 감지한다. 상담자를 자처하고 이해관계를 따지지 않으며 힘든 일을 기꺼이 돕는다.

가장 든든한 동료

나에게도 소울넘버 3번은 힘든 시기마다 떡잎처럼 고마운 존재가 돼 주었다. 나는 고등학교 1학년 때 반강제로 전학을 할 수밖에 없었고 그 때문에 문제아 취급을 당하고 말았는데, 마침 같은 학급의 반장이 소울넘버 3번이었다. 그 친구는 내가 '날라리'가 아니라 재능이 많은 사람이라고 칭찬을 아끼지 않았다. 당시에 경제적으로 힘들었던 나를 위해 그녀는 내 몫까지 2개의 도시락을 종종 싸왔고, 내가 지각하거나 수업을 땡땡이칠까 걱정이 됐는지 매일 아침 모닝콜을 해주곤 했다. 그녀의 다정한 도움과 잔소리 덕에 나는 큰 문제없이 고등학교를 졸업할 수 있었다. 지금도 그녀는 내가 의지할 수 있는 죽마고우다.

30대 초반, 집에서 독립하려고 직장 생활과 타로 상담을 병행하던 시기에 나에게 도움을 준 사람도 소울넘버 3번이다. TV 방송에 출연하면서 전국적으로 유명 인사가 된 이경제 한의사. 그는 열심히 공부하라며 연필을 사주는 등 친오빠처럼 자상했다. 그는 내가 자신감을 갖고 타로 상담과 타로수비학 수업을 이어갈 수 있도록 수많은 지인들을 소개해 주었고, 맛있는 밥까지 사주며 용기를 북돋아 주었다. 그 덕에 나는 억지로 다니던 직장에 사표를 던지고 멋지게 전업 상담가로 독립했다.

이처럼 내가 혼란스러운 시기를 거칠 때마다 소울넘버 3번은 내 역량과 정체성을 믿고 지지했다. 지금도 소울넘버 3번의 도움을 많이 받는데, 바로 이 책의 표지와 타로카드 이미지를 디자인

한 분이 그중 한 사람이다. 그는 타로수비학 멤버들이 건강하고 즐거운 노후를 함께 준비하는 모임인 '타로라이프'에서 가장 든든한 동료다.

타인을 이롭게 한다

소울넘버 3번은 환심을 사거나 실리를 얻으려는 목적으로 타인에게 베풀지 않는다. 앞서 언급했듯이, 3번에게 베풂은 자연스럽고 당연한 일이다. [황녀]는 타인에게서 무언가를 받으면 조금이라도 더 보태서 돌려주려 한다. 그렇기에 3번의 도움을 받는다면 '무슨 속셈인가?'라고 의심하지 말라. 그렇다고 그 베풂을 당연하게 여기지 말고 그들에게 가능한 한 '물질적'으로 고마움을 표현하기 바란다.

건강한 양심의 소유자라면 3번의 베풂과 보살핌이 조금은 부담스럽다고 느낄 것이다. 3번을 보며 '정말 호구잖아? 이 사람에게 빨대를 꽂아야겠어.'라고 나쁜 마음을 먹은 사람이 아니라면 대부분의 정상인들은 '나도 받은 만큼 무언가를 해줘야겠구나.'라는 마음의 빚을 느낀다. 그러니 타인에게 베푸느라 3번이 손해 볼 것은 없다. 몇 번 베풀었는데 상대방이 감사하는 마음은커녕 계속 뭔가를 바란다면 그 사람의 인성을 금방 파악할 수 있기 때문이다. 그때는 베풀려고 내밀던 손을 조용히 거두면 된다. 사람의 됨됨이를 알아보는 데 이보다 더 좋은 방법이 있을까?

카드 속 [황녀]의 얼굴은 정면을 향하고 그녀의 몸은 의자에

비스듬히 기댔다. 여러 사람들이 모인 자리에서 이렇게 대담하고 편안한 자세로 앉은 자가 있다면 그는 누구이겠는가? 그저 눈치없는 사람일지 모르지만 눈치를 안 봐도 되는 주인, 즉 모임의 주최자(호스트) 아니겠는가? [황녀]는 호스트로서 위엄을 갖추되 손님들이 편하게 파티를 즐기도록 배려하는 포즈를 취한다.

앞서 언급했듯이 [황녀]는 대리모 역할을 한다. 황녀는 대리모가 되어 출산일까지 태교를 담당하는데, 태교의 목적은 아기를 똑똑한 영재로 키우려는 게 아니다. 자신의 몸과 마음이 원하는 것을 먹고 즐김으로써 여러 가지 욕망들을 조화롭게 만들려는 것이다. 산모에게 건강하고 좋은 것이 결국에는 아기에게도 이로운 법이다. 누가 뭐라 해도 [황녀] 자신이 원하는 대로 행하는 것이 결국에는 타인을 이롭게 한다. 이것이 [황녀]만의 독특한 인생 철학이고 3번이 행하는 태교의 의미다.

살롱의 마담

호스트라는 역할과 대리모라는 역할은 얼핏 아무 연관성이 없는 듯 보인다. 하지만 이 두 역할이 실제로 융합된 사례가 바로 17세기 중반에 유럽에서 시작된 '살롱 문화'다. 당시 정치 모임은 모두가 남자들의 점유물이었지만 살롱은 부유한 여성들이 사랑하는 장소였다.

프랑스의 살롱에서는 호스트를 중심으로 정치, 경제, 철학, 문학, 예술 등의 주요 인사들이 모여 다양한 주제로 토론했고 이에 곁들여 다채로운 공연을 즐겼다. 재능이 있으나 가난했던 인재들이 살롱의 호스트에게서 경제적 후원과 정신적 지지를 받아 출세한 경우가 많을 정도로 살롱의 영향력은 사회의 변화를 추동했고 프랑스 혁명의 모태가 되었다. 이처럼 인재를 모아 양성하는 살롱 문화는 대리모라는 3번 [황녀]의 역할을 상징하는 현상이었다.

스스로를 돕는 법을 찾아라

[황녀]는 부모가 아니라 대리모이기에 출산 후에는 아이의 미래를 좌지우지하는 양육은 할 수 없다. 헌신과 애정으로 아기를 품었지만 생물학적 어머니에게 아기를 보내야 하는 것이 대리모의 숙명이고 이것이 소울넘버 3번 역할의 한계이자 범위다.

양육하고 보호하는 일은 아이의 일거수일투족을 모두 통제하는 것이라서 계획적이어야 하고 무수한 반복을 감수할 줄 아는 성실함이 기반돼야 한다. 이렇듯 육아에 엄청난 인내와 체력이 필요한데 원하는 걸 베풀고 원하는 만큼 나누며 원하는 걸 하고 싶어하는 쾌락주의자인 [황녀]가 과연 해낼 수 있을까? 능력은 되겠지만 행복과 보람을 느끼기 어려울 것이다 그래서 양육과 보호의 역할은 [황녀] 다음에 오는 4번 [황제]의 것이다. 지금껏 대리모의 의미를 길게 설명한 이유가 바로 이것이다.

고등학교 동창이자 현재 대학 교수인 소울넘버 3번 친구가 내게 고민을 털어놓은 적이 있다. 본인이 제 1 저자인 논문을 쓰라고 학교 측이 압박한다는 게 고민의 골자였다. 학생들의 프로젝트를 지도할 때는 참신한 아이디어를 제시하고 문제점을 예리하게 지적하며 방향을 잘 잡아주는 그녀는 막상 자기 논문을 쓰려고 할 때는 도무지 갈피를 잡을 수 없다고 말했다.

또 다른 3번 여자. 그녀는 유명 드라마 작가의 보조 작가로 오랫동안 일하면서 수많은 히트작을 만드는 데 큰 공을 세웠다. 그리고 마침내 그토록 원하던 자기 드라마의 대본을 쓸 수 있는 기회를 잡았다. 하지만 그녀는 한 글자도 쓰지 못하겠다며 내게 고통을 호소했다. 처음 기획 회의를 할 때는 아이디어가 많았고 금방이라도 써내려 갈 수 있을 것 같았지만 막상 앉아서 쓰려니 전혀 진도가 나가지 않는다고 말했다.

왜 그럴까? 소울넘버 3번은 타인을 돕고 독려하는 데에는 전문가이지만 스스로를 돕는 법은 잘 알지 못한다. 3번은 판을 기획하고 파티를 성공적으로 주최하는 호스트로서 주인공을 빛나게 해주지만, 스스로가 주인공이 되고자 할 때는 갑자기 고장난 로봇처럼 덜그럭거린다. 자기만큼 훌륭한 조력자 역할을 해줄 사람을 찾는 것도 쉽지 않다.

오랫동안 출판사 편집장으로 경력을 쌓아온 소울넘버 3번 내담자는 회사를 그만두고 '1인 출판사'를 창업했다. 자기 책도 낼 계획이었고, 직접 발굴한 작가들의 책도 작업이 모두 끝나 출판을 앞둔 상황이었다. 하지만 여기에서 브레이크가 걸렸다. 책쓰기 작업은 전혀 진척되지 않았고, 발굴한 작가들의 책을 출판하는 일도 엄두가 나지 않는다고 그는 털어놓았다. 몇십 년 동안 출판 밥을 먹어왔음에도 불구하고 일이 너무나 힘겹게 느껴지는 바람에 '앞으로 과연 출판일로 먹고 살 수 있을까?'란 걱정이 태산이었다.

조직 생활을 오래한 사람은 하기 싫은 회사일만 덜어낸다면(혹은 회사를 그만둔다면), 자기 자신에게 충분히 집중할 시간이 많다고 상상한다. 하지만 이는 착각이다. 조직에 몸담을 때는 조직이 얼마나 많은 부분을 뒷받침해 주는지 쉽게 감지하지 못한다.

작가를 발굴하고 작품을 출판하도록 돕는 것은 소울넘버 3번 편집장에게 무척 재미있고 수월한 일이었지만, 그 후에 해야 할 일들은 지루하고 반복적인 프로세스처럼 보였다. 반복 업무를 대신해 주던 회사의 시스템(다른 동료나 부서 등)이 사라졌기에 온전히 자기 일이 되고 말았다. 이럴 때 그는 어떤 해결책을 택해야 할까? 자신이 잘하지 못하거나 하기 싫은 일을 타인에게 의뢰하고 그와 성과를 함께 나누는 것이 가장 이상적인 방법이다.

자신의 한계가 무엇인지 인지하라

또 하나의 사례. 30대 시절에 나는 꽤 규모가 컸던 한양방 통증 클리닉에서 일했는데, 새로 충원된 간호사가 소울넘버 3번이었다. 그녀는 나이팅게일이라 불릴 만한 간호사였다. 외모도 착했던 그녀는 일에 열심이었고 환자들에게 친절하고 상냥했다.

하지만 다른 간호사들은 그녀를 불편해했다. '나이팅게일 같은 간호사'라는 게 불편함의 이유였다. 병원도 조직인지라 원장이나 선배의 지시를 따라야 하는데, 환자를 우선한다는 신념을 가진 그녀에게 상사의 지시사항은 늘 후순위였다.

단적인 예로, 동료 간호사들은 긴 대기시간을 항의하는 환자를 달래느라 애를 먹는데, 그녀는 어르신 환자의 좁아진 혈관에 링거를 주사하느라 오랫동안 곁에서 환자를 살폈다. 환자에게 그녀는 천사같은 간호사였지만 동료와 상사 입장에서는 시스템과 규칙을 무시하는 직원일 뿐이었다. 시간이 갈수록 그녀에겐 힘든 환자만 배정이 되었는데, 동료들의 도움조차 받지 못한 그녀는 결국 고된 노동을 견디지 못하여 퇴사하고 말았다.

돌이켜 보면, 그녀는 간호사로서 정말 훌륭한 사람이었고 놓치기 아까운 사람이었다. 그러나 항상 환자들로 북적이는 병원의 현실에서 환자 개개인을 세심하게 돌보는 그녀는 그저 조직의 효율을 떨어뜨리는 존재였다. 간호사라는 직업은 소울넘버 3번인 그녀에게 꼭맞는 역할이었지만 조직의 현실에 부딪힐 수밖에 없었다. 그녀의 역할이 잘못된 것이 아니라, 병원이라는 조직에서 본인이 [황녀]처럼 주도할 힘과 조건이 없었다는 게 한계였다. 만약 그녀가 간호사가 아니라 직접 병원을 경영하는 의사였다면 상황이 좀 나아졌겠지만 병원 운영은 자선사업은 아니니 아마도 경영상의 문제가 어딘가에서 생겼을지 모른다.

베풂도 일종의 재능

[황녀]는 자기 소유의 드넓은 영지에서 소작농을 거느리고 풍요롭게 산다. 계절마다 축제를 열어 친구들을 비롯한 유명인들과 교류하며 자신이 가진 것을 그들에게 베푼다. [황녀]의 후한 인심은 자신이 잔치의 주인이기 때문에 가능하다. 이처럼 소울넘버 3번은 남에게 베풀려는 특별한 서비스 마인드를 지닌다. 타인의 장점을 잘 찾아내 타인의 꿈을 이루도록 돕고 싶은 것이 3번의 꿈이다. 그렇기에 소울넘버 3번은 '꿈꾸는 대리모'라고 부를 수 있다.

3번은 사랑하는 연인, 존경하는 사람, 도움이 필요한 친구에게 자신의 능력과 정성을 종종 쏟아붓는다. 바보 온달의 평강 공주처럼 말이다. 애석하게도 이런 베풂을 후회할 만한 상황에 이르고 마는데, 그럼에도 그들은 "할 만큼 했으니 후회는 없다."고 툭툭 털며 말한다. 착하기 때문일까, 바보이기 때문일까? 둘 다 아니다. 그들이 '우월'하기 때문이다. 타인에게 줄 수 있는 것이 그들에게 많았을 뿐이다. 3번이 바보라서 당한 것은 아니다. 바닥 끝까지 베풂을 다해야 직성이 풀리는 능력자이기 때문이다.

3번은 혼자서 밥을 먹을 때는 반찬 꺼내 먹는 것도 귀찮아하지만, 손님을 대접할 때는 김치를 새로 담아 수육과 함께 내놓을 사람이다. 타인이 요청할 때는 기꺼이 참신한 아이디어를 제시하고 필요한 정보를 아낌없이 공유하는 데 시간과 정성을 쏟는다. 그리고 이런 노력에 상대방이 만족할 거라고 기대한다. 다시 말하지만, 3번이 이토록 타인을 만족시키는 일에 열성인 가장 근본적인 이유는 스스로를 남보다 우월한 존재라 여기기 때문이다.

3번은 스스로를 '무수리', '시다바리' 혹은 '오지랖'이라 칭하며 비하하지만, 나는 이 말을 액면 그대로 받아들이지 않는다. 그들은 자기 자신이 하찮은 존재라고 절대 믿지 않는다. 그들은 높은 자존감을 지녔다. 상상해 보라. 자존감과 자신감이 떨어지는 사람이 '내가 이렇게 잘해 주면 상대방이 좋아할 거야.'라는 기대를 할까?

그렇지 않다. '내가 무엇을 해줘도 날 좋아하지 않을 거야.'라고 지레 짐작하고 말 것이다. 비록 3번은 스스로를 무수리 혹은 시다바리라고 푸념하지만, 자신에게 상대방을 만족시킬 능력이 있음을 잘 인식한다. 그렇기에 베풂을 생활화하는 3번에게 "그렇게 퍼주다가는 너만 손해야."라는 조언은 하지 말아야 한다. 베풂은 노력이 아니라 그 자체가 일종의 재능이기 때문이다. 숨길 수도, 없앨 수도 없는 운명같은 욕망이기 때문이다.

좋은 사람을 고르는 안목을 키우라

한 가지 주의할 점은 자존감과 자신감이 충만한 3번이 시간이 흐를수록 '상대방이 바라는 방식'이 아니라 '자신이 원하는 방식'으로 도움을 주고 컨트롤하려는 경향이 있다는 것이다. 그럴 때 상대방이 "너는 독선적이야."라고 말하며 3번을 힐난하겠지만, 이것은 자연스러운 갈등이다. 오히려 상대방이 소울넘버 3번에게 모든 걸 의존하는 방식으로 관계 맺으면 서로가 불행해진다. 대리모는 아기가 뱃속에 있을 때만 자기 방식대로 통제할 수 있음을 잘 인지해야 한다. 아기가 태어나면 주체적으로 성장하도록 놓아주는 것이 3번에게 필요한 덕목이다.

만약 조직에 몸 바쳐 일했는데 쫓겨나듯 그만둬야 한다면 소울넘버 3번은 자신이 조직의 보이지 않는 선을 넘지 않았는지 반성할 필요가 있다.

많은 조직이 구성원들에게 '주인정신을 가지고 일할 것'을 요구하는데, 이때 주인정신은 사실 '주인이 원하는 방식으로 일하라'는 뜻이다. 그러나 소울넘버 3번 [황녀]는 정말 본인이 주인이 되어 일한다. 그러니 진짜 주인이 3번에게 주제넘는 짓을 한다고 손가락질하는 경우가 종종 발생하는 것이다. 그렇다고 해서 3번이 묵묵히 시키는 대로만 일하면 문제가 사라질까? 충돌과 갈등은 덜 발생하겠지만 3번은 절대 행복감을 느끼지 못한다. 자기만족으로만 일하는 자기 자신을 발견할 때 3번은 좌절하고 만다.

소울넘버 3번은 자신의 베풂을 인정하는 직업을 선택하고 자신을 호구로 보지 않는 좋은 사람을 고르는 안목을 키워야 한다. 물론 처음부터 안목이 생기지는 않는다. 처음에는 배신감을 느끼겠지만 그 시간을 견디면 자신에게 무엇이 맞지 않고 무엇이 힘든지 판단하는 변별력이 생길 것이다.

그렇기에 나는 3번에게 자신에게 맞는 역할이 무엇인지 확실하게 깨달을 때까지는 더럽고 치사하더라도 조직 생활과 인간관계를 조금만 버텨내기를 권한다. 본 게임에 들어가기에 앞서 연습 게임을 치르는 것처럼 말이다.

4원소 속의 소울넘버 3번

쓰리 완드 Three of Wands

황녀에게 모험이란?

78장의 타로카드에는 다양한 사람과 상황이 등장하는데, 뒤돌아서서 등을 보이는 인물만큼 흥미로운 그림은 없다. 검은색 후드를 입고 등을 보이는 [파이브 컵]과 [세븐 컵]의 사람들은 슬픔과 당혹감 같은 부정적인 감정을 뿜어낸다. 반면, [투 완드]와 [쓰리 완드]에서 붉은 망토를 걸치고 등을 보이는 사람들에게는 가능성을 기대하는 긍정적인 분위기를 느낄 수 있다. [투 완드]의 인물이 성 안에서 지구본으로 세상을 본다면 [쓰리 완드]의 인물은 성 밖을 나와 넓은 세상과 이어지는 바다를 응시한다는 점이다.

"내가 움직이기 전에는 아무 일도 일어나지 않는다." 단순하면서도 심오한 아인슈타인의 말은 [쓰리 완드]를 수비학 관점으로 가장 적절하게 설명한다. 3에는 춘삼월 꽃샘 추위에도 기어이 싹을 틔우고 꽃을 피우는 모험가의 정신이 깃들었다.

소울넘버 3번에게 일과 열정의 동력은 [쓰리 완드]에 나타나는, 새로운 가능성을 향한 호기심과 모험심이다. [쓰리 완드]의 남자는 자기 등 뒤에 이미 뿌리 내린 2개의 완드에는 더 이상 관심을 갖지 않는다. 하나의 완드만 손에 쥐고 바다를 바라본다. 아마도 그는 황금 물결을 가르며 미지의 땅으로 탐험을 떠나는 자신의 모습을 상상할 것이다. 3번은 현재의 안정된 기반을 지키기보다 늘 새로운 것을 갈구한다. 3번이 대항해의 시대에 태어났더라면 콜럼버스처럼 신대륙을 찾아 나섰을지 모른다. 그러나 현대의 자본주의 경쟁 사회에서 3번은 그처럼 무모한 시도를 반복할 수 없다. 콜럼버스에겐 이사벨라 여왕이란 후원자가 있었다. 이는 자신이 좋아하지만 무용하고 무모한 일을 추진하기 전에는 우선 해결해야 할 과제가 있음을 의미한다. 최소한 경제적으로 안정돼야 하지 않을까? 그런 다음에야 무모한 도전이 미래를 위한 가치 있는 행보가 된다.

예를 들어보자. 의사가 유튜버로 활동해 유명해지고 싶다면 무모하게 의사일을 때려치기보다 의료 분야의 컨텐츠로 유튜브 채널을 운영하는 게 좋다. 대학 교수라면 교수 자리를 박차고 나오기보다 대외 프로젝트에 집중하거나 정치 활동에 나서는 게

낫다. 일반 직장인이라면 꿈을 좇아 회사를 때려치기보다 따박따박 받는 월급으로 자신이 즐기며 배우고 싶은 것을 열심히 행하는 게 좋다. 그러면 시쳇말로 '덕업 일치'에 이를 수 있다. 일례로, 직장 생활이 너무 지겨워서 월급만 받으면 용하다는 점집을 찾아 점을 보는 게 취미였던 사람은 나중에 점술가들이 숍 인 숍 shop-in-shop 방식으로 점술 서비스를 제공하는 사업을 시작하기도 했다.

새로운 분야나 트렌디한 취미에 관심이 생긴다면 주저하지 말고 도전할 것을 권한다. 매번 관심사가 바뀌다 보니 한 우물을 파지 못한다는 힐난을 듣겠지만 3번에게 깊이와 끈기는 그다지 중요한 요소가 아니다. 꾸준히 쓸데없는 짓을 하는 것은 3번에게도 나름의 열정과 성실함이 있다는 뜻이다. [쓰리 완드]의 인물처럼 꿈을 꾸듯 상상하고 모험을 즐기는 것이 바로 3번이 자기 역할을 다하려는 노력이다.

그러나 반드시 돈을 벌 직장이나 전문성을 먼저 갖춰야 한다는 점을 명심하기 바란다. 전문 분야가 타인에게 서비스하는 직종이라면 더욱 그렇다. 직장을 다니며 관심 분야를 공부하고 관심이 가는 부업을 시도할 필요가 있다. 망해도 괜찮다. 지금 다니는 직장에서 월급이 나오니까. 3번에게 무모할 정도로 도전할 거리가 없다면 살아도 살아있는 게 아니다. 소울넘버 3번은 항상 자기가 무엇을 좋아하는지, 무엇을 잘하는지 모르겠다고 말하면서도 늘 타인을 돕는다는 핑계로 재밌는 일을 벌이고 다닌다. 이 정도라면 3번의 행보를 오지랖이라고 폄하할 게 아니라 3번만의 특화된 능력이라고 봐야 한다.

 3번은 새로운 판, 새로운 경력, 새로운 브랜드를 만듦으로써 스스로 주최자Host가 될 수 있다. 평생 전업주부였던 어느 내담자는 장차 경제 활동에 나설 요량으로 요리, 그림, 꽃꽂이, 커피 등을 찾아다니며 배웠다. 하지만 실력이 향상되지 않고 마음 또한 내키지 않는다고, 그저 선생님들을 비롯한 학생들과의 친목 활동에만 열중하는 것 같아서 앞으로 무엇을 해야 돈을 벌 수 있을지 모르겠다고 내게 말했다.

 나는 그녀에게 '자신만의 판'을 만들라고 조언했다. 굳이 그간 배운 것들로 직업을 정하려 하지 말고, 다양한 배움을 경험하고픈 사람들을 대상으로 '작은 문화 살롱'을 개설하여 재미있는 강의 프로그램을 운영해 보라고 권했다. 마침 그녀는 부동산 중개인 친구를 도울 목적으로 오래된 오피스텔 한 채를 매입해 소유 중이었기에 곧바로 살롱을 열 수 있었다. 나는 그녀에게 마지막으로 이렇게 조언했다. "하시다가 새로운 일에 관심이 생기면 주저하지 말고 해보세요. 뭔가 시도해야 무슨 일이라도 생길 테니까요."

쓰리 컵 Three of Cups
황녀에게 사교활동이란?

[쓰리 컵] 카드에는 축배의 잔을 높이 든 세 여인이 등장한다. 세 여인은 고대부터 우아미의 상징인 삼미신 The Three Graces 을 연상케 한다. 가운데 여인을 중심으로 두 여인이 대칭을 이루고, 세 사람 모두 친밀하고 조화로운 포즈를 취한다. 앞서 제시한 보티첼리의 그림 「봄」에도 비너스 왼편에 [쓰리 컵]의 세 여인과 비슷한 포즈를 취한 삼미신이 등장한다.

고대 그리스 서사시인 헤시오도스 Hesiod 는 『신통기』에서 제우스와 에우리노메(Eurynome, 대양의 신 오케아노스의 딸) 사이에서 태어난 세 딸을 삼미신으로 기록한다. 세 여신의 이름은 아글라이아(Aglaia, 광희), 에우프로시네(Euphrosyne, 환희), 탈리아(Thalia, 개희)다.

1960년대에 시작된 미스 코리아 선발 대회가 '진, 선, 미'라는 타이틀로 미를 가르는 것도 3이 돼야 아름다움이 완성된다는 삼미신의 전통에서 기인한다. 하나는 외롭고, 둘은 갈등을 일으키지만, 셋이 되면 갈등하는 둘을 조화롭게 연결하기에 세상을 아름답게 만든다는 것, 이것이 수비학 관점에서 3의 에너지다.

[투 컵]이 동등하게 서로의 컵을 마주보며 균형있는 관계의 결합을 추구한다면, [쓰리 컵]은 어떤 이해관계나 조건도 상관없이 잔을 높이 들어 축하하며 만남 자체를 즐긴다. 이것이 3번이 추구하는 관계의 목적이다.

이러한 속성 때문에 소울넘버 3번은 좋든 싫든 다종다양한 사람들과 인연을 맺는다. 소울넘버 3번과 연애하는 사람들은 다양한 인간관계를 맺고 친화력을 발휘하는 3번에게 처음에는 호감을 느낀다. 사랑할 수밖에 없는 3번의 매력은 좋아하는 사람들과 어울릴 때 발현되는 특유의 친밀감, 유쾌함, 즐거움이다. 이 3가지 매력이 소울넘버 3번의 삼미신이다. 3번이 보이는 따뜻하고 이타적인 모습은 3이란 수에 삼미신의 속성이 존재하기 때문이다.

하지만 오래되지 않아 3번 애인이 자기보다 친구들과 더 많은 시간을 할애하는 것에 불만이 생긴다. 3번을 좋아한 이유가 3번을 미워하는 이유로 바뀐다. 3번의 영혼에는 사랑하는 사람을 위한 방 외에 여러 개의 방이 존재하고 방마다 손님들이 북적인다. 한 방에는 사회생활하며 만난 친구가, 다른 방에는 동네 친구가 있다. 연인이나 배우자라 해도 3번의 마음 속 여러 방에 있는 사람들을 모두 몰아내고 혼자서 모든 방을 독차지한다면 처음에는 만족스러울지 모르지만 시간이 갈수록 서로가 서로를 정신적으로 힘들게 만든다.

자신의 연인이나 배우자가 3번이라면 산만하고 실속 없어 보이는 3번의 사회생활과 인간관계를 너무 차단하지 않는 게 좋다. 3번에게 인간관계는 단순한 관계가 아니라 삼미신의 사교 활동이며 신성한 의식이자 운명적인 역할이다. 만약 3번이 다양하고 개방적인 인간관계를 거부하고 특정 가족이나 절친, 연인에게만 목을 맨다면 신체적, 정서적, 정신적 문제가 없는지 살펴야 한다.

쓰리 소드 Three of Swords

황녀에게 욕망과 선택이란?

타로카드 78장 중에서 가장 만나고 싶지 않은 카드 중 하나가 바로 [쓰리 소드]다. 하나도 아니고 세 자루의 칼이 심장에 깊숙이 꽂힌 그림은 보기만 해도 심장마비가 오는 듯하다.

전통적인 관점으로 이 카드를 리딩한다면 내담자가 몸에 무리가 갈 만큼 복잡한 이유로 스트레스를 받음을 의미한다. 그도 그럴 것이, 길이, 크기, 모양까지 완벽하게 동일한 세 자루의 칼이 심장의 중심을 관통하기 때문이다. 이것은 현재의 상황이 녹록치 않음을 암시한다. 소울넘버 3번에게 어떤 일이 일어났기 때문일까?

소울넘버 3번의 욕망은 예측하기 어렵다. 원하는 게 생기면 참기 힘들어 하고 가능한 한 원하는 것들을 모두 충족하고 싶어 한다. 어느 하나 포기하려 하지 않는다. 다행인지 불행인지 소울넘버 3번이라면 그럴 만한 재주가 있는데, 행운 역시 잘 따른다. 사실 이게 더 큰 문제다.

대학 교수인 40대 후반의 3번 내담자는 가족 여행, 논문 마감, 학생들의 논문 지도 등을 동시에 진행하는 일정을 무리하게 강행했다. 모두가 중요하고 원하던 일이라 미룰 수 없다는 것 때문이었는데, 이런 상황에서 그가 뽑은 카드가 바로 [쓰리 소드]였다. 카드를 보자마자 그의 표정은 어두워졌다. 나는 이 카드에 관해 아무런 말도 하지 않았지만 내담자는 평탄치 않을 미래를 직감했는지 마치 칼에 찔린 듯 한숨을 내쉬었다. 그의 기분을 풀어 주고자 나는 [쓰리 소드]에 얽힌 이야기를 들려주었다.

그리스 로마 신화에는 두 그룹의 '세 여신'이 유명하다. 한 그룹은 [쓰리 컵]에서 언급한 삼미신으로서 셋은 어디를 가나 우애가 돈독한 자매다. 다른 그룹의 세 여신은 제우스의 아내 헤라Hera, 딸 아테나Athena, 며느리 비너스Venus다. 이들은 서로 경쟁하는 사이라서 결코 우호적이지 않다. 각자 막강한 능력을 자랑하는 이 세 여신은 "우리 셋 중 누가 가장 아름다운지 선택하라."는 명령을 순수한 청년 파리스Paris에게 내린다. 사이좋은 삼미신과 달리, 털끝 하나만큼이라도 뒤지기를 용납하지 않는 세 여신 중에서 미의 여신 하나를 뽑아야 하는 파리스의 부담감은 상상을 초월했다. [쓰리 소드]의 세 자루의 칼은 헤라, 아테나, 비너스를 상징하고, 세 칼이 꽂힌 심장은 파리스를 가리킨다. 나는 내담자에게 말했다. "자, 어느 칼을 뽑을 건가요? 선택은 본인이 해야 합니다. 어느 하나를 선택한다면 선택받지 못한 두 여신의 칼이 파리스의 등에 꽂힐 겁니다. 그렇다고 세 칼을 모두 뽑는다면 심장이 터져버릴 수 있겠죠. 어떤 선택을 해도 죽기는 마찬가지입니다."

내 말을 들은 내담자는 전보다 명료해진 표정을 짓더니 "세 가지를 동시에 진행하니까 힘든 게 당연하네요. 그러니 이제부터는 무엇을 선택하고 무엇을 버릴지 고민하느라 에너지를 소모하지 않는 게 차라리 좋을 것 같네요."라고 말했다. 결국 그는 세 가지 일을 모두 선택했다. 그는 심장이 아플만큼 힘든 게 당연하다 여기고 세 가지 미션을 강행했고, 자기 자신, 가족, 학생을 모두 만족시키는 데 성공했다고 나중에 전해왔다. 소울넘버 3번에게 덜 중요하거나 더 중요한 욕망은 없다 그저 당장 충족하고 싶은 욕망만 있을 뿐이다.

소울넘버 3번인 당뇨 환자에게 술을 마시면 안 된다고 조언하면 아마 이렇게 대꾸할 것이다. "좋은 술을 마시면 기분이 좋아져서 정신력으로 병을 이길 수 있어!" 궤변처럼 들리지만, 3번에게는 왠지 그럴싸하게 들린다. 3번에게는 자신의 이익이나 건강보다 쾌락을 충족하는 것이 더 중요하다. 세계적인 비만 전문 의사인 아힘 페터스Achim Peters는 인간의 몸에서 뇌가 가장 이기적이라고 말한다. 뇌는 쾌락을 느끼려고 몸이 망가지든 말든 멈추지 않는다고 말한다. 소울넘버 3번의 욕망은 끊임없이 쾌락을 충족하려는 뇌의 이기적인 특성을 닮았다.

그렇다고 소울넘버 3번이 비논리적이거나 사이코패스라는 말이 아니다. 욕망은 논리나 이성으로 우선순위나 이해득실을 따져 취사선택할 수 있는 게 아니라는 뜻이다. 소울넘버 3번에게 욕망은 본능이고 운명이다. 3번은 그 운명을 기꺼이 선택한다.

참을 인忍자 세 번이면 살인도 면할 수 있다는 속담이 있다. 한자 忍은 칼날[刃] 아래에 마음[心]이 놓인 형상인데, 마치 [쓰리 소드]를 보고 만든 상형문자처럼 보인다. 소울넘버 3번이 욕망이 이끄는 대로 중요한 선택을 하기 전에 [쓰리 소드] 카드를 떠올린다면 몸과 마음의 힘듦, 후회를 피할 수 있을 것이다.

쓰리 펜타클 Three of Pentacles
황녀에게 낭비란?

나는 78장 카드 중에서 [쓰리 펜타클] 카드를 가장 좋아한다. 이 카드는 3명의 사람이 3개의 펜타클이 새겨진 아치 아래에 모여 대성당을 짓는 모습을 연출한다. 세 사람은 후세에 남길 성스러운 작품을 만들고자 협업한다. [쓰리 펜타클]은 전통적인 타로카드의 의미와 수비학 관점의 해석이 거의 동일하고, 수비학적 상징과 관점이 풍부하게 담긴 카드다.

대성당의 파사드엔 세 갈래 아치가 있고 가장 높은 곳에는 3개의 펜타클이 삼각형 모양을 이룬다. 3의 수비학적 관점이 가장 많이 함의된 요소는 세 인물이다. 각각 젊은 석공, 건축 설계사, 의뢰인인 수도사인데, 젊은 석공은 망치와 끌을 들어 액션Action

자세를 취하고, 설계도면을 든 건축 설계사는 아이디어Idea를 설명한다. 수도사는 이 건축물의 정체성이 신의 축복과 인류의 구원을 기도하는 성당이 될 것임을 미리 보는 자, 바로 비전Vision을 상징한다.

그런데 성전을 짓는 데 왜 셋이 필요할까? 석공과 설계사만 있어도 성전을 완공할 수 있지만 신의 비전을 볼 수 있는 수도사의 능력이 없다면 건축물은 성당이 아니라 그저 돌덩이에 불과하다. 세 인물의 상징적 역량이 융합할 때 세상에 '혁신'을 가져올 수 있다. 그래서 현실의 물질 요소를 뜻하는 펜타클 카드 중에서 [쓰리 펜타클]에서만 펜타클의 색깔이 회색이다.

그런데 왜 혁신이 4원소 중에서 펜타클로 표현될까? 왜냐하면 3번에게 물질과 자원, 돈과 재물은 부의 궁극적 목적이 아니라 미래를 도모하는 도구이자 과정이기 때문이다. 3번이 돈을 버는 이유와 돈을 쓰는 이유는 모두 이타적이면서 동시에 이기적인 욕망을 충족하기 위함이다.

3번이 관계지향적 성격을 지녔다면 자신에게 당장 필요한 것을 사지 못하더라도 가족이나 친구들이 좋아할 것을 사준다. 모이면 밥값을 잘 내는 편이고, 돈이 없으면 선물할 수 있는 것을 성의를 다해 만들어낸다.

관계지향적이지 않은 3번이라면 새로운 것을 배우는 데 시간과 돈과 에너지를 아끼지 않고 '오덕후' 소리를 들을 정도로 탐닉한다. 당장 실용적인 것에는 관심을 별로 두지 않고 좋아하는 것에 아낌없이 투자하는 편이다. 계획적인 소비에 신경을 쓰지 않고 문화 생활과 품위 유지에 씀씀이가 크다 보니 누가 보면 낭비벽이 있다고 오해하기 십상이다.

 그렇다고 해서 3번은 자신이 지출하는 돈을 아까워하거나 남들에게 일부러 인색해질 필요는 없다. 자기 욕망을 충족하느라 지출하는 돈은 3번에게는 일종의 저축이다. 늙어서 잘 먹고 잘 노는 사람은 젊었을 때 잘 먹고 잘 놀아봤던 사람이다. 잘 노는 사람 옆에는 늘 사람들이 모인다. 재미있고 유쾌하니까. 한 사람만 놀면 미친 놈이고 두 사람이 같이 놀면 미친 놈에게도 친구가 있구나 싶지만, 세 사람이 모여 놀면 재미있는 판이 벌어졌다고 여길 테니까. 셋보다 많은 사람들이 모이면 3번은 '새로운 판'을 만들 수 있고 자신만의 축제를 주최할 수 있다. 쓸모없어 보이던 활동과 경험에 돈을 '낭비'한 덕에 3번은 사람들에게 즐거움을 선사하는 방법을 터득한다.

 설령 주머니가 비었어도 소울넘버 3번은 항상 여유로워 보인다. 허세가 있어서가 아니라 진짜로 여유가 있기 때문이다. 이런 여유는 삶을 낙천적으로 바라보는 데에서 비롯된다. 3번은 돈보다 즐거움을, 소모적인 쾌락보다 배움과 성장의 즐거움을, 금전의 축적이 아닌 욕망의 충족을 목적으로 돈을 추구한다. 3번이 돈을 쓰는 건 낭비가 아니라 '낭만적 소비' 생활이다.

 꾸준하게 낭만적 소비 생활을 누리던 어느 내담자는 럭셔리 커뮤니티 사람들과 어울리면서 새로운 비즈니스를 시작했다. 그녀는 한국에 여행 오는 일본과 동남아의 부자들에게 취향 저격의 럭셔리 여행 코스를 기획해 제공하는 '컨시어지 트래블 플래너'가 되었다. 성실한 낭비가 좋은 기회를 창출한다는 점, 이것이 3번에게 가장 생산적인 자산이다.

  만약 3번이 매사 무기력하고 인간관계를 기피한다면 신체적, 정신적으로 상당히 건강하지 않은 상태다. 고생스럽고 힘든 상황이라 해도 3번은 [황녀]답게 여유와 격을 갖춰야 한다. 삶을 즐기려는 호기심과 낙천적인 열정으로 사람들에게 좋은 호감을 얻고 관심을 끌어당겨야 한다. '저 사람은 왜 저렇게 행복하고 즐거울까? 그게 무엇인데 그토록 즐거워할까? 그 에너지는 대체 어디에서 나올까?'라는 궁금증을 유발함으로써 다종다양한 사람들을 주위에 모아야 3번에게 혁신적인 미래가 열린다. 3번에게 의미없는 낭비는 없다. 미래지향적인 '낭만 소비'이기 때문이다.

4

황제

- The Emperor -

수비학 속의 소울넘버 4번
좌불안석 보호자

고대부터 인간은 자신을 둘러싼 이 세상이 무엇으로 구성되고 어떻게 작동하는지 그 원리를 찾고자 노력했다. 하루하루는 똑같아 보여도 끊임없이 변화하면서 반복되는 일정한 주기가 존재한다는 사실을 발견했다. 몇 세기에 걸쳐 축적한 지혜를 토대로 세상의 구조, 구성요소, 원리를 밝히려는 학자들이 등장했고 이것이 철학의 출발이 되었다.

  동서고금을 막론하고 많은 철학자들이 세상과 자연의 구조를 4개의 요소로 나누어 설명한 사례가 많은데 이는 우연이 아니다. 동서남북이라는 4개의 방위가 있고 (갈릴레오 이전에는 지구는 평평하고 네모난 땅이라고 믿었다), 계절은 봄, 여름, 가을, 겨울이란 4계절이 있다. 고대 그리스 철학자 탈레스Thales는 물을, 최초의 과학자라 불리는 아낙시만드로스Anaximander는 공기를, 헤라클레이토스Heraclitus는 불을 각각 만물의 근원이라고 주장했지만, 엠페도클레스Empedocles는 이 모두를 통합해 우주는 불, 물, 공기, 흙이라는 네 가지 원소로 구성된다고 말했다. 이것이 '4원소론'이다.

인간을 4의 구조로 설명한 이론이 많다. 의학의 아버지 히포크라테스Hippocrates와 더불어 해부학의 시조 갈레누스Galenus는 4원소처럼 인간도 4가지 체액(혈액, 황담즙, 흑담즙, 점액)으로 이루어진다고 주장했다. 갈레누스는 지배적인 체액이 무엇이냐에 따라 성격과 질병 유형이 결정된다는 '4기질론'을 주장했다. 다혈질, 담즙질, 우울질, 점액질이라는 4기질론은 16세기까지 의학과 의술에 실제로 적용되었다. 이는 우리나라 사상의학의 '4체질론(태양인, 소양인, 태음인, 소음인)'과 유사하다.

우주의 4원소설, 인체의 4기질설 등은 르네상스 이후 과학의 발전으로 존재감을 상실하는 듯했지만, 심리학 분야에서 명맥을 이어갔다. 20세기 정신분석학자 칼 융은 인간을 직관형, 감정형, 사고형, 감각형으로 나누는 '4대 심리적 기질론'을 정립했다. 또한 엠페도클레스의 4원소는 현대 화학에서 말하는 물질의 4가지 상태, 즉 고체, 액체, 기체, 플라즈마라는 개념으로 이어졌다. 흥미롭게도 영성과 신비주의에서 환영받은 칼 융Carl Jung의 심리학은 '4대 심리 기질'을 점성학과 타로의 4원소와 연결하여 해석의 폭을 넓혔다.

- 직관형 - 불 - 완드
- 감정형 - 물 - 컵
- 사고형 - 공기 - 소드
- 감각형 - 흙 - 펜타클

시대의 변화와 함께 과학의 발전으로 세상의 구조를 이해하는 관점 역시 새롭게 등장하지만, 세상과 인간을 4가지 요소로 분류하는 관점은 거부감 없이 여전히 통용된다.

그런데 왜 하필 4일까? 그리스어로 4는 테트라드Tetrad인데 어디서 많이 들어본 단어 같지 않은가? 그리스어를 배운 적이 없더라도 이 단어가 친숙하게 들린다면 아마도 1980년대에 최고의 인기를 구가하던 아케이드 게임 테트리스Tetris에 동전 좀 갖다 바친 경험이 있기 때문일 것이다. 이 게임의 개발자인 소련의 프로그래머는 사각형을 의미하는 접두어 테트라Tetra에 자기가 즐겨 하던 테니스를 합성하여 테트리스라는 이름을 만들었다.

알다시피 이 게임은 4개의 정사각형으로 이루어진 일곱 종의 블록을 90도씩 회전시켜 수평선을 가능한 한 빈틈없이 채워야 하는 게임인데, 제때 올바로 맞추지 못하면 순식간에 엉망진창으로 블록이 쌓인다. 개발자의 말에 따르면, 테트리스에서 작은 정사각형은 땅을 의미하고, 그것으로 만들어진 7종의 도형은 7대양을 의미한다고 한다. 그리고 수평선은 세상의 토대를 가리킨다.

테트리스는 우리가 발을 딛고 사는 지구의 구석구석을 모두 표현한다. 하나의 도형이라도 잘못 끼워 맞추면 순식간에 '게임 오버'가 될 수 있는 현실. 그렇기에 '신속, 정확, 단순'한 법칙에 따라 신중하게 쌓아야 '내 발 아래'가 안전해진다. 만약 실패하면 러시아 무곡에 맞춰 번쩍번쩍 발을 드는 기분 나쁜 아저씨를 만나고 만다(테트리스 초기 버전에 이런 애니메이션이 있었다).

여기서 다시 씨앗의 여정을 따라가 보자. 1번 씨앗 모나드는 2번 디아드에 의해 발아하고, 3번 떡잎 트리아드는 4번 테트라드를 위해 자신을 아낌없이 녹여준다. 이 시점에 작지만 확실한 형태를 갖춘 존재가 얼굴을 드러낸다. 그 식물을, 그 존재를, 그 아이를 기본적인 생존이 가능하도록 돕는 실질적 역할이 바로 4번 테트라드다.

4번 테트라드는 그 여린 존재를 규칙적으로 먹이고 관리하며 위험에서 보호하는 등 생존에 필요한 최소한의 것들을 제공한다. 작은 씨앗이 꽃과 열매를 맺는 나무로 성장하려면 뿌리, 줄기, 가지, 잎이 모두 하나의 유기적 시스템을 형성해야 하듯이, 테트라드는 벽돌을 쌓아가듯 성실하게 자신의 역할을 다한다. 테트라드의 보호 안에서 충분히 자라고 충분히 튼실해져야 씨앗의 여정은 클라이맥스로 향할 수 있다.

타로카드 속의 황제
요새에 앉아 망을 보는 지략가

 미국의 판타지 소설가 조지 R. R. 마틴George R.R. Martin의 『얼음과 불의 노래』 시리즈를 각색한 드라마 「왕좌의 게임」에는 천 자루의 검을 녹여 만든 '철왕좌'가 매우 비중 있는 상징으로 등장한다. 타로카드에 익숙한 사람이라면 철왕좌를 보자마자 [황제] 카드를 연상할 것이다. [황제]가 앉은 단단한 석좌나 「왕좌의 게임」의 날카로운 철왕좌는 그 자리에 앉기까지 험난한 과정을 함축하고 절대 권력을 상징한다. 그리고 그 절대 권력은 세상을 지배할 룰rule과 시스템을 만든다.
 약자가 힘을 키우지 못하게 통제해야 하고, 강자에게 힘을 빼앗기지 않으려고 불철주야 경계하는 [황제]. 이런 상황은 잠시도

긴장을 늦추지 못하는 불안한 상태의 연속이다. 그래서인지 4번 [황제]의 눈은 정면을 똑바로 보지 못하고 곁눈질을 한다. 좌불안석이 따로 없다.

타로카드 1번 [마술사]부터 9번 [은둔자]까지 각각의 인물들은 저마다 독특한 시선을 던지는데, [황제]의 시선은 다른 인물들에 비해 더 불안해 보이지는 않지만 [황제]를 둘러싼 모든 상징과 배치가 그의 눈빛에 감도는 불안과 긴장감을 고조시킨다. 점성학에 영향을 받은 '스미스 웨이트 덱'은 4원소 중 불의 요소인 [황제] 카드를 '양의자리'와 연결했다. 그래서 [황제] 카드의 왕좌에는 황제를 상징하는 산양의 머리가 새겨졌다. 산양은 바위와 절벽으로 이뤄진 험준한 산악에 서식하면서 웬만해선 산 아래로는 내려오지 않는 습성을 지녔다. 척박한 서식처에 산양이 적응한 까닭은 산악 환경이 천적의 위협에서 자신을 보호하는 천혜의 요새이기 때문이다. 왕관을 쓴 듯 2개로 갈라진 산양의 뿔은 천적에겐 상당히 위협적인 무기다. 철저한 자기보호와 공격력으로 천적에게 섣불리 빈틈을 보이지 않는 산양이야말로 [황제]의 아이콘이 되기에 매우 적합하다.

[황제]의 석좌는 비너스를 상징하는 3번 [황녀]의 하트 모양 소파와 확실히 대비된다. 어머니의 자궁처럼 편안하고 풍요로운 [황녀]의 배경과 달리, [황제]의 세상은 깎아지른 듯한 붉은 암벽산에 둘러싸였다. 아늑한 자궁을 벗어나 마주할 수밖에 없는 척박한 세상 그 자체다. '이불 밖은 위험해!'라는 우스갯소리처럼

엄마 품을 떠나 접하는 세상은 결코 만만치 않은 곳이다. 누구에게나 세상은 안전한 곳이 아니다.

암벽을 기어오르고 낭떠러지를 뛰어넘어 정상으로 올라야 안전하다는 상식은 [황제]의 생존방식이다. 일국의 권력을 상징하는 왕관을 쓰고 양손에 앙크ankh와 보주寶珠를 들었음에도 그는 여전히 갑옷으로 무장한 채 주변을 경계한다. [황제]는 현실의 물리적인 힘과 자원으로 시스템을 관리하는 자이기에 그 힘과 자원의 손실을 두려워한다. 왕좌를 유지하는 방법은 미세한 변화에도 긴장을 늦추지 않고 경계하며 항상 관리 감독하는 것이다.

[황제]의 불안한 심리는 아이러니하게도 개인과 조직을 보다 견고하게 만드는 원동력이 된다. [황제]는 예측이 어려운 상황이면 더욱 불안을 느끼기에 가능한 한 모든 상황을 대비하고 통제하려고 힘과 자원을 추구한다. 하지만 이게 어디 쉬운 일인가? [황제]는 왜 쳇바퀴 돌 듯 힘을 갈구하고 또 그 힘을 지키려고 고단한 삶을 사는 걸까? 왜 편히 살 수 없는 걸까?

한국인들은 황제라는 단어를 들을 때 화려한 옷을 입고 근엄한 표정을 짓는 중국 황제의 모습을 연상한다. 진시황처럼 전국 통일의 위업을 달성해낸 황제는 강력한 중앙집중 권력으로 내외부에 자신감을 떨친다. 그러나 타로카드의 배경은 중국이 아니라 유럽의 중세다. 중세는 절대 군주가 등장하기 전이라서 이웃나라 혹은 영주들 간의 전쟁이 잦던 시대였다. 황제라고 해서 강력한 권력을 행사할 수 있는 위치는 아니었다.

[황제]의 힘은 적을 공격하기 위해서가 아니다. 적을 공격하려는 시도는 엄청난 에너지 소모와 자원 손실을 유발하기에 시스템 유지에 리스크가 될 수 있다. 전쟁에서 이기든 지든 [황제]의 힘은 전쟁 이전에 비해 줄어드는데 이것은 [황제]가 바라는 바가 아니다. [황제]는 적과 싸우기 위한 힘이 아니라 싸우지 않고 권력을 지키기 위한 힘을 원한다. 스스로를 보호하고 동시에 견고한 시스템을 유지하는 힘을 바란다.

[황제]에게 견고함을 선사하는 4각형, 즉 테트라드는 사방이 막히고 안정된 구조를 가진다. 보편적으로 우리가 가장 안전감을 느끼는 장소는 어디일까? 바로 집이다. 우리는 집을 4각형으로 그린다. 그 집을 지을 땅도 4각형이다. 4각형은 땅을 균등하게 분할하고 구획하기에 용이하다. 이렇게 만들어진 땅을 소유하면 그 땅을 지켜야 하고 관리해야 하기에 더 이상 위험한 세상을 떠돌지 않고 정착한다. 아버지처럼 견고하고 안전한 땅(테트라드)에 정착한 모나드(씨앗, 1번)는 뿌리를 내려 스스로 지탱할 힘을 갖는다.

여러 타로 문헌에서 [황제]에게 남성성을 부여하는 상징과 의미를 발견할 수 있다. 여기서 '남성성' 혹은 '남성적'이라는 개념을 정리할 필요가 있다. 타로 리딩 reading 에서 남성성과 여성성을 성별로 이해하는 것은 적절치 않다. 타로 상징을 설명할 때 아버지, 어머니, 남성, 여성 등의 단어를 자주 사용하는데, 성적 역할이 아니라 원형적 에너지를 설명하기 위함이다.

　[황제]의 남성성이란 남자, 육체적 힘, 생명력, 책임감, 보호자의 권위 등 전통적인 의미에 '세상과 생명을 견고하게 지탱하고자 하는 힘'이라는 수비학 관점의 해석이 더해진 개념이다. 이런 맥락에서 마이클 슈나이더가 『자연, 예술, 과학의 수학적 원형』에서 테트라드를 생명을 생존케 하는 '어머니의 물질'이라고 정의한 이유를 알 수 있다. [황제]의 수인 테트라드(4)는 물질 세계의 기반이자 토대이고, 4원소가 담긴 그릇이라는 의미의 지구이며, 생명을 유지해 나가는 발판이자 '나의 현실'을 뜻한다. 이것이 [황제]가 세상을 안전한 곳으로 지키려고 애쓰는 이유다. 소울넘버 3번 [황녀]의 떡잎을 먹고 자란 새싹은 뿌리, 줄기, 잎의 모양새를 모두 갖추고서 꽃과 열매라는 결실을 맺으려는 행진을 계속한다. 이 여정에서 어머니의 물질 테트라드는 불평 하나 없이 자리를 내어준다.

소울넘버 4번의 역할
작은 성취를 꾸준히 쌓는 벽돌공

나는 "어떤 소울넘버가 상담 받으러 가장 많이 오나요?"란 질문을 자주 받는다. 통계를 내보지 않아서 모르겠지만, 한번 오기 시작하면 정기적으로 방문하는 소울넘버가 바로 4번이다.

특별히 4번이 사주나 타로같은 점을 맹목적으로 믿거나 의존하기 때문은 아니다. 이들에게 점이나 상담은 접근하기 편하고 가성비가 좋으며 효과 빠른 진정제라 할 수 있다. 이들의 질문이 대단히 심오하거나 심각한 문제는 아니다. 다른 소울넘버들의 질문은 이미 사고를 치고 수습을 어떻게 하냐란 질문이 많은 반면, 4번은 평소 예상하지 못한 문제가 발생하지 않도록 수시로 미리 점검을 반복해서인지 수습이 힘들 만큼 심각한 고민을 토로하는 경우는 흔하지 않다. 그런데도 이들이 정기적으로 내담을 하는 까닭은 돌다리도 두드려야 하는 조심성과 돌다리를 건너는 동안 높아질 스트레스와 조바심을 진정시키기 위해서다.

발작적인 불안감

소울넘버 4번에겐 소소한 걱정거리가 많은데 자신감이 없기 때문이 아니라 그 소소한 문제들이 커다란 손실을 유발할 수 있다고 우려하기 때문이다. 조금이라도 문제가 커질 낌새가 보이면 발작적으로 불안감을 드러내며 주위 사람들을 채근하는 경향을 보인다. 하지만 4번의 우려와 달리 남들은 그 문제(고민)의 심각성을 의아해하는 경우가 많다. 마치 강남의 타워팰리스에 사는 사람이 '내 코가 석 자'인 월세살이 친구를 붙잡고서 "집이 넓어서 청소가 힘들다, 집값이 떨어져서 속상하다."란 걱정을 늘어놓는 상황과 비슷하다.

 소울넘버 4번의 불안감은 인생을 뒤흔들 만한 근본적 문제에서 비롯되는 게 아니라 통제하기 어려운 미래의 불확실성에서 생긴다. 그런데 문제는 통제가 힘든 상황에 처할 때마다 불안감이 수시로 일어난다는 점이다. 자기 소유의 집이 없으면 집이 없어 생기는 불안정과 부동산 투자의 기회비용 등을 고민하고, 집을 소유하면 세금, 부동산 가격의 등락, 대출 이자 상환 등 앞으로 일어날 잠재적 문제를 계속 걱정한다. 문제 하나가 해결된다고 해서 안정감을 찾지 못한다. 상황이 변할 때마다 생길 수 있는 변수를 최소화하고 통제하려고 끊임없이 문제를 검토한다.

'누구나 이렇게 살지 않나?' 싶지만 대부분의 사람들은 하나의 문제가 해결되면 보다 긴급하고 심각한 문제가 닥치기 전까지는 지금의 안정적인 상태가 유지될 거라고 막연히 기대하는 낙천주의자 모드가 된다. 한 직장에 들어가자마자 다음 커리어를 준비하고 은퇴를 대비하는 사람은 흔치 않다. 하지만 4번은 그리 한다.

극강의 효율 추구자

4번의 불안감은 걱정하는 수준에서 멈추지 않는다. 그들은 불안감을 행동으로 옮긴다. 4번의 이런 행동과 준비성은 걱정만 한 사람과 달리 큰 차이를 만들어낸다. 4번은 아무것도 없는 상태에서 시작하기를 좋아하지 않는다. 커다란 리스크를 감수해야 하는 도전은 고민할 가치조차 없다고 여긴다. 실패는 곧 손실이고 손실을 복구하는 데 엄청난 에너지가 소모되기에 무언가를 섣불리 시작하지 않는 것이 효율적이고 '남는 장사'라고 판단한다.

신대륙 개척지에 뛰어드는 도전을 본능처럼 장착한 소울넘버들(1번, 7번, 8번)에게 4번은 지나치게 계산적이고 지나치게 안전을 추구하는 듯 보이지만, 4번은 '어쨌든 도전'이라는 해맑은 구호에는 공감하지 못한다. 또한 그들은 '장고 끝에 악수'를 두는 선택처럼 시간이 오래 걸리는 프로세스도 비효율이라 간주한다. 4번은 효율적으로 행동하여 차근차근 효과를 높이는 데 집중한다. 완벽함과 최상은 4번의 목표가 아니다. 완벽함과 최상이라는 가치에 도달할 확률이 아주 낮은데 반해 투여해야 할 에너지는 엄청나다고 판단하기 때문이다. 그래서 나는 4번의 행동을 표현할 때 "이 사람들은 '휘뚜루마뚜루'를 잘 한다."라고 말하곤 한다. 짧은 시간 내에 어느 수준의 결과를 만들어내기 때문이다. 4번에게 중요한 것은 효율이지 황금비율이 아니다.

휘뚜루마뚜루 다작가

그래서 그런지, 4번 예술가가 꾸준한 다작으로 금전적으로 성공을 거두는 경우가 제법 많다. 이들이 금전적 성공을 이루는 비결은 의외로 단순하다. 이들은 최상의 작품을 만들기보다 다작에 집중한다. 그것도 아주 꾸준히. 4번은 일생일대의 완벽한 작품보다는 대세에 지장이 없는 작은 성취를 꾸준히 쌓아간다. 초반에는 실패의 연속이겠지만 점차 완성도 높은 작품을 내놓는다. 이렇게 세상에 나온 성공작 몇 개가 4번에게 금전적 성공을 선사하고 사회적 명성을 안긴다. 최상과 완벽함을 목표로 하지 않기에 4번은 슬럼프를 별로 경험하지 않는다. 중단없이 작품 활동을 이어가니 시간이 지날수록 작품의 수준이 향상된다.

나의 '단골 내담자'이면서 연희동 이웃인 유명 요리연구가는 15년 전 자신의 집에서 첫 요리수업을 시작해 꾸준히 요리책을 썼고 이제는 여러 권의 베스트 셀러를 출간한 프로 작가가 됐다. 내가 보기에 그녀는 요리책을 꽤나 쉽게 써내는 듯 보였다. 몇 년간 책을 써야 한다는 부담감에 짓눌려 한 문장도 쓰지 못하는 나 자신(심지어 이 책의 개정판을 쓰는 일도 몇 년이 걸리는 나 자신)과 비교가 됐기에 무척이나 부러웠다. 트집을 잡고도 싶었다. '책을 빨리 쓰니까 깊이가 없을 거야. 완성도가 떨어지겠지?' 하지만 그녀는 갈수록 좋은 편집자들과 협업하며 프로답고 완성도 있는 책을 쓰는 게 아닌가! 그녀 덕에 나는 꾸준히 책을 써내는 것이 내 필력과 작품 완성도를 향상하는 방법임을 새삼 깨달았다.

흥미롭게도, 소울넘버가 4번이지만 이와 정반대인 경우가 있다. 4번인 어느 전업주부는 본인의 재능과 감각을 살려 비즈니스를 시작하고자 했다. 그것도 10년 동안 아주 여러 차례. 하지만 타당성을 검토하는 단계에서 매번 멈추고 말았다. 수지 타산이 안 맞겠다 싶으면 투자가 본격적으로 필요한 사업을 바로 접었기 때문이다.

'같은 4번인데 왜 이리 다를까?' 나는 진지하게 두 사람의 공통점을 찾아봤는데, 그것은 '둘 다 부지런히 모색한다'는 것이었다. 요리연구가는 작은 일들을 끊임없이 모색해서 결과를 자주 냈던 것이고, 경력단절 주부는 '잠재 리스크'를 끊임없이 모색함으로써 결론적으로 아무것도 하지 않는 게 그녀의 리스크 관리 측면에서 옳은 결정이었다. 전자는 '해서 잃을 게 없는' 사람이고, 후자는 '했을 때 잃을 게 큰' 사람이다. '손해나 손실이 발생하지 않았다.'가 두 사람의 공통점이다.

사실, 후자(전업 주부)가 결코 쉬운 경우는 아니다. 아무것도 하지 않으면 실패 확률은 0이지만 이런 현실 감각은 '손해 보는 것은 옳지 않다.'란 신념이 있어야 가능하다. 이런 류의 4번은 '손해 봤지만 참 좋은 공부였다. 이런 실패 경험이 쌓이면 나중에 성공할 수 있을 거야.'라고 낙관하지 않는다. 실패는 배움이 아니라 피부에 와닿는 후유증이기 때문이다.

한결같은 대세 추종자

상담가인 나에게 4번은 꾸준히 찾아 오면서도 아주 심각한 문제를 들고 오지 않는 고객이라서 좋다. 그러나 불만과 불안의 무한 반복으로 히스테리가 잦아지면 소울넘버 4번은 상당히 피곤한 인물로 변모한다. 혹시나 친구 중에 4번이 이런 상태에 빠져 있다면 '내가 해줄 수 있는 것'과 '해줄 수 없는 것'을 분명하게 말해야 한다. 그러지 않으면 자신도 모르는 사이에 4번에게 끌려다니거나 4번 전용의 '감정 쓰레기통'이 될 가능성이 크다. 다행히 4번은 타인이 거절을 해도 기분 나빠하거나 상처받지 않는다. '곧바로 해결되지는 않는다.'라고 문제를 바라보기 때문이다. 4번은 타인의 거절을 마음에 담아두기보다 재빨리 다른 대안을 찾는 게 효율적이라고 믿는다.

    4번이 어떤 직업에 많이 몰리는지 살펴보면 시기별로 유망 직종이 무엇인지 알 수 있다. 4번은 '대세' 안에 있어야 불안해하지 않고 안전감을 느낀다. 오랫동안 커리어 상담을 전문으로 하면서 수많은 내담자의 소울넘버와 직업을 바탕으로 나는 이런 결론에 이르렀다. 소울넘버 4번의 내담자들은 60~70년대에 판검

사를, 80년대에 대기업과 금융업계를, 2000년대에는 공무원과 대학 교수를 선호하는 경향을 보였다. 최근에 4번은 엔터테인먼트 분야와 사모펀드를 선호한다. 이처럼 이들이 현재 영위하는 직업들을 살펴보면 대세를 이룬 직종이 무엇인지 알 수 있다.

조직 구성원 중에 4번이 많으면 그 조직은 체계를 수립하는 데 신경을 많이 쓰고 그 체계에 따라 구성원들이 행동하도록 독려하는 조직문화를 조성한다. 영리한 예민함을 갖춘 4번은 마치 지진 측정기처럼 조직의 변동을 감지한다. 변동에 따라 이직이나 업종 전환 등 경력 관리의 방향을 발 빠르게 판단한다. 일반적으로 '체계 수립과 관리 업무'를 선호하는 4번이니 맨땅에 헤딩을 감행해야 하는 신규사업팀이나 태스크포스팀은 가능한 한 피하는 것이 좋고, 자기 업무분장을 명확하고 적정하게 설정하도록 상사와 협의를 잘 해야 한다.

한 장 한 장 벽돌을 쌓아라

심장 아래쪽에 늘 불안감을 장착한 4번이 만약 사업가가 되고 싶다면 어떻게 해야 할까? 미개척 시장이거나 검증이 덜 끝난 아이템은 지양해야 한다. 직원을 많이 고용하지 말고, 본인이 전체를 감당할 수 있는 구조로 사업을 끌고 가야 한다. 무리한 확장을 감행하거나 불굴의 의지로 새로운 것을 개척하려고 애써서는 안 된다. 높은 이익을 추구하기보다 손해를 보지 않는 방향으로 사업을 운영해야 한다(이렇게 말하지 않아도 이미 그리 할 테지만).

4번이 아닌 독자가 이 부분을 읽는다면 아마도 이런 의심을 하지 않을까? '누구나 손해를 싫어하지 않나? 사업을 하려면 그 정도의 조심성은 다들 기본적으로 하지 않나? 4번만 그러는 게 아냐.'라고. 맞다. 누구나 사업의 목표는 높은 매출이지만 소울넘버별로 사업의 궁극적 목적(나는 이 말을 '운명의 욕망'이라고 부른다)은 다르다. 어떤 이는 사업을 도전, 혁신, 개척이라 주장하는 반면, 어떤 이는 경험이자 배움이라 말한다. 4번에게 사업은 적정한 기반을 토대로 작은 성취를 쌓아가는 벽돌공의 일상이다. 단순하고 투박하지만 한 장 한 장 벽돌을 만들어 매일 매일 쌓아가야 담이 생기고 집이 올라간다. 그 터전이 주는 안정성을 바탕으로 좀 더 큰 목표를 세울 수 있다. 처음부터 완벽하고 아름다운 성전을 만들기보다 언젠가는 그런 목표를 시도할 만큼 충분한 토대를 만드는 게 4번에게는 더 중요하다.

소울넘버 4번은 손실과 이익의 밸런스를 잘 맞춘다. 그들은 안전한 것을 선택할 줄 알고 그 안전함을 기반으로 기회를 기다릴 줄 안다. 수비학 관점에서 4번의 역할은 꽃과 열매를 맺는 나무로 성장할 체계를 만들고 관리하는 것이다. 매일 쉬지 않고 필요한 에너지를 생성하고 견고해지도록 돕는 것이다. 단순하고 지루한 일처럼 보이지만 하루도 쉬지 않는 관리자 역할이야말로 자연계에서 가장 중추적인 역할이다.

4원소 속의 소울넘버 4번

포 완드 Four of Wands
황제에게 대세란?

부르주아는 중세 유럽에서 '성 안에 사는 사람', 즉 도시 주민을 가리키는 말이었다. 이들은 귀족은 아니었지만 상업, 기술직, 자영농 등으로 부를 축적하고 세금을 납부함으로써 신분을 보장받았다. 성 안에 거주한다는 것이 안락하고 부유한 삶의 상징이 된 까닭은 바로 이 부르주아 계급에서 비롯됐다.

[포 완드] 카드에 나오는 네 개의 막대는 성 안과 성 밖을 구분한다. 신랑과 신부를 맞이하는 웨딩 아치처럼 보이는 네 개의 막대는 성으로 들어가는 통과의례의 관문인데, 이 문을 통과하면

꽃다발을 흔드는 두 사람의 축하를 받으며 부르주아로 새출발을 한다.

[포 완드] 카드는 축하, 안정, 가정, 공동체, 성취 등 인생의 중요한 전환점과 시작을 기뻐하는 긍정적 의미를 포함한다. 나는 이 카드를 '신장개업'이란 말로 자주 표현한다. 새 간판을 달고 신장개업하는 날은 어떤가? 가족과 동네사람들의 축하와 응원이 넘치겠지만 앞으로 고생할 각오를 해야 하지 않을까? 이 카드에는 새로운 기반으로 성과를 창출해야 한다는 '자력갱생'의 비장한 의미가 숨어있다. 치열한 경쟁과 갈등 속에서 자력으로 성과를 내는 일은 시간이 오래 걸린다. 설령 성과를 내더라도 인정받기가 어렵다.

그럼에도 소울넘버 4번은 시스템 안에서 안정적인 토대를 만들 수 있고 성장 가능성이 높으면서 가장 안전한 대세에 진입하고자 노력한다. 전통적으로 가정을 꾸리고 사회적 지위를 높이며 경제적 안정을 추구하는 시스템적 삶을 마다하지 않는다. 하지만 패러다임이 크게 전환되면 달라진 세상에 적정한 대세에 진입하고자 노력한다.

소울넘버 4번 중 가장 유명한 거부는 마이크로소프트의 창업자 빌 게이츠Bill Gates다. 그는 항상 스티브 잡스와 비교되는 인물이다. 빌 게이츠는 하드웨어가 아니라 소프트웨어를 판매 가능한 아이템으로 끌어올렸다. '컴퓨터 운영체계(OS)'라는 추상적인 시스템을 상품화시켰다는 점은 소울넘버 4번이 지닌 현실 구현 능력을 대표적으로 보여준다. 그런데 이보다 중요한 점은 그가 운영체계를 PC의 기본 사양화함으로써 오히려 판로를 넓혔다는 것이다.

경쟁사가 기술적 우위를 내세워 높은 가격을 책정했던 것과 달리 게이츠는 파격적인 가격으로 운영체계를 제공함으로써 MS-DOS를 고객이 선택할 수밖에 없는 옵션으로 만들었다. 독창성이나 성능으로 승부를 보기보다 이익이 적더라도 시장을 빠르게 선점하고자 했던 '대세 전략' 덕에 빌 게이츠는 세계에서 손꼽히는 '안정적인 부자'가 되었다.

반면, 스티브 잡스는 소울넘버 1번답게 처음부터 끝까지 '모세'로 살았다. 그는 전통 가치, 규범, 거대 권력의 기준을 그대로 따라야 했던 모든 방면의 서비스를 개인이 직접 구축할 수 있는 플랫폼으로 바꿔 놓았다. 그는 시스템의 지배 하에 살아야 했던 우리를 탈출케 했다. 높은 가격과 폐쇄성에도 불구하고 애플을 선택하는 고객에게 이 브랜드의 현신現身인 잡스를 따르는 마음은 중요한 동기가 됐다.

소비자가 마이크로소프트의 운영체계를 구매하는 이유는 게이츠라는 사람에 열광하기 때문이 아니다. 많은 PC에 설치되었고 호환성과 확장성이 좋으니까 사용할 뿐이다. 고객들은 윈도우즈Windows를 쓴다고 자부심이 올라가거나 작업물의 품질이 월등해질 것을 기대하지 않는다. 하지만 윈도우즈는 누구나 쓸 수 있었고 또 쓸 수밖에 없기에 점점 더 커다란 대세 장악력을 가졌다. 이렇듯 호환성과 대중 접근성이 높다는 것이 4번의 역량 중 핵심이다.

   [황제]가 가진 '불'의 속성은 확장을 위한 발 빠른 모색, 행동력, 현실적으로 매력적인 아이디어를 내는 능력이다. 이 능력을 토대로 4번은 리스크가 큰 미지의 세계를 개척하기보다 시대 흐름을 재빠르게 파악하고 과도한 경쟁이나 갈등이 아닌 시속가능한 대세를 만들어 갈 수 있다. 수비학 관점에서 [포 완드]에서 느껴지는 기쁨은 개인의 독보적 성공에서 비롯되지 않는다. 비로소 세상의 대세에 안정적으로 진입했음을 환영하고 축하하는 기쁨이다.

포 컵 Four of Cups
황제에게 거리두기란?

[포 컵]에 등장하는 남자는 시큰둥한 표정으로 팔짱을 낀 채 가부좌를 틀었다. 무관심과 거부감을 온몸으로 표현하는 바디랭귀지다. 개방성이라고는 손톱만큼도 느껴지지 않는다. 자기 의지와 감정에만 몰두하는 그는 내면을 드러낼 마음이 전혀 없다. 남자 앞에 놓인 3개의 컵들은 일정한 간격으로 나열돼 안정적이다. 그에게는 공중에서 튀어나온 네 번째 컵을 놓을 충분한 공간이 있지만 그는 현재의 안정을 깨려 하지 않는다.

수비학에서 4는 안정적이고 견고한 구조를 추구하기에 현실 세계에서 매우 유용한 에너지다. 그러나 물리적 세계와 달리 감정과 의식의 세계에서는 안정감과 질서를 추구하고 유지할수록 필연적으로 정체되고 무감각해지며 권태로워진다.

　불안과 긴장의 아이콘인 [황제]에게 [포 컵]은 원하는 것을 추구할수록 원하는 대로 되기 힘든 통제 불능의 영역이다. 안정을 추구하면 정체되고 변화에는 강한 거부감을 느낄 수밖에 없기 때문이다.

　인간관계는 첫인상과 호감에 이끌리는 1단계, 교류 빈도와 친밀감 및 상호 의존도가 높아지는 2단계로 발전하다가, 갈등과 피로감 또는 보상 심리가 심화되는 3단계에 이르러 해체되곤 한다. 이 3단계의 과정을 거치면 대부분의 '시절 인연'은 사라진다. 물론 끊임없는 노력과 헌신으로 3단계를 극복한다면 인생에서 가장 믿음직한 안정된 관계와 만족감을 얻는다. 쉬운 일은 아니다. 억지로 인간관계를 유지하려다가 큰 상처를 입을 수 있으니까. 이것이 남자 앞에 놓인 세 개의 컵이 상징하는 의미다.

　이런 상황에서 구름 속에서 등장한 네 번째 컵에 신경쓸 여력이 있을까? 이 컵을 잡기보다 거리를 유지하고 통제 가능한 자기 감정과 인간관계를 유지하려는 남자의 마음은 지극히 합리적이다. 그러나 불편한 상황이 발생하거나 관계를 통제하기 어렵고 자기 감정을 다스리기 어려우면 '거리두기'라는 네 번째 단계를 택한다. 이것이 공중에서 튀어나온 네 번째 컵의 의미다.

　소울넘버 4번인 SK그룹의 최태원 회장, SM엔터테인먼트의 이수만, 빌 게이츠, 도널드 트럼프 대통령, 힐러리 클린턴, 마거릿 대처 수상, 오프라 윈프리 등 대세를 이루며 성공한 이들을 찬

양하는 사람들이 많긴 하지만, 이들이 인간관계에서 보였던 계산적인 태도에 실망하고 그 때문에 이들의 성과를 폄하하는 사람들도 많다. 그럼에도 현실 세계에서 질서와 권위를 유지하고자 감정의 혼란을 피하고 관계를 통제하려는 거리두기는 4번에게는 신뢰 가능한 노선을 정할 수 있는 효율적인 처세다.

알다시피 욕망과 감정이 가는 곳에는 돈, 시간, 에너지가 함께 모인다. 인간관계 중 어느 단계에서 충족감보다 더 큰 에너지가 소모된다면 이 관계를 지속해야 하는지 고민할 수밖에 없다. 이때는 그동안의 매몰비용을 고려해 '손절'이 아니라 '익절'의 방법으로 거리두기를 선택하는 게 유용하다.

거리두기는 유명인사나 성공한 자에게만 필요한 게 아니다. 4번이 반드시 지켜내야 하는 감정은 '통제감'이다. 그런데 통제하려는 마음이 강박이 되면 인간관계에서 고립되고 내면의 성장을 멈출 수 있다. 이때는 자기 자신을 타인처럼 바라보는 거리두기, 즉 '자기 객관화'가 필요하다. 한 발 물러나 자신을 바라볼 때 자기 감정을 상처 없이 통제할 수 있고 비로소 진정한 통제력을 키울 수 있다. 이 또한 네 번째 컵의 의미하는 바다.

포 소드 Four of Swords
황제에게 자기관리란?

나는 소울넘버 4번과 상담할 때마다 항상 이렇게 조언한다. "잠을 충분히 잘 수 있는 환경과 건강이 무엇보다 중요합니다."

왜 잠을 잘 자야 할까? 충분한 수면은 질병 예방만큼 건강한 삶의 질을 좌우하는 중요한 조건이다. 이는 4번에게만 국한된 조언이 아니다. 그럼에도 4번에게 특히 수면을 강조하는 이유는 간단하다. 불안에 사로잡힌 의식을 다른 쪽으로 돌리려는 의도다. '주의 전환 테라피'라는 요법이 있듯이 통증이 심하거나 걱정이 많을 때는 좋아하는 음악을 듣거나 운동을 하며 심신을 달래야 한다. 수면도 그 일환이고 가장 효과적인 방법이다.

불안과 긴장의 아이콘인 4번 [황제]는 특별한 문제가 일어나지 않는 상황에서도 긴장을 늦추지 않고 매 순간 변수를 예의주시한다. 이들에게 "걱정할 필요 없다. 다 잘될 거다."라는 말이 도움은 되지만 스스로 준비 가능하고 통제 가능한 행동 패턴을 제시하는 게 더 유용하다. 운동, 취미 즐기기, 정기적인 정신과 상담, 친구와 수다, 타로 상담 등 스트레스를 해소할 방법은 많다. 하지만 일부러 시간, 돈, 에너지를 써야 하는 방법들은 4번에게는 비효율적이다. 수면은 그들에게 가장 효율적인 방법이다.

나는 4번 내담자에게 맞는 수면 환경과 방법을 찾을 수 있게 세부적인 기준을 제시한다. 일주일에 3일은 일찍 잠자리에 들도록 시간을 관리해야 하고, 계절에 따라 머리 두는 곳과 침대 위치를 바꿔가며 어떤 방향에서 수면의 질이 좋은지 모니터링해야 한다. 어떤 이는 암흑처럼 어두워야 잠을 잘 자고, 어떤 이는 누가 옆에 있으면 잠을 설치며, 또 어떤 이는 방이나 침대가 크면 숙면을 취하지 못한다. 심지어 시계 초침 소리를 거슬려하는 이도 있다. 이런 까다로움이 타인에게 유난스럽다는 인상을 줄까 봐 우려되겠지만 충분한 휴식을 취하지 못해서 까칠한 사람이 되는 것보다 까다로운 사람이 되는 게 인간관계에서는 더 도움이 된다. 적정한 휴식과 재충전을 위해서라면 돈, 시간, 에너지를 아끼지 말고 남의 시선 따위는 가볍게 무시해야 한다.

[포 소드]의 이미지는 중세의 기사나 귀족처럼 보이는 사람이 성전의 묘비에 누워있는 모습이다. 손을 모은 자세를 보고 이 사람이 죽은 건지, 자는 건지, 기도 중인지 알 수 없지만, 하나 분명

한 것은 그에게서 불안, 긴장, 고통을 느낄 수 없다는 점이다.

  가지런히 걸린 세 개의 검은 휴전 상태임을 보여주며 성전의 화려한 스테인드글래스는 그가 죽었거나 잠든 게 아니라 무의식의 세계에서 심신을 치유 중임을 표현한다. 생존을 위한 투쟁, 불안, 긴장, 스트레스에 지친 4번에게 죽음과도 같은 휴식이 보장되지 않는다면 필살기를 갖추지 못한다.

  세계적으로 유명하고 성공한 소울넘버 4번들은 자기 관리 방법으로 취미 활동 뿐만 아니라 명상과 종교 활동처럼 '영적 몰입'에 심취한다. 특히 오프라 윈프리는 영적 지도자들과 함께 명상 프로그램을 만들고 그 중요성을 대중에게 전파할 정도다.

  [포 소드]는 4번에게 생존을 위한 '엑스칼리버'는 물질 세계가 아닌 정신 세계와 무의식 세계에 존재함을 강조한다.

포 펜타클 Four of Pentacles
황제에게 자원이란?

앞서 언급했듯이, "당신은 현실적인 사람이군요."라고 내가 내담자들에게 말하면 소울넘버에 따라 다른 반응을 보인다. 3번, 5번, 7번은 "저를 속물이라고 보시는 건가요?"라며 기분 나빠한다. 1번과 2번은 내 말이 맞냐 틀리냐를 따지기보다 '당신이 뭔데 나를 평가하죠?'라는 표정을 지으며 내가 자신들을 판단했다는 것 자체를 탐탁치 않게 여긴다. 이와 달리, 4번은 "아, 그런가요?"라며 긍정적으로 받아들인다.

소울넘버 4번에게 현실이란 자신의 홈그라운드이자 전쟁터이며 지배하고 싶은 '왕국'이다. 그러니 '현실적'이라는 타인의 평가는 자기가 있어야 할 곳에서 잘 살고 있다는 의미다.

현실 세계에서 인간이 잘 살려면 기본적으로 필요한 자원은 돈과 자산이다. [포 펜타클]의 인물이 두 발로 굳게 지키려는 것도 자신의 현실 기반이자 물질 자산이다. 단순하고 투박한 왕관을 쓴 인물은 왕관과 어울리지 않게 낡고 끈 풀린 신발을 신었다. 이것은 그가 부유한 귀족 출신이 아니라 스스로의 힘으로 왕국을 건설했음을 의미한다. 그의 원동력은 무엇이고 어디에서 나왔을까?

가슴에 펜타클을 꼭 끌어안은 모습은 그가 얼마나 물질 자산을 소중히 여기는지, 뺏기거나 잃지 않으려고 얼마나 애쓰는지, 그 열망과 집착이 어느 정도인지 보여준다. 우리는 가장 소중한 것을 심장 가까운 가슴에 품곤 한다. 심장은 가장 진실된 감정과 욕망의 피가 모이는 곳이자 원하는 것을 쟁취하도록 행동케 하는 실천력의 근원이다. 이것이 바로 [포 펜타클]의 인물로 하여금 현실 기반과 물질적 성취를 이루게 한 원동력이다.

왕관 위에 올려진 마지막 펜타클은 물질적 성공과 부富가 정신의 안정을 가져다 주고 현실의 불안감에서 자유롭게 해줄 거라는 신념을 나타낸다.

치열한 경쟁 속에서 물질적 안정과 기반을 이루는 일 말고도 소유한 것을 관리하고 지켜내는 일도 만만치 않다. 특히 안정을 우선시하고 불안감이 높은 4번에게는 한 번에 대박을 치는 것보다 손해를 최소화하려는 전략이 더 적절하다. 그래서 나는 4번에게 리스크가 큰 단기 투기성 재테크가 아니라 다양한 자산에 분산 투자할 것을 권한다.

소울넘버 4번들은 대부분 자신이 경제권을 갖고 월급부터 가계 살림, 지출까지 모두 관리한다. 자산이 증가하고 경제 활동의 폭이 넓어지면 그만큼 자산과 직결된 모든 손익을 직접 통제하고 관리해야 하니 늘 걱정하며 엄청난 스트레스를 받는다. 발, 가슴, 머리에 각각 배치된 4개의 펜타클이 현실을 보호하는 방패막이처럼 보이지만 다른 각도에서 보면 그를 땅에 묶어 두는 족쇄처럼 불편해 보이는데, 이것이 바로 4번이 느끼는 불안과 스트레스를 의미한다.

4번에게는 자산을 통제함으로써 느끼는 안정감이 필요하지만 보다 중요한 것은 '내가 잘 살고 있다.'라는 내면의 안정감이다. 자신의 왕국에 갇혀 밑도 끝도 없이 재산을 축적하는 것이 안정감을 주는 유일한 것은 아니다. 더군다나, 빠른 성장과 급격한 확장으로 주변 사람들이 적으로 돌변해 장기적으로는 고립되고 정체될 수 있다.

[포 펜타클]의 인물 뒤로 아름다운 마을이 보이는데, 이것은 펜타클에 집착하느라 자칫 고립될 수 있다는 경고를 뜻한다. 경제적 손익이 아무리 중요하더라도 끊임없이 변화하는 현실 세계에서 잘 산다는 안정감을 좌우하지는 못한다. 손해보기 싫어서 두 발을 펜타클에 스스로 묶은 마음의 속박에서 벗어나라. 손해를 보더라도 마을로 들어가야 한다. 세상과 연결되고 사람들과 관계를 맺는다면 모두가 공유한 자산으로 더 많은 것을 누리며

실질적인 안정감을 얻을 수 있다. 소울넘버 4번의 진정한 자원은 현실 세계 그 자체다.

교황

- The Hierophant -

수비학 속의 소울넘버 5번
황금비율, 꽃 중의 꽃

고대 철학자와 신비주의자들은 5라는 수를 신성, 재생, 생명, 권위, 아름다운 대칭 비율, 우월함 등으로 해석했다. 모든 상징 중에서 '5성급'이라 할 만하다. 그리스어로 펜타드Pentad는 정오각형을 의미한다. 타로를 아는 사람이라면 펜타드라는 단어가 낯설지 않을 텐데, 별 문양이 들어간 마이너카드 펜타클의 어원이기 때문이다.

    정오각형은 한 변의 길이와 대각선 길이가 1 : 1.618의 비율을 갖는 구조로 수학적, 생물학적, 심리적, 문화적 배경 등에서 조화와 균형의 상징으로 발현되기에 사람들은 그 아름다움을 가리켜 황금 비율이라 명명했다.

    정오각형의 각 꼭짓점을 황금비율로 나눠 이으면 내부에 별 모양의 '성형星形 오각형'이 그려진다(그림 3). 별을 이루는 모든 선분은 다른 선분들에 의해 3등분되는데, 각 선분의 짧은 변과 긴 변의 비율 역시 1 : 1.618이다. 이렇게 자신을 포함한 무한반복은 자기 유사성self-similarity으로 대칭성과 균형을 지니기에 수학 철학의 창시자인 피타고라스는 이 아름다운 비율의 펜타그램을 자신의 종단을 나타내는 로고로 사용했다.

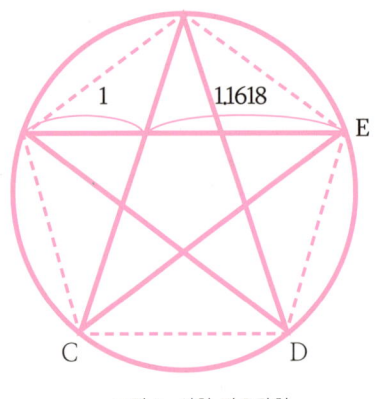

그림 3. 성형 정오각형

꽃은 자연에 존재하는 펜타그램이다. 자연상태에서 먹을 수 있는 식물, 씨앗, 열매는 대부분 다섯 장의 꽃잎을 가진다. 꽃잎이 다섯 장인 식물은 대부분 인간에게 안전하기에 고대부터 5에 대한 신비주의적 믿음이 강화됐다. 땅에서 나왔지만 하늘의 별을 닮은 다섯 장의 꽃잎은 땅과 하늘 사이에 존재하고 인류에게 생명과 생존을 이어주는 중개자다. 꽃은 줄기, 잎, 뿌리를 통해 땅으로 연결되면서 동시에 세상을 향해 열린 존재다. 활짝 핀 꽃은 힘껏 매력을 발산하고 삶에 영감을 주는 특별한 존재 의미를 갖는다. 벌과 나비는 새로 피어난 꽃에서 뿜어지는 매력에 이끌려 주변으로 날아든다.

이성에게 매력적인 몸매에도 황금비율이 있다. 여성은 엉덩이 대 허리 비율이 약 1 : 0.62일 때, 남성은 어깨 대 허리의 비율이 약 1 : 0.62일 때 성적 매력이 높아진다는 연구결과가 있다. 풍만한 곡선미의 마릴린 먼로Marilyn Monroe와 깡마른 몸매의 모델 케이트 모스Kate Mos는 언뜻 보면 정반대의 이미지를 지녔지만 두 사람 모두 당대의 섹시 아이콘이었다. 엉덩이 대 허리 비율이 둘 다 이성에게 가장 섹시해 보이는 황금비율이었기 때문이다.

펜타드의 황금비율에서 조화와 균형의 아름다움을 느끼는 진화학적 이유는 재생산reproduction과 연관되기 때문이다. 아름다운 몸매의 소유자는 이성에게 선택받을 확률이 높아서 재생산(출산)의 가능성이 커진다. 꽃의 존재 목적 역시 '열매 맺기'이기에 본능적으로 아름다움을 추구한다. 수비학에서도 5는 여성의 수 2와 남성의 수 3이 만나 조화롭고 안전한 가족을 형성하는 제도인 결혼을 상징한다.

타로카드 속의 교황
지혜, 사랑, 질서의 교본

소울넘버 2번과 5번 간에 재미있는 연관성이 있다. 클래식 타로인 마르세유 타로에서 2번을 부르는 이름은 여교황La Papesse이고 5번은 교황Le Pape이다. 이랬던 이름이 모던 타로인 웨이트 스미스 덱에서 2번은 여사제High Priestess로, 5번은 대사제High Priest 또는 신비사제Hierophant로 바뀐다. 그런데 우리는 왜 5번을 여전히 [교황]이라 칭할까?

로마가 기독교를 국교로 선포한 후 교회는 유럽 역사에 막대한 영향력을 발휘했고 한때 교황은 황제도 폐위시킬 만큼 강력한 세속 권력이었다. 이런 이유로 클래식 타로에서 황녀와 황제, 여교황과 교황은 세상을 지배하는 4개의 힘으로 표현되었다.

그러나 라이더 웨이트는 클래식 카드의 기독교적 전통을 탈피하고 신비주의적 철학과 영적 탐구의 비전을 반영할 목적으로 여교황을 '고위 여사제'로 바꿈으로써 특정 종교의 지도자가 아니라 여성의 영적 직관과 내면의 지혜를 상징하는 신비한 인물로 표현했다. 또한 교황의 경우는 '신성한 것을 해석하는 자'라는 의미의 그리스어에서 유래한 '히에로판트(Hierophant, 신비사제)'로 대체했는데, 그럼에도 교황의 의복과 상징물은 유지했다.

왜 그랬을까? 이에 여러 가설이 존재하지만 수비학 관점에서 2번 [여사제]와 5번 [교황]은 둘 다 신성한 지혜와 지식의 수호자, 즉 아르카나Arcana의 수호자다. 물론 두 카드에서 아르카나를 다루는 방식은 대비된다. [여사제]의 손에 들린 '토라'는 일부만 살짝 보인다. 이는 모든 진리가 쉽게 드러나지 않으며 보이지 않는 세계, 감춰진 비밀, 진정한 원리를 스스로 깨닫도록 내면으로 이끈다는 의미다.

[교황]은 종교적인 법복을 입음으로써 자신이 전통적인 사회 규범에 기반을 둔 도덕 지식의 권위자라고 천명한다. [교황]은 [여사제]와 달리 제도화된 교육으로 지식을 직접 설파한다. [교황]의 교리는 세상 밖을 향하고 [여사제]의 지혜는 내면을 향한다. [교황]과 [여사제]는 진리와 지혜의 양극성을 입체적으로 나타낸다. 두 카드에는 공통적으로 신성한 지혜가 두 개의 기둥으로 표현됐는데, 신성한 지혜를 보존하고 전파한다는 의미다. 신성한 지혜는 [여사제]의 보호를 받고 동시에 [교황]에 의해 밖으

로 드러난다. [여사제]와 [교황]의 존재로 인해 신성한 지혜는 아무리 시대가 변해도 잊히거나 사라지지 않고 인간의 삶에 거듭 재생될 수 있다.

여기에서 [교황]의 역할이 명확해진다. 어떤 타로카드 계열이든 [교황]의 대표 키워드는 '교육'이다. 교육은 지식의 습득이 아니라 [여사제]가 고대부터 현재까지 보존해온 비밀스러운 지혜를 세상에 전파한다는 의미다. 또한 교육은 모든 무지 중에서 최악의 무지인 '내가 어떤 상태인지 인지하지 못하는 무지'를 깨우치게 한다는 뜻이기도 하다. 그렇기에 소울넘버 5번은 자신감과 자존감을 높이고자 할 때 늘 배움을 선택한다. 배우기를 게을리하지 않고 배운 것을 여러 사람에게 나누기를 주저하지 않는다.

이런 [교황]의 역할은 5번 카드에 숨겨진 펜타드의 수비학으로 드러난다. [교황]은 세로로 긴 직사각형 타로카드 프레임의 중앙에 앉았다. 세로가 긴 직사각형에서 배꼽이 카드의 정중앙에 위치하려면 바닥에서 조금 올라간 단상에 있어야 한다. 1번 [마술사]는 선 자세로 배꼽을 정중앙에 위치시켰는데, 허리에 감긴 우로보로스(Uroboros, 자신의 꼬리를 물고 있는 뱀)는 하늘과 땅을 이으며 무한히 반복하는 모나드의 속성을 나타낸다. 2번 [여사제]는 배꼽 위치가 정중앙에서 아래로 벗어났다. 그녀의 가슴에 새겨진 십자가를 좌우 기둥의 문자 B, J와 이으면 이승과 저승을 연결하는 지상의 매개자라는 디아드의 양극성이 드러난다.

3번 [황녀]는 원근감 있게 그려진 자연에 둘러싸였다. 가장 중요한 부분인 임신한 배는 정중앙에 위치함으로써 자연의 보호를 받는다. 4번 [황제] 카드에서는 사람보다 왕좌가 더 크게 화면을 채우기에 사각형 안에 또 하나의 견고한 사각형이 깊숙이 자리 잡은 모양이다. 반면 [황제]는 그 속에 앉아 안전한 확장을 도모한다. 이처럼 인물의 구도가 어떠한지, 정중앙에 위치한 부분이 무엇인지, 그리고 직사각형의 프레임 안에서 어떤 기하학 구조를 형성하는지 등을 기하학과 수비학 관점으로 보면 새로운 속성과 의미를 발견할 수 있다.

그렇다면 [교황]에게는 왜 단이 필요할까? [교황] 카드를 보면서 도형을 그려보라. 먼저 양쪽 기둥의 상부를 두 점으로 설정하고 서로 연결해 보자. 그리고 두 수도사의 머리를 두 점으로 가정하고 연결하라. 그런 다음 카드 상부의 두 점과 하부의 두 점을 이으면 직사각형이 그려진다. 또 직사각형의 대각선을 그으면 [교황]이 구심점이 되는 다섯 번째 점이 생겨난다. 이것을 '오엽배열_{quincunx} 패턴'이라고 부르는데_(그림 4), 이 패턴으로 꽃잎이 다섯 장인 꽃이 그려지기 때문이다. 네 꼭지점은 네 장의 꽃잎이 되고 중앙의 점이 다섯 번째 꽃잎이 된다. [교황]은 카드에서 피어난 다섯 장의 꽃잎 중에서 중앙에 존재하는 꽃잎이다.

꽃이 나비와 벌을 끌어당기듯이 [교황]은 세상 사람들을 모은다. 신성한 진리의 수호자인 [교황]은 지식과 지혜를 전달함으로써 인간이 무지에서 스스로 벗어나도록 이끈다. 앞서 언급했듯이 [교황]의 키워드인 교육_{Education}이 어린 아이의 성장을 돕는 양육과 돌봄 그리고 '밖으로 이끌다'라는 라틴어 동사 Educere 에서 왔음은 우연이 아니다. 이것이 5의 핵심이다.

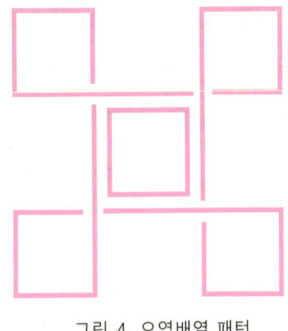

그림 4. 오엽배열 패턴

[교황]이 세상에 전하려는 진리는 무엇일까? 타로 연구가이자 타로 일러스트레이터 로버트 플레이스Robert M Place의 책 『타로, 마술, 연금술, 신비주의, 신플라톤주의The Tarot, Magic, Alchemy, Hermeticism and Neoplatonism』에 따르면, [교황]의 교회에 선 두 기둥은 [여사제] 카드에 나오는 솔로몬 성전의 두 기둥과는 다르다. [교황] 카드에 등장하는 두 기둥은 각각 헤르메스의 기둥과 솔로몬의 기둥이다. 헤르메스의 기둥은 자유와 행동을, 솔로몬의 기둥은 법과 필요를 상징한다. [교황]의 설교를 듣는 두 수도사의 법복에는 각각 장미꽃과 백합이 수놓였는데, 이는 사랑과 순수함을 나타낸다.

이 모든 상징은 서로 이어진다. 두 수도사는 두 기둥의 연장선 아래에 이어진 형상이다. [교황]의 오른손은 축복을 뜻하는 손짓을 하며 한쪽 기둥의 상단으로 이어지고, 왼손은 삼중으로 된 '주교의 지팡이'로 다른 쪽 기둥의 상단으로 이어진다. 이런 연결성은 [교황]이 인간의 사랑과 자유에 축복을 내리고 신을 향한 순수한 사랑을 위해 스스로 율법의 지팡이가 된다는 것을 상징한다. [교황]은 교육으로 인간의 사랑과 신을 향한 사랑, 욕망과 이상, 자유와 책임 사이에서 우리가 길을 찾도록 깨달음을 주는 존재다.

소울넘버 5번의 역할
선량한 나르시시즘

인파로 가득한 거리를 걷다가 방금 옆을 스쳐간 사람을 자신도 모르게 돌아본 적이 있을 것이다. 아는 사람이거나 낯이 익어서 뒤돌아봤다기보다 저절로 눈길이 따라가지 않았는가? 왠지 한 번 더 보고 싶은 사람, 말을 걸어보고 싶은 사람, 무언가가 느껴지는 사람. 각자 취향과 성향은 다르지만, 우리 주변에는 이렇게 남의 이목을 끄는 사람들이 종종 있다. 봄날에 꽃이 담장 너머로 한가득 피어나면 늘 땅만 쳐다보고 걷던 사람이라 해도 저절로 고개를 들어 바라보듯이 우리의 오감이 눈뜨도록 자극하는 존재에게는 독특한 매력이 있다.

　소울넘버 5번의 정체성은 '꽃'이다. 꽃이라고 모두 예쁘지는 않다. 화려한 장미가 있는가 하면 가까이 가야 보이는 수수한 들꽃이 있다. 화려하든 수수하든 꽃에게는 특별한 매력이 있다. 소울넘버 5번도 마찬가지다. 외모가 뛰어나지 않아도 남의 마음을 움직이는 매력만큼은 확실히 지녔다. 혹시 '나는 5번인데 매력이 있는 것 같지 않아.'라고 소심해지는가? 그래도 자신은 모르고 남들은 아는 매력이 있으니 자부심을 가져 보라.

연예계와 방송계 종사자들이 주요 상담고객이던 때가 있었다. 당시에 나는 TV나 영화로만 보던 선남선녀를 매일 볼 수 있으니 '내가 참 직업을 잘 택했구나.'라며 뿌듯해 했었다. 그들 중 소울넘버 5번들은 특별한 문제를 일으킨 것도 아니고 일부러 의도한 것도 아닌 일에 남들의 주목을 많이 받다 보니 아무리 연예인 입장이라 해도 심적으로 많이 부담스러워했다. 물론 연예인이니까 일반인보다 외모가 준수했지만 방송계에서 넘쳐나는 국보급 미남 미녀에 비하면 5번이 특별히 뛰어나다고 말할 수는 없다. 그럼에도 그들에겐 사람의 이목과 관심을 끄는 묘한 매력이 있다. 5번 아나운서는 연예인 못지 않은 인기를 끌었고, 걸 그룹에서 활동하다가 가장 먼저 솔로로 성공한 멤버는 대개 5번이었으며, 5번 여배우는 로맨스 장르에서 남자 배우와 좋은 '케미'로 훌륭한 연기력을 보였다.

중심 지키기에 진심

나에게 수비학을 배우는 학생들은 "저는 5번 사람들을 잘 모르겠어요."라고 자주 말하곤 한다. 각자 나름의 이유를 제시하시만 내용은 제각각이다. 일치하는 의견은 "그들이 어떤 사람인지 잘 모르겠습니다."밖에 없다. 어쩌면 이것이 5번을 가장 잘 설명하는 표현일지 모른다. 나 역시 그러하니까.

'모호하다, 애매하다, 속을 모르겠다. 원하는 게 뭔지 알 수 없다, 우유부단하다, 비겁해 보인다, 본인의 진짜 감정을 알지 못하는 것 같다, 적인지 아군인지 구분이 안 된다, 위협적이지 않다, 착해 보인다, 거절을 잘하지 못한다, 진심이 느껴지지 않는다, 상대에게 잘 맞춰 준다, 가식처럼 보인다, 인상이 좋다, 예뻐 보이려 한다, 겸손하다, 주변 눈치를 많이 본다…' 이 모두가 5번을 표현하는 말이다.

굉장히 가지각색이지만 좀 떨어져서 살펴보면 공통점이 발견된다. 매우 수동적이고 소극적이지만 어떤 기준이나 정도正道에서 벗어나지 않으려 노력하는 모습이 바로 이들의 공통점이다. 5번은 2번처럼 극단적인 결론으로 문제를 해결하기보다 상황에 맞게 균형을 유지하는 것을 중요시하기 때문에 충돌이나 갈등이 발생하지 않도록 애쓰는 경향을 보인다. 2번은 자신이 어디로 움직이는지 언제나 명확하게 밝히지만, 5번은 방향을 그다지 중요시하지 않는다. 어느 방향으로 상황이 움직여도 자기가 중심을 유지하는 데 더 관심을 두기 때문이다. 그렇기에 남들이 보기에는 오히려 이리저리 움직이는 것처럼 보인다.

5번은 흑백을 가려야 하는 상황을 매우 힘들어한다. 흑백을 가려야 하는 이유를 알고 싶어하지도 않는다. 흑백을 가리려면 전쟁도 불사해야 하는데, 이런 충돌에 가장 취약한 위치가 중심이다. 양극은 대립하던 어느 하나가 사라져도 다시 그 안에서 양극으로 나뉘지만 중심은 양극이 존재하는 순간 그 사이에 새로운 중심으로 재생된다. 곤란한 상황이나 관계에서도 품위dignity를 지키려고 중심을 계속 재생하는 능력은 5번을 매력적으로 만드는 황금비율이다.

5번은 1번부터 9번까지 소울넘버 중에서 한가운데에 위치한다(5의 왼쪽에 4개의 수가, 오른쪽에 4개의 수가 있다). 5번인 [교황]은 신과 인간 사이에 대리인으로서 신성한 의무를 담당하지만 [여사제]와 달리 세속적 지위를 중요시한다. 그렇다고 [황제]처럼 왕족이 될 수 없기에 여러 계급의 민중에게 봉사함으로써 민중의 존경을 받아야 한다. 그는 신성의 영역, 권력의 영역, 평범함 삶의 영역 등 어디에도 접근 가능하지만 그렇다고 해서 어디에도 소속되지는 않는다. 5번이 기댈 수 있는 곳은 오로지 자신의 기준과 중심뿐이다. 중심을 지킨다는 것이 자기 입장없이 중간만 취하겠다든지 비겁한 회색분자나 기회주의자가 보이는 태도는 아니다. 그렇기에 5번은 고뇌하거나 외로움을 인내할 필요는 없다.

잘 지내고 싶지만 속하고 싶지는 않다

사람들은 5번을 가리켜 '무엇을 느끼고 어떤 의견을 가지는지 모르겠다.'고 쉽사리 말하지만, 당사자인 5번은 매순간 자신만의 중심을 잡는 데 여념이 없다. 그래서인지 소울넘버 5번은 인간관계에서 본인이 어디에도 속하지 못한다는 고민을 자주 털어놓는다. 단아한 분위기를 풍기는 50대 중반의 여성은 직장에서 경험하는 심적 괴로움을 호소했다. 남편의 잦은 외도를 오랫동안 견디다가 아이들이 장성한 후 마침내 '이혼에 성공'한 그녀는 사회봉사나 상담을 직업으로 삼고자 사회복지사 자격증 시험을 준비 중이었다. 합격 전까지 생계 수단으로 지인이 경영하는 대형 레스토랑에서 카운터를 맡은 그녀는 동료 직원들과 잘 지내려고 언제나 양보하고 도움을 자청했지만 이상하게도 그럴수록 동료들과의 관계는 악화되었다. 손님들에게서 좋은 피드백을 받고 개인적으로 친분을 쌓은 단골도 많아서 레스토랑을 그만두기가 여러모로 아쉽지만 동료들과의 관계를 견디면서 계속 일할 수 있을지 모르겠다는 것이 그녀의 고민이었다.

그녀의 삶에는 여러 가지 고민이 있었지만 따지고 보면 결국은 한 가지였다. 결혼 생활 내내 남편이 천박한 여자들과 만나고 다니는 것에 모멸감을 느꼈지만 그녀는 자식에게 좋은 어머니가 되고자 밖으로는 화목한 모습을 보여주며 인내했다. 사회 생활이나 친구 관계에서 그녀는 늘 남에게 잘하려고 애썼지만 왠지 따돌림을 당하는 기분이 들어서 힘들어했다. 이혼 후에 일자리가 된 레스토랑에서 그녀는 자기 포지션을 찾고 싶었지만 동료들의 곱지 않은 시선을 참아내야 했다. 그녀는 '이것은 좋은 상황이 아니다'라고 강하게 느꼈지만 '나는 그들과 같은 류의 사람이 아니다'라는 자존심 하나로 견뎌냈다. 남편, 친구, 동료는 그녀가 함께하고 싶은 부류의 사람들은 아니었지만 그녀는 어떻게든 끝까지 정도를 벗어나지 않으려 인내했다.

[교황]은 자신의 자존심, 체면, 존엄을 무엇보다 중요시한다. 그렇기에 결이 맞지 않는 사람들에게 싫은 티조차 내지 않으며 버티려 한다. 싸우거나 비난하고 싶더라도 그리하지 못한다. 설령 미친 척하고 상대에게 분노와 공격성을 드러내도 속이 시원해지기는커녕 중심을 잃고 망가진 자신을 혐오하고 후회한다.

나는 그녀에게 돌직구를 던졌다. "당신은 그 사람들에게 조금의 관심이나 애정이 없어요. 당신은 그들과 같이 있는 자신을 남들이 어떻게 볼까만 신경거든요. 그들에게 진짜로 마음을 연 적이 없었고 그러고 싶지도 않을 겁니다. 하지만 당신은 적어도 친절하고 겸손해요. 나쁜 감정을 최대한 배제하고 상대를 배려하니까요. 그런데도 그들이 당신을 무시하니 자존심이 상할 겁니다. 당신은 그들과 잘 지내고 싶을 뿐이지 그 무리에 속하고 싶지는 않을 거에요. 문제는 그들이 당신의 마음을 어느 정도는 알아챘을 거라는 점이죠."

그녀는 내 말에 무척 당황하는 표정을 지었지만 이제야 솔직하게 고민을 털어놔도 될 사람을 만났다는 듯 그간 가슴에 쌓아둔 응어리를 쏟아내기 시작했다. 그녀는 한참이나 남편, 친구, 동료들에 대한 경멸과 분노를 분출하더니 "이제부터 저와 결이 맞고 취향이 비슷한 사람들과 좋은 관계를 맺으며 살고 싶어요."라는 바람을 내게 전했다. 지금 함께하는 사람들과 본인은 '급이 다르다'는 걸 증명받았기 때문일까? 그녀는 상담실을 들어올 때와 똑같이 온화하고 우아한 표정을 지으며 돌아갔다. 나는 그녀의 뒷모습을 보며 그녀가 다시 찾아오는 일은 없을 거라고 확신했다. 나에게 쏟아놓은, 토사물 같은 경멸과 분노가 자신의 것임을 또 확인하고 싶지는 않을 테니까. 그녀는 우아하고 고상한 [교황]이니까.

영웅의 모험을 시작하라

'나와 그들은 급이 다르다.' 이것은 5번에게 매우 중요한 정체성 인식이다. 이런 깨달음 후에야 비로소 불필요한 죄책감이나 양가감정에 시달리지 않기 때문이다. 하지만 그렇다고 해서 5번이 쉽사리 자기 멋대로 살지는 못한다. 소울넘버 1번과 2번은 '나는 너와 다른 존재다. 고로, 나는 나대로 하겠다.'라는 마인드를 가지고 산다. 그래서 주변을 크게 의식하지 않고 타인의 간섭을 거부한다. 반면, 5번은 '나는 잘났지만 자칫 잘난 척한다고 손가락질 받을 수 있으니 사람들이 알아서 날 존경할 때까지 인내심을 갖고 기다린다.'라는 마인드로 피곤하게 사는 경향이 있는데 이런 특성은 주변 환경의 영향도 크다.

   내가 뉴욕에서 상담하며 만났던 소울넘버 5번들은 '근거 없는 자신감'으로 차올라 시도 때도 없이 자신의 매력을 어필하느라 드라마틱한 감정 표현을 주저하지 않았다. 내게는 무척 낯선 모습이었고 어떨 때는 비호감이었다. 반면, 우리나라 5번들은 대부분 잘난 척은커녕 지나치게 겸손한 척한다. 아마도 '겸손이 미덕' 임을 강조하는 유교 문화 때문인 듯하다. 이렇게 다양성과 개성을 유연하게 수용하지 않는 환경에서 성장하다 보니 우리나라의 5번은 어릴 때부터 자신의 진정한 욕망을 숨기는 방법을 터득했고 주변의 기대에 부응하려고 애쓰며 방황한다.

5번이 현실과 타협하느라 꿈과 이상, 야심과 명예를 포기한다면 매우 가혹하지 않을 수 없다. 그렇기에 5번은 힘들고 괴로울수록 자신이 좋아하는 것에 애착을 갖고 숭고미를 추구하며 묵묵히 갈고닦아야 위로받을 수 있다.

어떤 모습으로, 어떤 방식으로 살아가든지 간에 5번은 언제나 [교황]이다. [교황]의 키워드인 '교육'의 의미는 지식을 전달하는 '교육자'의 역할을 다하라는 것이 아니라 사람들이 따를 만한 '롤모델'이 돼라는 것이다. 5번은 우물 안 개구리처럼 낡은 틀에 사로잡힌 사람들을 밖으로 인도하는 롤모델이 돼야 한다. 그래야 한 번도 꿈꾸지 않은 미지의 세계로 첫 발을 내딛으며 인생의 꽃인 '영웅의 모험'을 시작할 수 있다.

4원소 속의 소울넘버 5번

파이브 완드 Five of Wands

교황에게 편들기란?

5번의 마이너카드들에는 공통점이 하나 있다. 모든 이미지가 대립 구도라는 점이다. [파이브 완드]에는 다섯 개의 막대를 든 다섯 명의 남자가 등장하는데, 잘 보면 네 명이 든 막대는 서로 맞물렸지만 왼편의 한 명은 따로 막대를 쳐들었다. [파이브 컵]에서는 세 개의 엎질러진 컵과 두 개의 선 컵이 대립되는 구도가 나타나고, [파이브 소드] 또한 승리한 자와 패배한 무리가 대립을 형성한다. [파이브 펜타클]에서는 건물 내 펜타클 스테인글라스가 따뜻한 황금색으로 빛나는 모습과 눈보라 치는 겨울밤에 힘겨이 걷는 두 사람이 대립된다. 수비학 관점으로 이런 대립 구도는 구조, 물질, 안전, 안정을 대표하는 4에서 5라는 수로 하나의 차원이 더해지면서 균형이 깨지고 변화가 시작될 때 경험하는 내적 갈등과 외적 현상을 상징한다.

[파이브 완드]는 각기 다른 옷을 입은 다섯 명의 사람이 다섯 개의 막대를 제각각의 포즈로 휘두르는, 다소 산만한 장면을 연출한다. 가장 왼쪽의 한 사람을 제외하고 다른 네 사람의 막대는 각자 다른 의견을 주장하듯 격렬하게 맞부딪힌다.

가장 왼쪽의 사람은 어떤 입장을 견지하기에 다른 막대에 부딪히지 않도록 막대를 든 것일까? 완전히 다른 의견일 수 있고 아무런 입장이 없을 수도 있다. 아니면 그저 기계적 중립을 취하는 것일지도 모른다. 어떤 입장이든 간에 다른 사람들과 갈등하고 싶지 않다는 점은 분명하다.

5번은 인간관계에서나 조직 생활에서 다수의 의견에 순응하는 경향을 보이는데 사실은 자칫 극단으로 치우치는 바람에 충돌이 발생할까 우려하기 때문이다. 모호한 의견을 제시하고 어떤 한쪽으로 입장을 확실히 밝히지 않으니 사람들이 종종 5번을 가리키며 '우유부단하다, 자기 의견이 없다.'라고 비난하기도 한다. 5번 입장에서는 억울할 일이다. 변화와 문제가 발생하는 상황에서 내적 갈등과 불안에 시달리며 균형을 잡고자 엄청나게 고뇌하는 것을 사람들이 인정하지 않기 때문이다.

균형을 잡는다는 것은 외줄타기와 비슷하다. 5번은 자신의 입지가 매우 좁다 해도 긴 막대기 하나를 들고서 좌우로 치우치지 않게 끊임없이 흔들리며 한 걸음씩 내딛는다. 균형 잡기는 사실 굉장히 '역동적'인 과정이다. 만약 5번이 균형 잡기의 의미를 잘못 이해해서 기계적 중립을 고수한다면 비겁하다는 평가를 받을 수 있다. 반대로 감정 컨트롤을 못하거나 한쪽으로 완전히 기울어져 입장을 표출하면 사람들은 5번을 실제보다 더 공격적이고 독선적이라고 평가할 수 있다.

대체 무엇을 위한 역할이기에 5번은 남들이 알아주지 않는 균형 잡기란 마음고생을 사서 할까? 동업 관계를 예로 들어보자. 두 사람이 동업을 하다가 분열이 일어나면 둘의 관계는 그걸로 종결되기 쉽다. 만약 세 사람이 동업하다가 갈등이 생기면 두 사람일 때보다 쉽게 깨진다. 한 명이 나머지 두 명을 감당하기 힘들기 때문이다. 네 사람이 동업한다면 끊임없이 편이 바뀌면서 '1 대 3' 혹은 '2 대 2'의 구도로 균형이 깨지거나 반목한다. 다섯 명이 동업할 때 '1 대 4'의 구도가 형성되면 이 중 4가 '1 대 3' 혹은 '2 대 2'로 나뉘기 때문에 결국은 분열된다. 만약 '2 대 1 대 2' 구도라면 대립되는 의견이 있다 해도 중간의 1이 양쪽으로 움직이며 조율하고 균형을 맞추는 역할을 하기에 구성원 모두가 목표 달성에 협력할 수 있다.

시소를 탈 때 두 사람의 몸무게가 완전히 같으면 시소는 움직이지 않는다. 이때 세 번째 사람이 가운데에 앉아 번갈아가며 양쪽에 힘을 실어주어야 시소가 오르락내리락 움직인다. 이게 바로 중심축의 역할, 5번의 역할이다. 5번은 게임에 참여는 하지만 직접 플레이어로 뛰지는 않는다. 가운데를 지키면서 양쪽에 힘을 실어주는 5번의 역할이 없으면 조직은 사업을 시작하기도 전에 사분오열된다.

　5번이 중심축 역할을 특별히 잘 해내는 분야로는 교육, 종교, 자문, 상담 등이 있다. 하지만 꼭 이런 분야가 아니더라도 5번은 편중되지 않은 태도와 이해 관계에서 자유로운 마인드를 지녔기에 조화로운 조율가이자 균형감각 있는 조언가 역할을 수행할 수 있다.

파이브 컵 Five of Cups
교황에게 관계 유지란?

연애나 인간관계에 관한 고민을 상담할 때 [파이브 컵] 카드가 나온다면 아무리 긍정적인 측면을 보려 해도 엎어진 세 컵에서 흘러나오는 깊은 상실감과 애통함에 사로잡히고 만다. 나의 반려묘가 병으로 갑작스럽게 무지개 다리를 건너기 직전에 내가 뽑았던 카드도 [파이브 컵]이었다.

'세상에 변하지 않는 유일한 진리는 세상의 모든 것은 변한다는 것'라는 말이 있듯이 계속 유지할 수 있는 관계는 없다. 모든 관계는 결국 변한다. 하지만 이를 안다고 해서 사전에 막을 방법은 없고 힘듦이 주는 것도 아니기에 [파이브 컵]이 나오면 상실의 슬픔보다 더 무거운 회한을 느낀다.

엎어진 세 개의 컵이 상징하듯 소울넘버 5번에게 관계란 시작할 때부터 예견된 최악의 결말에서 자신을 지켜내려는, 끊임없는 '에너지 소진'이다. 인간관계에서 끊임없이 희망 회로를 돌리며 솔직하게 자기 욕망에 충실하고 원하는 에너지를 얻는 일이 5번에게는 쉽지 않다.

물론 5번이 누구보다도 다섯 개의 컵에 담긴 솔직한 감정과 원색적인 욕망을 모두 드러내며 남들에게서 온전히 인정받길 원하는 경우도 있다. 자유와 속박, 사랑과 미움, 순수함과 음탕함, 이상과 세속 등 모순된 욕망을 동시에 원하는 경우도 있다. 만약 5번이 이런 상태라면 자기애와 자기혐오가 동시에 벌어지는 모순에 빠진 것이다.

자기 존엄이 가장 중요한 5번은 인간관계에서 중심을 잃어 그간 눌러 온 감정과 욕망이 적나라하게 드러나는 걸 가장 경계한다. 그렇기에 후회만 남을 갈등과 불화를 피하고 싶어 한다. 본능적 욕구, 이기적 욕망, 속물적 욕심이 담긴 세 개의 컵은 포기하더라도 여전히 두 개의 컵에 숨은 자존심과 위엄을 지키고 싶어 한다. 모든 관계는 어떤 상황에서든 변화하고 갈등을 겪으며 자연스럽게 결말에 이른다. 그렇다 해도 5번은 조화로운 관계를 유지하려고 기꺼이 모든 에너지를 소진하려 한다.

에너지가 고갈된 5번은 욕구 불만이란 부작용에 늘 시달린다. 하지만 다행히 이를 해결할 간단한 처방이 있다. 자신만의 취미를 갖는 것이다. 같은 5번이라 해도 사람마다 다른 본능적 욕구와 취향을 갖기에 여러 가지를 시도하면서 자신에게 잘 맞는 취미를 찾는 게 중요하다. 술을 좋아한다면 다양한 술을 경험할 방법을 찾거나 쇼핑을 좋아한다면 윈도우 쇼핑이라도 좋으니 일단 백화점에라도 가보자. 관심있던 분야의 공부나 자격증을 따서 지적 허영심을 만족시키는 것도 바람직하다. 음주가무가 체질이라면 신나게 노는 것도 권장하고 싶다.

헤르만 헤세Hermann Hesse의 소설『나르치스와 골드문트Narziss und Goldmund』에는 대비되는 두 인물이 등장한다. 인간의 욕망과 세속의 아름다움을 가진 골드문트와 종교적 신성함과 이상향을 추구하는 나르치스. 5번의 내면에는 두 인물이 공존한다. '둘 중 무엇이 진짜인가?'란 질문은 의미가 없다. 인간관계의 온전한 유지를 바란다면 나르치스처럼 욕망을 제거해야 하지만, 결국은 인간이기에 혼자서라도 욕구를 충족시킬 골드문트의 '자유'가 필요하다. 여러 사람과 함께 욕구를 충족시키려 한다면 이런 자유가 제약받는다. 그렇기에 욕구 불만을 해소하려는 활동은 눈치볼 필요가 전혀 없는 사람과 함께 하거나 혼자 누려야 한다. 욕구 불만 해소를 목적으로 시작한 취미를 점차 전문성을 갖춘 직업으로 발전시킨다는 목표로 취미 활동에 매진하라. 인생 후반에 5번다운 인간관계를 형성할 수 있을 것이다.

파이브 소드 Five of Swords
교황에게 트러블이란?

[파이브 소드]의 이미지 역시 승자와 패자라는 대립 구도를 가진다. 그런데 승자의 표정에선 승리의 만족감보다 교활해 보이는 냉소가 느껴진다. 무기를 버리고 떠나는 두 인물의 축 처진 어깨와 푹 숙인 고개에서 패자의 설움보다는 실망과 포기에 가까운 망연자실한 모습이 엿보인다.

칼을 빼든 전투였다면 분명 부상을 입은 자가 있어야 하는데, 등을 보인 패자에게는 어떤 상처도 발견되지 않는다. 특히 칼을 줍는 사람은 싸움에 가담하지 않았는지 아주 멀쩡해 보인다. 어쩌면 씁쓸한 뒷모습으로 멀어져 가는 두 사람 사이의 반목으로 반사이익을 챙겼거나 정당하지 않고 비윤리적인 방법으로 승리를 획득했을지 모른다. 이겨도 이긴 게 아니고 져도 진 게 아닌, 아주 찜찜한 결과임에 틀림없다.

소드는 4원소 중 '공기'의 원소로서 이성적 사고, 분석, 의사소통, 갈등을 다룬다. 의견 차이와 말의 힘이 대립하고 갈등을 고조시키는 논쟁은 일상 소통에서 수시로 일어나는 아주 민감한 트러블이다. 소울넘버 5번이 이런 트러블에 휘말릴 때 필요한 것은 강한 공격력이나 논리적 방어 전략이 아니다. 인내심이다.

트러블의 원인은 다양하지만 기본적으로 의견 차이에서 시작된다. 의견의 간극을 좁히거나 종식시키는 것은 5번의 역할이 아니다. 그렇지만 무턱대고 가만히 있거나 도망가서는 안 된다. 이 난전에 동참하지 않는다고 양쪽에서 비난과 공격을 받을 수 있기 때문이다. 싸움이 벌어지는 동안 5번은 가장 안전한 곳에 숨어야 한다. 그곳은 바로 전쟁의 한가운데다. 태풍의 눈이 가장 평온하다고 하지 않는가? 태풍의 눈 밖으로 손을 뻗는 순간 회오리바람에 빨려 들어갈 수 있으니 트러블이 벌어지는 상황을 지켜보되 대응하지 않고 숨는 전략이 가장 안전하다.

이유없이 자신을 괴롭히는 자가 있어도 참아라. 자신에게 부족한 점이 없는데 부당한 대우를 받는다 해도 무조건 참아라. '내가 왜 바보같이 가만히 있었을까?'를 되새기며 밤마다 '이불킥' 할 필요 없다. '그때 이렇게 말했어야 했는데.'라며 뒷북칠 필요도 없다. 5번은 억지싸움에 이기기도 어렵지만 설령 이기더라도 수치심이 더 크게 남기 때문이다.

모든 트러블은 이유없이 갑자기 일어난 태풍처럼 세상을 당장에 끝장낼 것 같은 기세로 몰아쳐도 원인 제공을 하지 않으면 어느 순간 동력을 잃고 순식간에 소멸된다. 그때까지 인내하며 와신상담하는 것이 5번이 취해야 할 전략이다. 자아의 존엄을 온전히 지켜내는 것이야말로 5번 본인에게 가장 좋은 결과물임을 잊지 마라.

5번이 못나서, 약해서, 착해서 싸우지 않는 게 아니다. 비상식적이고 비논리적이며 비도덕적인 갈등 상황에서는 이긴다 해도 남들에게는 정당한 승부로 평가받지 못한다. 바닥에 널부러진 두 개의 칼처럼 명분과 체면이 망가지고 명망에 손상이 갈 뿐이다. 상대를 이기려 용을 쓰면 영혼에 깊은 상처가 남을 뿐이다.

오래된 영미 동요에 '몽둥이와 돌로 내 뼈를 부러뜨릴 수는 있지만 말로는 날 무너뜨릴 수 없다(Sticks and stones may break my bones But words shall never hurt me.).'라는 구절이 있다. 총칼의 위협이 아닌 이상 5번은 상대방이 루머나 폭언으로 자신을 공격한다 해도 죽을 일이 없다는 믿음을 가지고 신념을 지켜야 한다.

체면, 품위, 자기 존엄을 신념으로 갖는다고 해서 물질만능주의 사회에서 손해를 보지는 않는다. 꿀과 향기가 없는 싸구려 가짜꽃이 판치는 세상에서 나비와 벌이 모여드는, 희소가치 높은 진짜꽃이 될 수 있다. 세상에서 화투판을 제외하고 꽃이 나비와 벌을 상대로 싸우는 일은 없다.

파이브 펜타클 Five of Pentacles
교황에게 가치란?

타로 상담을 할 때 가장 자주 받는 질문은 단연 재물운이다. 전통적 세계관이 공고했던 과거에는 결혼운, 자식운, 직업운이 꽤 중요한 질문이었는데, 이제는 결혼, 자식, 직업으로는 미래의 불안을 해소할 수 없는 시대다. 물론 젊은이들이 아직 연애운 질문을 많이 하곤 하지만 코로나 팬데믹 이후 이들에게도 인간관계와 관련된 고민이 부쩍 늘었다. 관계의 밀도가 높고 경쟁이 극심한 우리나라에서 인간관계와 관련된 스트레스 지수가 높을 수밖에 없다. 한마디로, 상부상조와 상생을 기대하기 어려운, '각자도생'의 시대다. 각자도생의 수단은 무엇보다 돈이니 자신의 재물운으로 미래를 대비하고 싶은 욕구가 커졌을 것이다.

이런 욕구를 지닌 5번이 재물운을 질문한 후에 [파이브 펜타클]을 본다면 어떤 기분일까? 추위와 배고픔에 시달리는 두 병자가 황금이 쌓인 건물을 애써 모른 척하고 눈보라 속을 걷는 이미지를 보면 희망은커녕 '이번 생은 글렀다.'라고 느끼지 않을까?

　이쯤 되면 한 가지 의문점이 들지 모른다. 왜 5번의 모든 마이너카드 이미지는 한결같이 부정적이고 찜찜하며 불행해 보일까? 5번 [교황]은 뭘 해도 운이 없는 걸까? 단언컨대, 그 반대다. 인생에 대운이 들어올 때는 큰 시련도 같이 들어온다. 5의 수비학적 의미는 성장과 발전, 성공을 향한 필수적인 도전과 시련이다. 그렇기에 5번의 마이너카드들은 이런 변화를 거부하고 성장을 멈추면 불행이 찾아온다는 것을 암시한다.

　[파이브 펜타클]은 [포 펜타클]의 현실적 이기심과 [식스 펜타클]의 이상적 이타심 사이에 있다. 현실적 이기심이 이상적 이타심으로 급변하려면 물질적 가치와 자원을 보는 시각과 태도에 엄청난 패러다임 전환이 일어나야 한다. [파이브 펜타클]은 오직 자신만의 안정을 목적으로 소유욕과 이기심이 극단적일 때 발생할 수 있는 물질적 상실과 사회적 고립을 보여준다. 5번은 본인이 물질에 강하게 집착하는 것이 진짜 문제임을 깨달아야 한다. 타인과 사회를 위해 나눔과 이타심의 가치를 추구할 방법을 찾는다면 5번만의 균형 있는 재물운이 상승한다.

　그렇다면 5번에게 균형 있는 재물운이란 무엇일까? 상담할 때

나는 재물운보다 자원이란 말을 선호한다. 재물운이 돈 자체는 아니다. 삶을 풍요롭고 의미있게 살기 위해 필요한 다양한 자원이 있느냐가 바로 재물운이다. 직업 능력, 경제적 수완, 성공 확률을 높이는 인프라 등의 자원으로 재산을 쌓을 기회가 재물운이다.

누구나 돈을 많이 벌고 싶어한다. 아니, 요즘은 아무런 노력 없이 그냥 돈이 많이 생기길 바란다. 모두가 돈에 관심이 많고 돈을 좋아한다고 말하지만 왜 결과는 사람마다 다를까? 돈을 원하는 목적이 서로 다르기 때문이다. 따지고 보면, 사람들의 목적이 돈 자체는 아니다. '돈이 생기면 무엇을 하고 싶다, 돈이 많으면 이런 식으로 살고 싶다, 돈만 많으면 이런 일을 안 해도 되니까.' 이렇듯 돈 자체보다 돈으로 얻으려는 '욕망'이 진짜 목적이다. 언제나 돈은 욕망과 교환되어 순식간에 주머니에서 빠져나간다. 열심히 번 것 같은데 수중에 돈이 남아 있지 않는 이유다. 그새 돈이 어디로 샜는지 모르겠다며 의아해하는 것은 물만 마셨는데 살이 찐다는 변명보다 더 궁색하다.

그러면 5번 [교황]은 돈을 어디에 쓰는 것일까? [교황]에게 돈은 필요악이다. 신도를 돈의 공급처로 대한다면 자신의 종교적 신념과 순수성은 의심받을 것이고, 돈을 배제하고 신도를 우선한다면 교회가 쇠락해지고 자신의 권위는 설 자리를 잃을 것이기 때문이다.

그렇다면 [교황]은 무엇을 우선해야 할까? 바로 명분이다. 5번 내담자들은 항상 돈을 고민하는데도 남들에게 돈 이야기를 쉽게 꺼내지 못한다. 투자로 꾸준히 돈을 버는 데 젬병이고 남의 사정 다 봐주다가 손실을 보기 일쑤다. 그럼에도 끊임없이 사업 아이디어를 계획하고, 경매, 부동산, 주식, 코인 등 열심히 재테크 공부를 한다. 이들의 머릿 속은 늘 돈 벌 궁리로 가득하다.

[파이브 펜타클]의 교훈은 지나치게 돈에 전전긍긍하다 보면 타인과 교류가 단절되고 어느 한쪽으로 경도될 수 있다는 것이다. 재테크에 관심이 많은 5번이라면 혼자 재테크 방법을 공부하여 돈을 벌려고 하기보다 타인의 재테크 경험담과 재테크 성공 노하우를 다른 사람들과 나누며 함께 미래를 도모하는 게 좋다.

5번 의사라면 '돈을 크게 땡기는' 방향으로 무리하게 병원을 확장하지 않는 게 바람직하다. 많은 돈을 벌면 주변의 시기와 오해를 사기 십상이라 세무조사, 환자의 신고, 투자자의 사기, 친한 이들의 배신 등 명예롭지 못한 사건에 시달릴 수 있기 때문이다. 한번이라도 이런 사건에 휘말리면 5번은 자기 본업에 집중하지 못하니 조심하라.

5번이 비즈니스를 한다면 물질적 성장이나 확장보다는 '이 사업을 성공시킨 사람이 본인'이라는 개인 브랜드의 가치를 높이는 게 좋다. 자신만의 전문 분야를 설정해 존경과 인기를 얻고 입지를 굳건히 하면 재물은 알아서 따라온다. 5번이 인터넷 쇼핑몰 대표라면 고객이 상품 자체가 아니라 5번 본인의 독특하고 신선한 매력에 이끌리게 해야 한다. 그래야 고객은 구매한다.

이렇듯 5번의 자원은 바로 '자기 자신'이다. 자신이 꽃이 되어 브랜드로 표출될 때 사람들에게 더 큰 가치를 전달할 수 있다. 주변의 시샘이 두려워 자신의 '잘남'을 겸손이란 탈로 숨기거나 애초에 포기할 필요는 없다. 자신의 잘남을 갈고닦아서 타인에게 나누고 베푼다면 잘난 척하지 않아도 타인의 뇌리에 깊이 남을 만한 매력적인 존재가 된다.

5번이 돈을 벌고 싶다면 부자가 되고 싶은 사람들이 돈을 벌도록 열과 성의를 다해 도와라. 5번이 인플루언서가 되고 싶다면 인기를 원하는 사람들이 인플루언서의 위치에 오르도록 열정적으로 도와라. 명의가 되고 싶다면 고통에 시달리는 환자들을 위해 의술 연구에 매진하라. 그러면 여러 곳에서 VIP급 환자들이 찾아올 것이다.

5번의 역할은 '배워서 남 주는 삶'이다. 사람들이 원하는 것을 얻을 수 있도록 순수한 열정으로 기여한다면 그들은 그 보답으로 5번의 바람을 이룰 수 있게 도울 것이다. 당장은 돈이 안 되는 일에 에너지를 낭비하는 것 같아서 답답하겠지만, 시련을 통해 깊어진 통찰로 남다른 안목과 취향을 갖출 것이다. 이것이 5번 본인의 가치를 독보적으로 만든다.

소울넘버 5번의 매력적인 브랜드는 나비와 벌을 부르는 꽃으로 자기 수준에 걸맞는 친구, 귀인, 고객을 끌어모으는 향기다. 이런 인프라를 얻는다면 당장은 가진 게 없더라도 많은 것들을 누리고 베풀며 살 수 있다. 꽃은 때가 돼야 피어나니 조급해하지 마라. 피고 나서도 서둘러 향기를 내뿜으려 하지 마라. 시간이 갈수록 향기는 짙어질 테니까. 스스로가 브랜드가 되면 언제든 나비와 벌이 날아올 테니까.

　마지막으로 조언 한마디. 5번이 이기적이고 계산적으로 산다면 아무리 성공하고 부자가 된다 해도 주변 사람들이 외면한다. 교회 안의 존귀한 사제(메이저카드 [교황])가 아니라 추위와 배고픔에 떠는 교회 밖의 처량한 영적 부랑자([파이브 펜타클] 카드)로 내몰리고 만다는 것을 명심하라.

6

연인

- The Lovers -

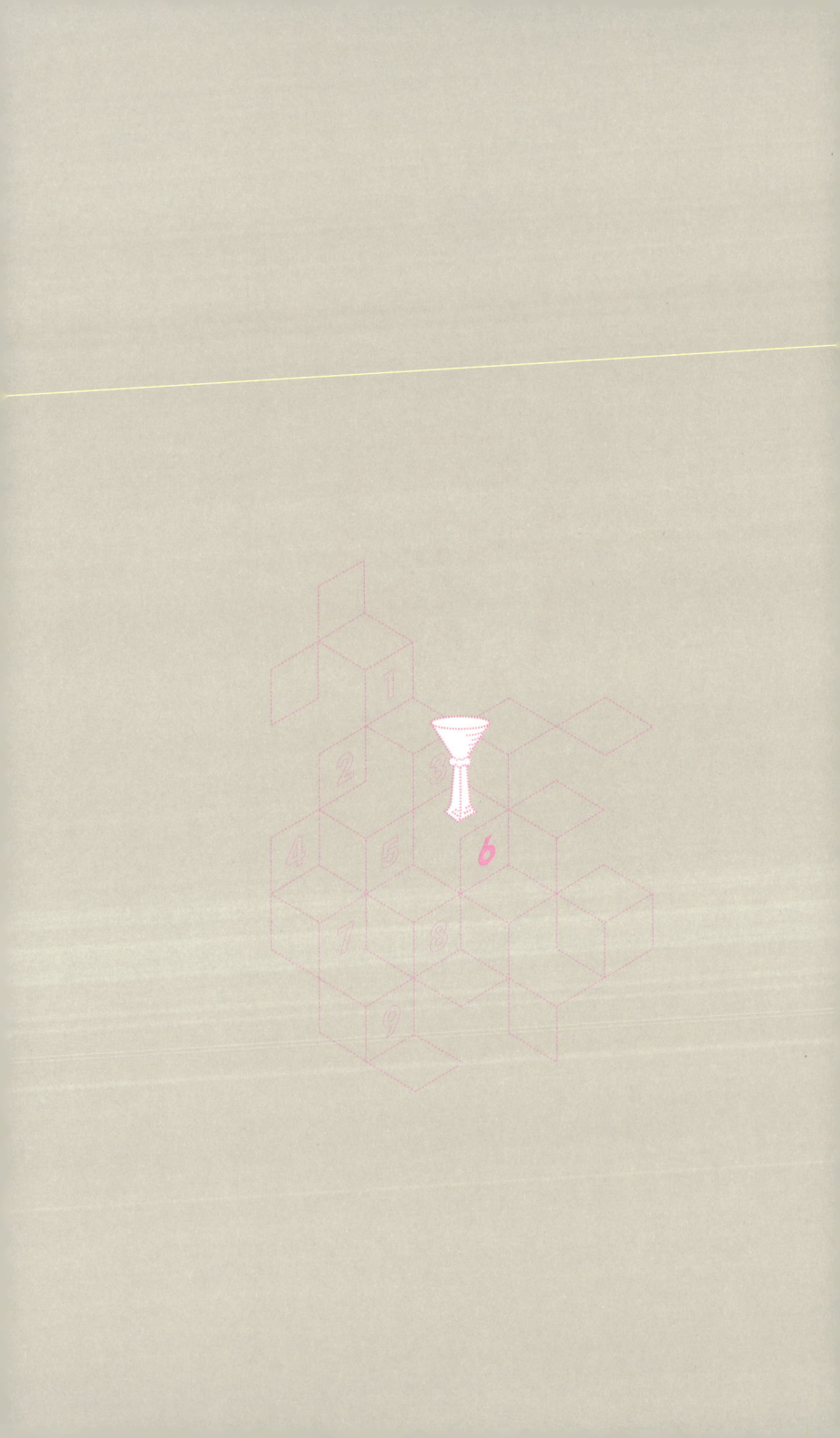

수비학 속의 소울넘버 6번

결실을 맺는 춤

완전수perfect number가 무엇인지 아는가? 완전수는 '자신을 제외한 진약수들의 합이 자신이 되는 수'를 말한다. 고대 그리스 수학자들은 어떤 모순과 흠결을 찾을 수 없는 이상적인 수라는 의미에서 '퍼펙트 넘버'라는 이름을 붙였다. 완전수는 아주 드물어서 고대에는 6, 28, 496, 8128, 33, 550, 336 만이 발견됐다. 이후 여러 수학자들이 1950년까지 위의 5개를 포함해 총 12개의 완전수를 발견했다.

  6은 자연수에서 처음 나오는 완전수다. 6의 약수는 1, 2, 3, 6인데, 6을 제외하고 모두 더하면 6이 된다(1 + 2 + 3 = 6). 완전수는 그 배열이 언제나 삼각형을 이루는 '삼각수'이고 이것에서 헥사그램hexagram이 만들어진다(그림 5). 헥사그램은 정삼각형 위에 역정삼각형을 겹쳐 만든, 별 모양의 도형이다. 정삼각형은 남성, 하늘, 불, 상승하는 에너지를 상징하고, 역정삼각형은 여성, 땅, 물, 하강하는 에너지를 상징한다. 로마인들은 여성의 수 2와 남성의 수 3를 곱하여 탄생하는 6을 아름다움, 조화, 결속, 친화를 상징하는 여신의 수, 즉 '비너스Venus의 수'라고 봤다.

헥사그램은 남성과 여성, 하늘과 땅, 불과 물, 물질 세계와 정신 세계의 상호작용과 완전한 결합을 상징하고 대립하는 두 힘이 균형을 이뤄 조화롭게 연결된다는 의미를 함축한다. 이런 6의 특성에서 나오는 6의 수비학적 의미는 '결합을 통한 새로운 생명과 에너지의 탄생'이다.

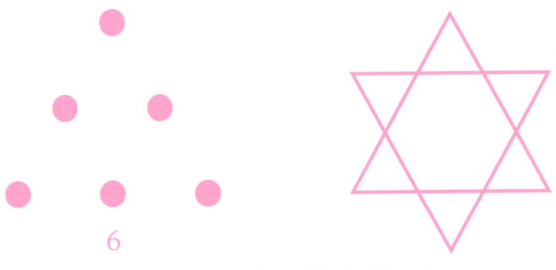

그림 5. 삼각수(왼쪽)와 헥사그램

여기서 잠깐! 잊었던 '바보의 여행'을 떠올려 보자. 씨앗(1)으로 출발한 바보는 발아(2)와 떡잎(3) 단계를 거쳐 튼튼한 토대(4) 위에서 꽃(5)으로 피어난다. 그리고 6에 이르러 결실을 맺는다. 6은 결실의 결정체인 열매다. 남성 에너지인 수술과 여성 에너지인 암술. 이질적인 두 에너지가 결합해 탄생한 새로운 형태의 에너지가 6이다. 새로운 형태의 에너지 즉, 열매가 수정된 후에는 찬란했던 꽃잎이 떨어지고 모든 에너지는 열매가 성장하도록 집중된다. 수비학 관점에서 6이 균형과 조화를 상징하는 이유도 새로운 생명체의 성장과 성숙을 위해 보호, 헌신적 사랑, 양육이라는 내외부 환경 조건의 균형이 필요하기 때문이다.

여러 꽃에서 열심히 꿀을 모은 벌들은 꿀을 담으려고 정육각형(헥사곤, Hexagon) 구조로 빈틈없는 벌집을 만든다. 같은 길이의 선으로 삼각형, 사각형, 오각형, 육각형, 원을 만든다고 해보자. 이때 가장 많은 면적을 갖는 도형은 원이다. 하지만 원은 그 자체로 완벽해서 다른 원들과 함께 집합체를 이루기 어렵다. 여러 원들을 이어 붙이면 반드시 빈 공간이 생겨난다. 반면에 육각형을 이어 붙이면 원을 제외한 다른 도형들보다 큰 면적을 확보하면서도 빈 곳 없이 완벽하고 조화롭게 공간을 채운다. 낭비를 허용하지 않는 자연의 냉엄한 생존방식을 체득한 벌들은 공간을 가장 효율적으로 사용할 형태로 정육각형을 선택했기에 적은 재료로도 최대한 많은 정육각형 방을 빈틈없이 만든다.

이런 이유로 고대 철학자들은 광활한 우주와 극한 생존 경쟁의 자연에서 짧은 생을 사는 인류가 어떻게 취약함을 극복하고 존속할 수 있을까란 해답을 6에서 찾았다. 그들은 6이 우주와 자연의 조화로운 균형, 사랑과 헌신을 통한 강력한 공동체 형성, 자연과 생명에 대한 보호자의 책임감을 의미한다고 봤다.

타로카드 속의 연인
에덴의 정원사

[연인] 카드에 나오는 몇 가지 상징을 살펴 보자. 알몸의 두 남녀, 열매에 올라탄 뱀이 있는 과실수, 천사. 이 상징들은 각각 아담과 이브, 선악과 나무 Tree of Knowledge, 천사가 수호하는 에덴 동산을 노골적이다 싶을 정도로 표현한다.

그러나 타로카드의 세계관은 창조론을 바탕으로 수립되지 않았다. 사실, 기독교의 창조 신화와 유사한 이야기는 동서양 문명에서 공통적으로 발견되고, 인간의 근원에 관한 오래된 상상 체계 역시 여러 곳에서 쉽게 찾을 수 있다. 대다수 창세 신화는 태초의 세상에 암흑이나 알처럼 '활동하지 않는 에너지'가 존재했다는 공통점을 가진다. 그러다가 어떤 이유로 혼돈이 분열을 일으켜 하늘과 땅이 분리되었고, 이어서 해, 달, 별 등 천체가 생겨났으며, 그 후 여러 생명체들이 탄생했다는 흐름으로 창세 신화가 그려진다.

인간은 마지막에 창조되었는데, [연인] 카드는 이런 창세 신화의 원형을 고스란히 담았다. 에덴 동산은 최초의 땅을 의미하고, 하늘에서 태양의 후광을 받는 대천사 '미카엘'은 하늘을 표상한다. 간혹 미카엘이 아니라 생명나무의 수호천사인 '라파엘'이라고 보는 시각이 있다. 라파엘의 이름이 '신이 치유한다'는 의미로 신체적, 정서적 치유를 상징하니 그가 최초의 남녀를 축복하는 모습으로 해석할 수 있다. 미카엘이라고 주장하는 측은 천사 뒤쪽에서 태양 광선이 뻗어 나와 불꽃 머리 모양(태양의 후광)을 만들어낸다는 것을 근거로 내세운다.

여러 문헌을 찾아봤으나 나는 이 천사가 누구인지 오랫동안 단정하지 못했다. 그러다가 나는 뉴욕에서 활동하는 타로 작가들을 만나 토론하는 자리에서 어느 여성에게서 이런 말을 들었다. "저는 그 천사가 라파엘인지, 미카엘인지 한 번도 궁금한 적이 없었어요. 그저 천사의 형태를 지닌 중립적 에너지라고 느꼈습니다." 나는 '중립적 에너지'란 말에 깊은 영감을 얻었고 새로운 의미를 깨달았다.

천사가 입은 옷의 색깔은 보라색인데, 이는 여성성을 나타내는 적색과 남성성을 의미하는 청색이 결합될 때 나오는 색이다. 날개가 있어서 언뜻 천사로 보이지만, 그는 성별을 초월한 신의 대리인으로서 신과 인간 사이에 존재하는 중립적 에너지라고 보는 것이 보다 적절하다. 천사는 누군가를 편들지 않으면서 아담과 이브를, 그리고 에로스적 사랑과 아가페적 사랑을 모두 감싸 안는 진정한 사랑의 에너지다.

수비학 관점에서 아담과 이브는 신이 창조한 최초의 인간으로서 성장과 영적 진화를 위한 창조적 잠재력을 상징하며 3과 연결된다. 그리고 남성성과 여성성이라는 인간 본성의 이원론적 본질을 나타내기에 2와 이어진다. 이 두 수의 결합으로 탄생한 완전수 6은 아담과 이브의 자유의지와 선택의 결과이고 인간 최초의 열매다.

결혼을 상징하는 5와 결합을 상징하는 6은 몇 번이고 제곱해도 그 값의 1의 자리수는 항상 5 또는 6으로 끝난다.

5×5 = 25

5×5×5 = 125

5×5×5×5 = 625

…

6×6 = 36

6×6×6 = 216

6×6×6×6 = 1296

…

이것은 이브₍₂₎와 아담₍₃₎이 결합해 최초의 생명인 6을 낳은 다음 후손이 아무리 많아지고 다양해지더라도 부모의 유전자인 이브와 아담의 속성이 영원히 유지된다는 의미다.

하느님은 5일 동안 세상을 창조한 후 6일째 되는 날 마지막으로 아담과 이브를 만들었고, 서로 외롭지 않게 애쓰라 일렀으며, 자신을 대신해 세상을 다스리라 명했다. 세상을 지배하거나 소유하라는 의미가 아니라, 대리자로서 신에게서 받은 귀한 것들을 잘 관리하고 봉사하라는 뜻이었다.

이브와 아담 뒤에는 두 그루의 나무가 있다. 이브 뒤에는 뱀이 똬리를 튼 선악과 나무가, 아담 뒤에는 12개의 불꽃이 달린 생명나무 Tree of Life가 있다. 여기에서 선악과 나무는 선악을 판별하는 역할이 아니라 세상의 모든 지식을 알려주는 역할을 하기에 사실은 '지식 나무'라고 표현해야 옳다.

신은 아담에게 두 가지 선택지를 주었다. 하나는 지식 나무의 열매₍선악과₎를 먹으면 영생을 주는 생명나무의 열매는 먹을 수 없다는 것이었고, 또 하나는 선악과를 먹지 않으면 에덴 동산에서 영생을 누릴 수 있다는 것이었다. 알다시피 아담과 이브는 공모해서 선악과를 따먹었고 결국 낙원 밖으로 추방돼 영생을 누릴 자격을 상실했다. 하지만 두 사람은 헌신과 희생으로 자식을 낳아 양육하여 유전자라는 씨앗을 보존했고 후손들은 인류라는 종을 이루며 생명을 이어간다. 아담과 이브는 선택에 따른 책임으로 자신들은 유한한 존재가 되었지만 인류는 지식 나무의 열매

(선악과) 덕에 유전이라는 새로운 방식으로 영생을 얻었다.

그렇기에 소울넘버 6번의 역할은 개인 삶의 완성이 아니라 신성을 품은 인류를 영원히 보존하라는 것이다. 가족에서 시작해 조직, 공동체, 국가 그리고 궁극적으로 인류 전체와 미래에 긍정적인 영향을 미치는 것이 6번의 미션이다. 분명 쉽지 않은 길이고 시련의 연속일 것이다. 그러나 그 과정에서 얻는 보람과 효능감, 성취감은 에덴 동산에서는 경험하지 못했던 생명나무 열매의 맛이기에 충분한 가치가 있다.

소울넘버 6번의 역할
현실적인 이타주의자

"당신은 참 현실적인 사람이군요." 앞서 소울넘버 4번을 설명할 때 언급했던 문장인데, 4번 외에 이 말에 긍정적인 반응을 보이는 소울넘버가 6번이다. 4번이 '내가 잘 살고 있구나.'라고 안심하는 반응을 보인다면, 6번은 '내가 잘못 살지는 않나 봐.'라며 안심한다.

언뜻 비슷해 보이지만 차이는 아주 크다. 6번에게 현실은 '책임져야 할 것'이다. 책임은 일종의 능력이다. 책임은 성공이나 경제력이 아니라 현실의 어려움을 감당하려는 의지와 노력을 의미하기 때문이다. 소울넘버 6번은 이런 책임과 현실을 좋든 싫든 삶 자체로 받아들이고, '현실적'이라는 평가를 자신이 열심히 잘 산다란 긍정적인 뜻으로 해석한다. 반면, 소울넘버 2번은 현실은 속세이자 속물이라고 부정적으로 인식한다. 늘상 사용하는 '현실'이란 단어가 소울넘버의 역할과 추구하는 방향에 따라 다르게 인지되는데 누구는 맞고 누구는 틀렸다고 단정하면 곤란하다. 같은 아파트에 살아도 층에 따라 창밖에 보이는 '세상'이 다르게 보이는 것과 같다고 인식해야 한다.

공동체 목표에 집중

소울넘버 6번은 어떤 세계관을 갖기에, 어떤 역할을 맡기에 현실을 자기 책임이라고 받아들일까? 씨앗의 여행이 열매라는 종착점에 이르려면 수많은 협업이 필요하다. 열매는 결과물이긴 하지만 결코 혼자서 증식할 수 없기에 생명을 퍼뜨린다는 최종 목표를 달성하려면 더 많은 협력이 필요하다. 그렇기에 6번은 타인과 손잡는 것부터 시작해야 하고 그래야 후일을 기약할 수 있다. 6번에게 '현실적이다'란 말은 타인과 교류를 뜻하며 타인, 조직, 사회의 기준과 기대에 부응하려고 노력한다는 의미이기도 하다.

이런 측면에서 볼 때, 6번은 1번과 공통점을 갖는다. 두 소울넘버 모두 이상적인 목표와 현실의 성과를 중요한 기준으로 삼는다. 하지만 차이점은 1번이 자기 목표에 집중하는 반면 6번은 공동체의 목표에 초점을 맞춘다는 것이다. 그래서 소울넘버 6번은 다른 공동체로 소속이 바뀌면 과거를 잊고 새로운 공동체의 목표에 적응하고 그에 따른 재능을 개발한다. 그렇기에 자기 목표에 집중하는 1번과 비교하면 재능의 전문성은 다소 떨어진다. 소울넘버 6번의 전문성이 떨어진다는 점은 4번의 경우와 유사한데, 그 이유는 다르다. 4번은 전문성보다 개인의 불안을 통제할 안정감과 이익에 집중하는데 반해, 6번은 책임을 다하려고 공동체의 안정과 이익에 초점을 맞춘다. 6번의 이해득실 기준은 개인이 아니라 가족, 조직, 사회이기 때문이다.

6번은 1번처럼 능력을 키우려고 현실 목표를 선호하고 4번처럼 안정과 효율을 추구하려고 꾸준히 노력하는 삶을 현실로 받아들이지만, 6번의 궁극적인 목적은 자아실현이 아니라 인간관계, 조직, 사회에서 중요한 사람으로 인정받기 위함이다. 이런 속성은 사회적 평판이나 직업 선택에 지대한 영향을 끼친다.

이타적인 행동이 가장 이기적인 행동이라는 말처럼 6번은 자신이 소속된 가족, 조직, 사회, 국가에 책임을 다하고 헌신적으로 봉사하는 이타적인 행동이 자신을 안전하게 보호하고 이롭게 한다고 믿는다. 과실수가 열매를 맺는 이유는 자신이 먹기 위해서가 아니라 모든 생명을 먹이고자 함인데 그 덕에 씨앗을 온 세상에 전파할 수 있으니 결국은 자신을 위함이다. 열매가 크고 맛있고 달콤할수록 더 많은 생명이 열매를 먹을 테니까 씨앗은 더 멀리로, 생존 가능성이 더 높은 곳으로 퍼져 나간다.

'내가 가장'이라고 믿어라

6번에게 가장 중요한 현실의 토대는 가족이다. 그래서 가족을 이루는 결혼이란 형식과 규범을 매우 중요시한다. 그렇기에 6번은 결혼을 고민할 때 상당한 스트레스를 받는다. 6번 남성은 결혼 생활을 이어갈 능력에 큰 부담을 느끼고 6번 여성은 결혼으로 인해 자신이 희생되지 않을까 깊이 고민한다. 결혼을 고민하는 6번 내담자에게 나는 "6번은 누구와 살아도 잘 살 테니 고민할 바에야 차라리 빨리 하세요."라고 조언한다. 내담자가 "글쎄요, 제가 잘 살 수 있을까요? 너무 힘들지 않을까요? 저 혼자도 힘든데 결혼 생활을 감당할 수 있을까요?"라고 반문하면, 나는 "그래도 결혼하고 나면 그런 고민은 더 이상 안 해도 되니 그럭저럭 잘 살 겁니다."라고 대답한다.

결혼 적정기임에도 아직 미혼인 6번은 주변 사람들이 "문제나 결함이 있는 게 아닐까?"라고 의심할까 봐 의기소침해 한다. 최근 비혼주의자가 늘어나는 추세인데, 그럼에도 6번이 결혼을 가벼이 여기지 않는 것은 이혼을 인생의 실패라 간주하기 때문이다. 이렇게 결혼해도 걱정, 안 해도 걱정인 6번에게 누구와 결혼해도 잘 살 거라는 나의 조언이 성의 없다고 말할지 모르겠다.

하지만 잘 살 거라는 나의 믿음은 이들의 질문에서 나온 것이다. 앞서 언급했듯이 6번은 결혼을 결정하기에 앞서 '내가 감당할 수 있을까'를 매우 깊이 고민한다. 고민의 깊이는 충분하다 못해 넘친다. 이것은 자신이 짊어져야 할 책임을 충분히 이해했다는 것, 결혼 생활이 깨질 경우를 충분히 시뮬레이션했다는 것을 뜻한다. 그러니 결혼을 고민하는 6번에게 누구와 결혼해도 잘 살 거라고 조언하는 것이다.

6번이 결혼 생활을 잘 이어갈 수 있는 방법이 있다. 남편이든 아내이든, '내가 이 집의 가장'이라고 믿고 사는 것이다. 결혼은 6번에게 최전선의 현실이기에 결혼 생활에서 책임의 주체는 반드시 본인이어야 한다. 6번 본인이 가정 생활을 소홀히 하며 적반하장으로 배우자에게 책임을 떠넘기거나 자기 기준에 맞추기를 강요하지 말아야 한다. 6번이 만약 이런 상태에 있다면 정신이 매우 건강하지 못하다는 의미다.

6번 여성이 결혼을 심각하게 고민하는 까닭은 결혼 생활의 행복과 불행을 결정할 주체자가 자신이 아니라 상대 남성이라고 간주하기 때문이다. 어떤 소울넘버든 결혼 생활의 책임을 다할 의무는 남성에게만 있지 않다. 6번이라면 특히 그렇다. 강박적으로 자신의 운명과 책임을 상대방에게 의지하려 들면 좋은 사람을 잃을 수 있다.

6번 여성이 이혼에 이르는 가장 큰 이유는 남편의 무책임함이다. 책임을 매우 중요시하는 사람이 6번인데 그 책임을 남편에게 기대하다보니 결국 인내하지 못하고 이혼을 감행한다. 그래도 이혼이 마냥 불행한 사건은 아니다. 이혼을 계기로 경제적 자립을 이루어 인생을 스스로 책임지는 주체자가 된 6번 여성들이 많다. 이혼 전에 그들은 배우자에 편승해서 살기를 바랐을 테지만, 이혼을 계기로 자신에게 가장의 모습과 능력이 내재되었음을 깨달았다. 그들은 누군가에게 의존하기보다 누군가가 의지할 가장의 역할을 수용하면서 진정한 자립심과 자부심으로 보다 확장된 관계를 구축했다. 주도적으로 살아갈 능력이 있다고 무의식적으로 자신을 믿었기 때문이다. 자기 자신을 의심했더라면 절대로 이혼 서류에 도장을 찍을 수 없었을 테니까.

어떤 부부가 상담을 받으러 온 적이 있는데, 아내는 6번이었고 남편은 5번이었다. 그런데 아내의 질문이 참으로 독특했다. "제가 언제까지 남편이 벌어다 주는 돈으로 편하게 살 수 있을까요? 저는 일하는 게 너무 싫어요." 이 말을 옆에서 들은 5번 남편은 당황스러운 표정을 지었지만 불편함을 겉으로 드러내지는 않았다(이게 5번의 특성이다). 내 대답은 아주 간단했다. "남편의 경제력이 얼마나 오래 유지되냐의 문제는 중요하지 않습니다. 6번에게는 본인의 경제적 능력을 키우거나 사회에 봉사하는 것이 아주 중요해요. 남편 벌어다 주는 돈으로 먹고 살고 싶겠지만… 글쎄요, 머지않아 일하실 겁니다." 아내의 얼굴엔 불편한 기색이 역력했지만 남편의 얼굴엔 화색이 돌았다. 나중에 소식을 들으니, 아내는 지인의 사업을 돕기 시작했고 오래되지 않아 관리자급으로 승진했다고 한다. 내 말이 맞았다!

100점보다 80점을 꾸준히 유지하라

6번은 조직에서 다른 사람들의 요청을 받거나 갑작스럽게 타 부서로 이동하면서 생소한 업무를 맡을 때가 잦다. 익숙치 않은 일을 하며 혹여 실수는 하지 않을까, 엄청난 부담을 느껴 도망치는 6번이 많은데, 업무를 지시한 자는 6번이 전문가처럼 잘 해내길

별로 기대하지 않는다는 것을, 평소처럼 적당한 수준으로 잘 해내리라 믿기 때문에 일을 맡겼다는 것을 이해해야 한다. 완벽하게 하려고, 기대한 것 이상으로 수행하려고 지나치게 걱정하거나 애쓰지 않아도 된다. 만약 6번이 '나는 완벽하게 이 일을 완성해야 해.'라고 마음먹는다면 오히려 기일을 넘기는 등 상사의 기대에 부응하지 못 할 수 있음을 명심하기 바란다.

소울넘버 6번에게는 일종의 '공공의식'이 있다. 사람들은 보통 자신이 좋아하는 일을 하고 싶어 한다. 하지만 마음에 드는 일만 하며 살 수 있을까? 생소한 일이 주어진다 해도 묵묵히 수행하면서 적정한 결과를 꾸준히 내는 데 집중하라. 100점 만점은 아니더라도 80점 수준으로는 해낼 수 있을 것이다. 이렇게 지속적으로 성과를 내면 비록 전문성이 조금 부족하더라도 충분히 먹고 살 만한 정도의 일복은 넘칠 것이고 다양한 사람들과 함께 일할 기회가 자주 생길 것이다.

'실수하면 어쩌나 완벽하지 못하면 어쩌나?'라고 전전긍긍하지 마라. 누군가가 6번인 당신에게 일을 제안했거나 도움을 청한다면 자기검열하지 말고 일을 맡긴 자의 안목과 선택을 믿어라. 설령 일을 망친다 해도 책임질 자는 일을 맡긴 사람이지 생소한 업무를 처음 수행하는 6번이 아니다. 최선을 다하기만 하면 된다. 어떤 일이 주어져도 잘 해낼 수 있다는 자신감, 그 자체가 6번에게 전문성이 된다.

6번은 인간관계에서도 '서비스 능력자'라서 친구나 가족이 도움을 요청하면 책임감 있게 도우려 한다. 물론 부양 책임이 크거나 도와줄 일이 많으면 스트레스를 받겠지만, 이런 부담이 원동력이 되어 스스로를 꾸준히 성장시킨다. 점점 무거운 짐을 지다 보니 자신도 모르게 체력을 기르고 요령을 습득한다.

6번은 '노력하면 그만큼 결과를 얻을 수 있다.'란 신념을 마음 깊은 곳에 지닌다. 사실, 이런 신념에 공감하지 못하는 사람들이 세상에는 아주 많다. 노력했는데도 이루지 못한 사람을 보며 "노오오오력을 하지 않아서 그래."라며 6번의 신념을 비꼬는 사람들도 있다. 이런 분위기에서도 6번이 '노력하면 반드시 이룰 수 있다.'란 신념을 강하게 갖는 이유는 자기 역할이 개인의 이득보다 타인의 이득을 추구하는 것이고 주변 사람들에게서 좋은 피드백을 받으며 인정받고 성장한다는 긍정적인 경험을 자주 하기 때문이다.

소울넘버 6번이 자신에게 주어진 현실을 책임감 있게 살면서 궁극적으로 많은 사람들에게 봉사한다는 목표를 추구한다면 어느덧 엄청나게 성장한 자신을 발견할 것이다.

4원소 속의 소울넘버 6번

식스 완드 Six of Wands
연인에게 인정욕구란?

예전에 타로수비학 강의를 할 때 한 수강생이 흥미로운 질문을 한 적이 있다. "행운이나 승리를 상징하는 수는 '럭키 세븐' 7인데요, 어째서 [식스 완드]에 금의환향하는 승리자를 연상시키는 그림이 그려져 있나요?" 7 대신 6에 왜 이런 이미지가, 그것도 완드에 나타난 것일까?

같은 수를 갖는 메이저카드와 마이너카드는 수비학 관점에서 매우 유사한 상징적 의미를 갖는다. 하지만 메이저카드가 일반적으로 더 중요한 삶의 사건이나 원형 에너지를 나타내며, 특별히 소울넘버와 연결될 때는 1번부터 9번까지 각각의 카드가 인과적이고 순환적인 의미를 갖는다.

마이너카드는 수의 상징적 의미가 4원소와 결합하여 메이저카드와는 다른 해석이 가능하다. 메이저카드의 수비학적 의미와 함께 동일한 수의 마이너카드 4원소를 연결하면 소울넘버를 구체적으로 이해하기 쉽다. 마이너카드의 수는 소울넘버 수와 동일한 수비학 상징이 아니라, 4원소의 기승전결을 나타낸다. [식스 완드]에서 6이란 수는 4원소 중 '불'이 소울넘버 6과 어떤 연관이 있는지 보여주는 장치다. 메이저카드에서 6이 수비학 관점으로 해석하는 상징이라면 [식스 완드]에서 6은 '불'의 진행 단계에서 여섯 번째를 의미한다.

그렇다면 4원소의 10단계 기승전결에서 6은 어디쯤일까? 에이스에서 각성한 원소는 2에서 방향을 선택하고 3에서 활발하게 행동하며 4에서 어느 정도 안정을 확보하고 안착한다. 안정이란 딜레마를 극복하고 도전을 선택한 5는 고난의 시간을 보내지만 결국 6에 이르러 첫 번째 성취와 보상을 얻는다. 10단계의 기승전결에서 6은 클라이맥스이고, [식스 완드]는 '불'이 가장 활성화된 상태다.

[식스 완드]는 열심히 불을 지핀 후 드디어 불이 가장 잘 점화된 상태, 언제든 어떤 용도로도 사용 가능한 완성된 상태에 이른 것을 의미한다. 완성된 불을 열심히 지펴 밥을 지을 수 있다. 맛있는 밥을 짓는 데 불의 강약 조절은 필수이고 이런 불의 적응력

은 6번의 역할과 연결된다.

다 지어진 밥은 6번이 책임져야 할 결과물이 아니다. 윤기가 흐르는 밥이든 홀랑 타버린 밥이든 그것은 6번과 무관하다. 6번은 적정한 열과 빛의 에너지, 즉 불이다. 밥을 짓든 도자기를 굽든 불을 필요로 하는 자는 불을 잘 다루지 못한 자신을 탓해야지 불을 탓할 수는 없다. 6번은 불을 지피는 역할을 수행할 뿐 밥맛까지 책임지지 않는다. 책임져서도 안 된다.

그러므로 6번은 자신이 어떤 명분으로 불쏘시개 역할을 수행할지 고민해야 한다. 앞서 말했듯이, 6번은 공정함, 공명심, 공공질서에 복무하려는 마인드를 지닌 능력자다. 불 지피는 능력은 요리사의 요리 실력에 비하면 전문성이 떨어져 보이지만 세상에는 불의 에너지를 필요로 하는 곳이 수도 없다. 그만큼 6번은 일복이 많다. 아궁이 불이든 성화의 불이든 확장성이 아주 크다.

왜 럭키 세븐이라 불리는 7이 아니라 [식스 완드]가 승리자인지 이제 설명이 가능하다. 수비학 관점에서 7의 승리는 철저히 개인이 주목받는 성취이며 독자적인 결과물이다. 하지만 6은 성공한 승자가 아니라 공동체에게 승리를 가져다줄 '인정받은 자'로서 승리를 위해 출정하는 자이며 점화點火하는 자다. [식스 완드]가 승리의 독식자가 아닌 이유는 말을 탄 자도, 그를 추종하는 자도 공평하게 하나의 완드를 든 상징적 모습에서 알 수 있다. 말을 탄 자는 그 능력을 인정받은 자로서, 승리는 모두의 것이고 미래의 승자는 추종자들 중에서 나온다는 가능성이 매우 크다는 것을 보여준다.

피겨 스케이트의 불모지였던 한국에서 올림픽 금메달리스트의 자리에 오르고 세계 신기록을 총 열한 번 경신한 김연아의 소울넘버는 6이다. 그녀의 업적은 세계 기록과 성적만이 아니다. 그녀의 진정한 업적은 미래에 수많은 '제2의 김연아'를 탄생시킨 불쏘시개였다는 것, 다시 말해 대한민국에서 유래가 없던 피겨 스케이팅 팬덤 현상에 불을 붙였다는 것이다.

식스 컵 Six of Cups
연인에게 남 탓이란?

소울넘버 5번과 6번은 수비학에서 매우 비슷한 카테고리를 갖는다. 둘은 결혼과 결합이란 공통점 외에도 '교육'과 '육성'의 의미를 공유한다.

하지만 차이가 있다. 5번의 결혼에는 두 존재의 합법적이고 형식적이며 정략적인 만남과 교환의 의미가 강하다면, 6번의 결혼에는 결합 외에도 '궁합'처럼 재생산 목적이 더 강하다. 5번의 교육이 배움을 통해 끊임없이 변화하고 탈바꿈하면서 자신이 하나의 브랜드가 되거나 롤모델이 되어 타인으로 하여금 느끼고 따라오게 만드는 수동적 힘이라면, 6번의 교육은 자신의 지식, 경험, 노력의 결과와 경험을 나누고 가르치는 육성과 양육의 과정이다. 그렇기에 6번의 교육이 좀 더 열성적이고 직접적 개입을 용인한다.

[식스 컵]에는 한 소녀가 꽃이 담긴 컵을 다른 이에게 전달하는 모습이 나온다. 이 그림은 좀 묘하다. 컵을 건네는 소녀가 연장자 같은데, 컵을 받는 사람의 얼굴이 더 나이들어 보인다. 요하네스와 에블린 Johannes Fiebig & Evelin Burger의 책 『라이더 웨이트 타로 해석을 위한 궁극의 가이드 Ultimate Guide to the Rider Waite Tarot』는 작은 사람의 얼굴엔 노파와 어린이의 얼굴이 혼재됐다면서 보는 사람에 따라 노파가 되기도 하고 아이가 되기도 한다고 설명한다.

어쨌든 [식스 컵]의 소녀가 선의로 컵을 건네는 것임은 분명하다. 이것은 수비학적으로 6번이 자신의 지식, 경험, 삶의 지혜를 나눔으로써 타인과 결합하고 관계를 형성하며 연대의식으로 공존을 추구한다는 의미다.

그렇다면 6번의 지식, 경험, 지혜는 어디에서 올까? 아마도 [파이브 컵]이라는 관계의 딜레마에서 얻은 깨달음일 것이다. 우리는 행복한 관계보다 실패와 상실에서 많은 것을 배운다. 가장 뼈저린 배움은 '늘 같은 이유로 실패와 상실에 빠진다는 것을 깨닫는 순간'에 찾아온다. 왜 그럴까?

[식스 컵]에 나오는 두 인물은 사실 동일한 사람이다. 컵을 건네는 소녀는 비록 몸은 크지만 정신은 미성숙한 과거를 가리키고, 컵을 받는 사람은 노파가 될 소녀 자신의 미래를 나타낸다.

컵에 담긴 꽃은 과거의 경험으로 얻은 깨달음이다. 그렇기에 두 인물의 자세는 자신의 부족함을 깨닫고 [파이브 컵]처럼 관계를 망치는 일을 되풀이하지 않도록 노력하는 모습을 의미한다. 수많은 실패와 실연의 경험에서 터득한 배움, 운명적 슬픔과 철학적 고통으로 얻은 지혜를 같은 처지의 타인과 나누는 행위는 궁극적으로는 자기 자신의 상처를 치유하고 나아가 자아를 성장시키는 과정이다.

심리학에서 이런 과정은 '내면의 아이를 치유하는 것'과 유사하다. 6번이 취약한 상태에서 시작하여 자기 성장을 스스로 돕는 선순환이야말로 '영웅의 여정'인데, 간혹 이런 선순환이 끊기고 한쪽 방향으로 치닫는 경우가 있다. 자신의 실패를 인정하지 못하고 오직 남 탓을 하며 가까운 사람들에게 책임을 전가하고 비난할 때가 그렇다. 이런 상태가 되면 6번은 성장이 멈춘 채 생명력을 잃어가는 노파로 변하고 만다. [파이브 컵] 카드처럼 엎어진 컵을 보며 자책하고 후회하며 남 탓만 한다면 누구도 6번 곁에 머물려 하지 않는다.

인정받고 싶다면 타인의 평가를 수용해야 하고, 사랑받고 싶다면 스스로 사랑스러워야 한다. 6번이 타인을 위하는 것은 단순히 오지랖이 넓어서가 아니라 스스로를 돕기 위함이다. 성공하든 실패하든 자기 성장이라는 '위대한 영웅의 여정'에서 책임감은 매우 중요하다.

식스 소드 Six of Swords
연인에게 팔자란?

마이너카드 6번인 네 장의 카드에는 클라이맥스 단계라는 것 외에 또 하나의 독특한 공통점이 있다. 바로 카드의 중심이 되는 한 사람을 제외하고 다른 사람들은 키가 작거나 아래쪽에 배치됐다는 점이다. [식스 완드]에는 말을 탄 승자 아래 추종자들이 있고, [식스 컵]에는 키 큰 소녀가 키 작은 사람에게 컵을 건네주며, [식스 펜타클]에는 발 아래에서 무릎 꿇고 구걸하는 자들에게 돈을 나눠주는 부자 상인이 있다. 이렇게 보면 [식스 소드]에서 중심 인물이 누구인지 금세 알아차릴 것이다. 이 카드의 주체는 강을 건너는 모자母子가 아니라 배를 젓는 뱃사공이다.

물결이 요동칠 때 안전한 방향으로 노를 젓는 것은 당연히 해야 할 일이다. 그런데 배를 탄 세 사람의 뒷모습에서 피곤함과 고단함이 느껴지는 건 왜일까?

앞서 언급했듯이 소울넘버 6번의 역할은 타인과 공동체의 목표를 위해 황무지를 개척하는 역할이다. 엉망이던 황무지가 어느 정도 개발되어 더 이상 개척할 부분이 없다면 마무리하고 새로운 개척지로 이동해야 한다. 힘들여 개발한 땅에 안정적으로 뿌리를 내려 전문 역할로 입지를 형성하고픈 게 인지상정이겠지만 땅에 씨를 뿌려 경작하는 일은 농부의 역할이다. 개발자는 불도저 같은 열정을 강점으로 가졌지만 농부처럼 근면하고 성실하지는 않다. 땅을 개발한 다음은 농부의 시간이다. 6번이 그 땅에 머문다면 시간이 갈수록 입지가 좁아지고 자기 효능감을 의심하고 만다. 인간관계에 의지하는 6번이라서 소외감을 느끼고 남을 원망하기 십상이다. 설상가상으로 스트레스와 히스테리로 인해 주변인들과 빈번하게 갈등을 일으킬지 모른다.

6번이 그간 고생을 많이 했다는 것을 사람들은 모르지 않는다. 하지만 논밭에 씨를 뿌려 키울 때는 불도저가 아니라 그보다 훨씬 작은 호미가 적합하다. 서로 의지하고 믿었던 사람들과 갈등하며 상처를 주고받지 않으려면 새로운 개척지를 찾아 나서야 한다. 고단하고 쓸쓸하겠지만 새로운 땅을 향해 배를 저어 강을 건너야 한다.

여섯 자루의 칼은 출렁이는 물결과 대조되어 정적이고 경직돼 보이지만 모두 뱃머리를 향해 꽂혔다. 수비학 관점으로 [식스 소드]는 격동하는 상황에서도 감정을 컨트롤하며 이성과 합리적 사고로 더 나은 방향으로 전환하는 무의식의 흐름을 상징한다. 뱃사공이 여섯 개의 검을 가로질러 노를 젓는 모습은 힘든 상황에 처한 타인에게 도움을 자청하는 역할을 의미한다. 노는 [에이스 완드]를 상징하는데, 뱃사공의 이타심과 강한 의지를 뜻한다.

소중한 아이가 안전하게 성장할 곳으로 데려가고 싶은 여성은 가족의 안전과 성장을 책임지는 가장의 역할을 나타낸다(이때 가장은 성별과 상관없다). 간혹 6번 여성이 일복만 많고 남편복은 전혀 없다며 자신의 팔자 탓을 하는데 그렇게 비관적으로 볼 필요는 없다. 본인에게 일복이 많은 것은 열심히 일하고 벌어서 가족과 타인들을 더 나은 세상으로 이끌어주기 위함이기 때문이다. 남자든 여자든 소울넘버 6번은 자신이 어렵게 개척한 땅의 성과를 누리지 못하고 남 좋은 일만 하는 것 같다고 종종 억울해 하는데, 자기 역할이 가장임을 잊지 말아야 한다.

6번은 새로운 분야를 개척하거나 업무 분장이 난해한 업무를 도맡아 하지만 특유의 적응력과 빠른 습득력으로 다른 사람들이 더 생산적으로 일하도록 한다. 상황이 안정되면 6번은 자기 역할이 마무리되었음을 인지하고 다시금 새로운 문제 해결을 위해 이동하거나 변화를 도모해야 한다. 만약 그동안의 고생을 보상받고자 한다면 책임감 있는 가장이 아니라 가부장적 권력자로 비춰질 수 있다.

만약 소울넘버 6번이 새로운 문제 해결을 위해 이동할까 아니면 그동안의 노력을 보상받을까란 고민에 빠진다면 싯다르타 이야기를 참고하라. 헤르만 헤세의 책 『싯다르타』의 주인공은 깨달음을 얻어 부처가 되고자 하지만 결국 뱃사공이 된다. 강에는 과거도 미래도 없다. 오로지 현재만이 존재한다. 이렇게 자신의 노력을 쏟을 수 있는 곳에 머무르는 것이 6번에게는 행복한 삶을 영위하는 이상적인 방법이다. 강물과 싸우는 뱃사공은 없다. 뱃사공은 그저 노 저어 갈 뿐이다.

식스 펜타클 Six of Pentacles
연인에게 보상이란?

6번 [연인] 카드는 천사를 중심으로 좌우에 이브와 아담이 위치하는 삼각형 구도를 갖는다. [식스 펜타클] 역시 가운데에 부유한 상인으로 보이는 화려한 의상의 남자를 중심으로 좌우에 두 걸인이 삼각형 구도를 이룬다.

천사는 두 팔을 벌려 이브와 아담을 감싸안고 차별이나 차등 없이 모든 것을 포용하는 관대함과 공평함을 보여주는 반면, 이 거상은 한 손에 든 저울로 걸인들이 각자 받아야 할 몫을 측정해 공정하게 동전을 나눠준다. [연인] 카드의 공평함이 [식스 펜타클]에서는 공정함으로 구체화된다. 6번에게 공정함이란 '받을 만한 자격이 있는가'다. 이런 현실적 관점은 매우 숭고하다. 노력에 따라 결과가 나오고 결과에 따라 적정한 보상을 받아야 한다. 보상은 단순히 물질적인 것만이 아니다. 6번에게 인정과 존중을 받는 것은 매우 중요한 보상이고 어떤 면에서는 물질보다 더 중요하다. 만약 6번이 노력에 걸맞는 보상과 인정을 받지 못하면 그 누구보다 더 깊이 좌절한다. 반대로 누군가가 아무런 노력을 하지 않았는데도 보상을 받는다면 매우 분개하거나 철저할 정도로 그 사람의 가치를 인정하지 않는다.

그러나 세상 일이 어디 그런가? 물질과 돈이 원리원칙대로 흘러가지 않는 경우가 더 많다. 아무리 노력해도 보상이 없을 때가 많고, 사기나 투기로 횡재를 하는 경우가 비일비재하다.

물론 6번에게 재물복이 없다는 뜻은 아니다. 6번에게는 그 무엇보다 '노력의 결실'을 믿는 마음이 더 깊다는 의미다. 그렇다고 해서 6번이 공정함을 지나치게 강조하면 자신이 응당 받아야 할 보상과 혜택을 자기도 모르게 걷어차고 만다. 사실, 노력과 돈 사이의 상관관계는 별로 없다. 기회, 자원, 돈과 같은 이득은 그 자체를 아우성치며 탐하는 이들에게 흘러가기 때문이다. 주어진 일을 열심히 한다고 해서 돈과 기회가 마땅히 자신에게 오리라 믿는 것은 순진한 바람이다.

'노력하는 만큼 보상받는다'는 6번의 신념은 박수받을 만한 삶의 태도이지만 얼마가 적정한 보상인지, 얼마나 원하는지를 남에게 설득하는 것도 노력의 일환이다. 그런 노력을 비굴한 구걸로 착각해서는 안 된다. 일복만큼이나 인덕도 타고난 6번은 사람에게 투자해야 주식이나 코인보다 안정적이고 확실한 수확을 거둘 수 있다는 점을 기억하기 바란다.

소울넘버 6번에게 보상은 물질이라기보다 공정함을 통한 인정이다. 보상 받고 싶다면 빌립보서 4장의 말씀을 꼭 기억하자. "구하라! 그리하면 받으리라."

7

전차

- The Chariot -

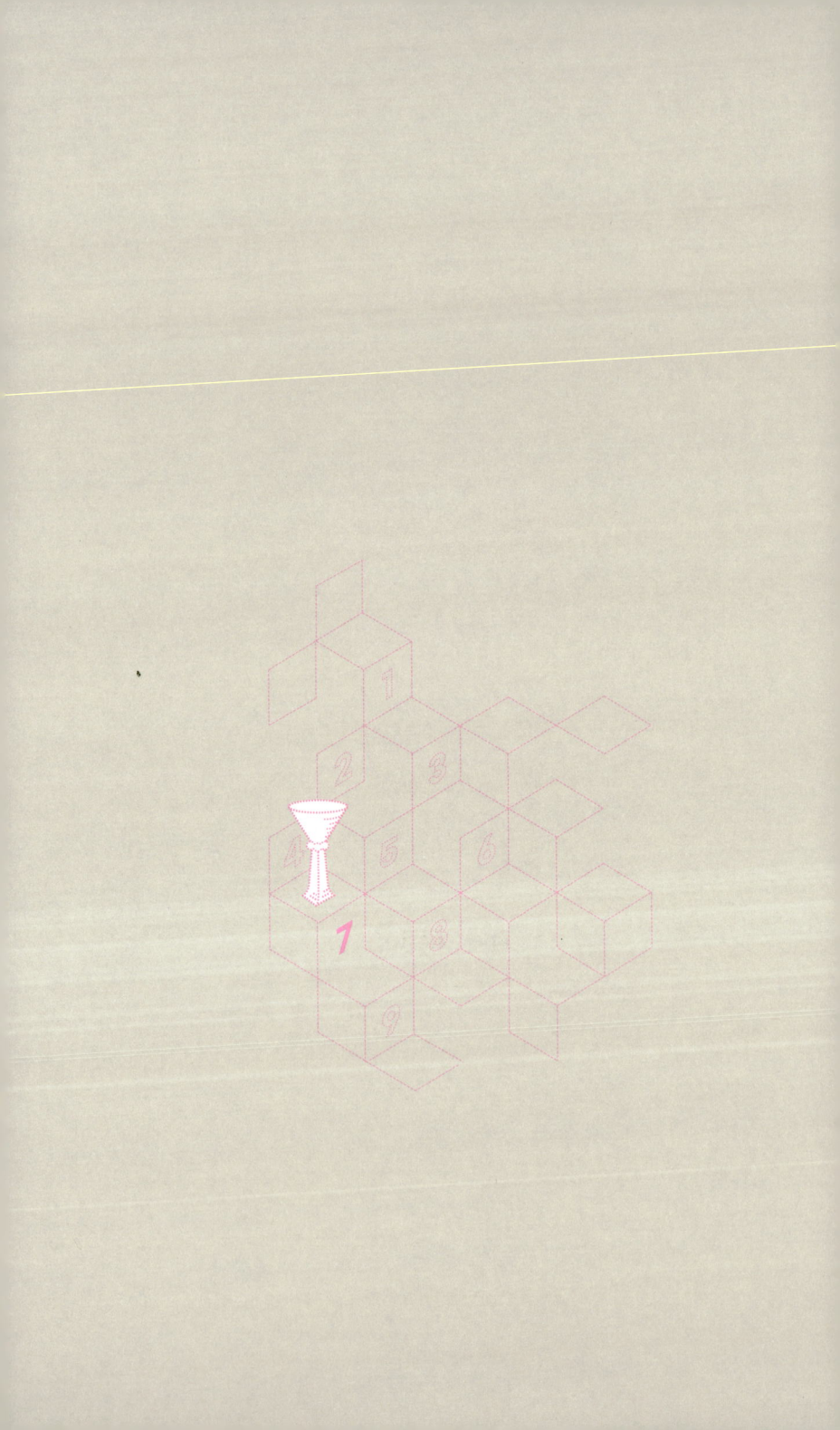

수비학 속의 소울넘버 7번
최초의 여행자

마이클 슈나이더의 『자연, 예술, 과학의 수학적 원형』 등 피타고라스 수비학을 다루는 여러 문헌에서 빠지지 않고 거론되는 7의 신기한 수학적 패턴이 있다. 1부터 7까지 차례로 곱하면 5,040이 되고, 7부터 10까지 곱하면 역시 5,040가 나온다. 그리고 1부터 6까지 곱한 값과 8부터 10까지 곱한 값이 동일하다.

$1 \times 2 \times 3 \times 4 \times 5 \times 6 \times 7 = 5040$

$7 \times 8 \times 9 \times 10 = 5040$

$1 \times 2 \times 3 \times 4 \times 5 \times 6 = 720$

$8 \times 9 \times 10 = 720$

이것이 의미하는 7의 특성은 무엇일까? 7은 자신을 중심으로 앞(1~6)과 뒤(8~10)를 연결하고 동시에 단절시키는 독특한 역할을 가진다. 피타고라스 학파는 헵타드Heptad를 가리켜 '신비로움을 숨긴 처녀의 수'라고 칭송했고 성스러운 수 3과 세속의 수 4의 연결이라고 주장했다.

그런데 왜 7을 3과 4의 합이라고 말했을까? 1과 6, 2와 5의 합도 가능한데 말이다. 수비학은 수의 덧셈, 곱셈, 나눗셈과 같은 연산으로 알 수 있는 수의 속성뿐만 아니라, 도형의 작도로 다양한 입체를 만들어가는 과정을 우주의 탄생과 진화 과정에 대입해 해석한다. 소울넘버 2번 [여사제]에서 설명했듯이, 베시카 피시스는 컴퍼스를 써서 여러 다각형을 만드는 원리다. 그런데 7각형은 베시카 피시스 안에서 작도가 불가능하다. 자연계에서 면이 7개인 물체는 만들어지기 어렵고, 어떤 중금속 결정체에서도 7개의 면을 가진 입자 구조는 아직 발견되지 않았다.

그렇다면 7각형을 어떻게 만들어야 할까? 유일한 방법은 삼각형과 사각형을 겹쳐 그린 다음 각 꼭지점을 잇는 것이다. 창조의 신이자 어머니 격인 3(Triad, 삼각형)과 그 안에서 탄생한 세상이자 땅이며 인간을 의미하는 4(Tetrad, 사각형)의 합체를 통해 7이 탄생한다. 그렇기에 수비학은 7을 3과 4의 합으로 간주한다.

데이비드 폰태너David Fontana는 『상징의 비밀The Secret Language of Symbols』이라는 저서에서 이런 헵타드의 탄생 비밀을 '신과 인간의 조화'라고 설명한다. 7은 앞의 수들과 뒤의 수들을 연결한다.

하늘과 땅을 잇는 연결고리 역할을 맡고자 태생부터 다른 행보를 걷는다.

헵타드는 세상에 속하기도 하고 세상을 초월하기도 하기에 동서고금을 막론하고 여러 민족이 '럭키 세븐'을 사랑했다. 7을 향한 사랑이 가장 깊었던 곳은 기독교 세계관이 지배한 유럽이었다. 「창세기」에 따르면 하느님은 세상과 인간을 6일 동안 창조하고 7일째 쉼표를 찍었다. 그래서 사람들은 일곱 번째 날을 홀리데이holyday, 즉 '성스러운 날'이라 명명했다. 하느님이 그랬듯이 1주일의 마지막날은 '안식일'이고 7년째 해는 '안식년'이라 칭하며 쉼표를 찍었다. 또한 노아 시대에 하느님은 대홍수를 끝내며 다시는 물로 벌하지 않겠다는 약속의 증표로 일곱 빛깔의 무지개를 하늘에 띄웠다. 하늘의 계시가 완성되면 마침표를 찍듯이 땅 위에 표식이 드러나는데, 그때마다 헵타드가 등장한다. 7은 신과 인간 간의 약속, 천사만이 오르내리는 천국과 지상을 잇는 사다리다.

타로의 세계관과 전혀 관련없는 우리나라에도 연결의 속성을 보이는 7의 이야기가 전해진다. 바로 견우가 직녀가 만난다는 '칠월 칠석'이다. 둘은 천상계와 인간계의 중간, 까마귀들이 연결한 오작교 위에서 만난다. 하늘과 땅의 연결을 묘사한 전형적인 이야기다.

음력 5월 5일 '단오'는 창포물에 머리 감는 날이라 하는데, 왜 하필 이날 여자들이 머리를 감으며 향기롭게 단장할까? 바로 이

날이 1년 중 가장 양기가 강한 '태양의 축제일'이기 때문이다. 이 날 남성의 양기가 강해진다고 믿었기에 여자들이 합방을 준비하려고 음기의 상징인 머리를 감는 것이다.

양기를 받아 피어나는 화려한 꽃은 5번 펜타드의 속성이다. 이는 생태계에서 양기 충천한 수컷이 암컷보다 훨씬 화려한 치장을 하거나 요란한 소리를 내며 암컷을 유혹하는 이유와 일맥상통한다. 반면, 음력 7월 7일 칠석은 양과 음이 비등한 크기로 조화를 이루는 날이다. 견우와 직녀가 만남으로써 땅에서 자라는 곡식과 열매의 속이 음을 상징하는 직녀처럼 부드러워지고, 겉은 양을 상징하는 견우처럼 단단해진다. 음양이 안과 밖으로 균형을 이루며 형태를 완성해 간다. 7월 7일이라는 절기로 나타나는 헵타드는 하늘과 땅을 평등하고 온전하게 통합하여 세상에 이로운 열매를 선사한다는 의미가 있다.

동서양을 막론하고 7은 하늘의 '뜻'과 땅의 '소망'을 연결하는 역할을 하고 세상을 이롭게 하는 새로운 결과물을 낳는다. 열매는 익어가면서 진한 향기와 개성 있는 형태를 드러내고 중력을 이기지 못할 무게에 이르면 땅으로 떨어진다. 물론 그 전에 향기와 색깔에 이끌린 동물과 사람이 열매를 취하기도 한다.

5번의 원형이자 펜타드의 화신인 꽃은 나비와 벌을 불러들이고자 황금비율이라는 아름다움을 지녔다. 반면, 7번 헵타드는 열매 안의 씨앗을 널리 퍼뜨리려고 먹음직한 모양, 색깔, 향기로 퍼포먼스를 보인다. 이 과정은 성장에서 성숙을 추구하는 소울넘버 7번의 속성을 상징한다.

　피타고라스는 옥타브 octave 라 부르는 8음계를 발명했는데, 사실 7음계 heptatonic scale 라고 말해야 옳다. '도'에서 시작해 7번째 음인 '시'에서 절정에 이르고 그 후 새로운 옥타브가 시작되기 때문이다. 7음계처럼 우리 인생은 7년의 성장주기를 갖는다. 인지학 창시자인 오스트리아 철학자 루돌프 슈타이너 Rudolf Steiner 는 인간이 아이에서 어른으로 성장하는 과정을 7년 단위로 나누고 그에 따라 적절하고 체계적인 교육이 행해져야 한다고 주장했다. 슈타이너는 나이에 따라 네 번의 교육 단계를 거쳐야 한다고 말했다. 1단계는 육체적 성장 단계인 0 ~ 7세, 2단계는 학교에 입학해 교사의 지도로 세상을 체험하는 8 ~ 14세, 3단계는 추상적이고 지적인 사고력이 발달하고 독립적이고 개성적인 자아를 확립하는 15 ~ 21세, 마지막 단계는 완전한 독립을 이루는 21세 이후다.

　신기하게도 7년마다 업그레이드되는 각 단계는 메이저카드 22장을 관통하는 '바보의 여행'과 딱 맞아떨어진다. 세계적으로 저명한 타로마스터이자 작가인 레이첼 폴락은 『럭키 타로북 The New Tarot Handbook』에서 메이저카드 7번 [전차] 카드를 "외부에서 오는 도전을 극복하고 승리하는 1단계의 완성 카드"라고 설명한다. 2단계의 성공은 14번 [절제] 카드이고, 3단계의 성공은 21번 [세계] 카드다. 이처럼 루돌프 슈타이너의 7년 주기 교육론과 '바보의 여행'이 일치하는 것은 과연 우연일까?

최초의 인간인 아담과 이브가 지식 나무의 열매(선악과)를 먹음으로써 하늘과 땅이 이어졌고, 그리스 로마 신화에서 미의 여신을 결정지은 '파리스의 사과'는 신이 개입한 전쟁인 트로이 전쟁으로 이어졌다. 나무 아래를 지나던 뉴턴의 머리를 깬 사과는 만유인력의 법칙을 세상에 드러냈고, 스티브 잡스의 사과는 전통적 세계관을 개인주의적 세계관으로 변화시킨 혁신의 아이콘이었다. 앞서 언급한 이 열매들(선악과, 파리스의 사과, 애플사의 사과)은 인류가 새로운 시대로 올라서는 중요한 촉매이자 금지된 영역에 이르려는 인류의 본능이고 헵타드의 속성이다.

개인은 성장 구간마다 7의 원형 헵타드가 조성한 계단을 오르며 늘 새로운 도전을 맞이한다. 첫 도전, 첫 시도, 첫 경험, 첫사랑은 선구자만이 얻을 수 있는 대체 불가능한 '경험의 트로피'를 안긴다. 그러나 '첫'이라는 것은 아기가 내딛는 첫걸음처럼 위태롭고 위험할 수밖에 없다.

다음 단계로 올라서려면 단단한 땅을 벗어나 무엇이 있을지 모르는 위치로 걸음을 떼어야 한다. 미지의 것을 얻는 가장 확실한 방법은 현재에 가장 확실한 것을 버리기다.

타로카드 속의 전차
길 위의 로맨티스트

소울넘버 7번의 메이저카드 [전차]에서 정면을 바라보는 아름다운 단발머리 청년은 화려한 갑옷으로 치장하고 8각형 별이 달린 관을 머리에 썼다. 그 위에 세상을 상징하는 4개의 기둥이 하늘을 의미하는 무수한 별 장식의 캐노피를 떠받친다. 한 가지 특이한 것은 장군다운 위엄을 보이는 이 남자가 사실은 전차 위에 올라탄 게 아니라는 점이다. 자세히 보면 그는 입방형 구조의 대리석 위로 솟아난 것처럼 보여서 전차와 사람이 하나로 합체된 형상을 띤다. 청년이 전차 자체인 것이다.

　전차는 갑각류처럼 태어날 때부터 단단한 껍질을 집으로 삼고 생존의 길을 스스로 개척하는 방식을 택한다. 그리고 성장 단계마다 헌 집을 버리고 새 집에 들어가듯 새로운 변신을 꾀한다. 외부 세상이면서 외양인 껍질은 4의 속성을 갖고, 그 안에서 꿈틀거리는 부드러운 내면에는 성장을 향해 움직이는 강렬한 신성인 3의 속성이 숨었다. 그렇기에 3과 4로 이루어진 수 7은 안과 겉, 과거와 미래, 정복과 이동, 이상과 현실이라는 양면성을 갖는다. [전차] 카드는 이 양면성을 흑백의 스핑크스가 대칭을 이룬 모습으로 상징화한다.

7번은 스스로를 보호하고자 끊임없이 이동한다. 과거의 모습을 버리고 새로 탈바꿈하려는 속성을 지녔다. 청년이 탄 마차가 권위와 안정성을 상징하는 사륜마차가 아니라 두 마리의 스핑크스가 끄는 이륜마차인 점에 주목하라. 이륜마차는 사륜마차에 비해 안정적이지 않지만, 이곳저곳을 돌아다녀야 하는 7번에게는 기동성과 순발력을 제공한다.

그렇다면 전차는 어느 방향으로 이동할까? 목적지가 어디일까? 오래전에 단골이었던 7번 내담자는 [전차] 카드를 유심히 관찰하더니 "전차 뒤의 파란색은 바다인가요, 강인가요?"라고 내게 질문했다. 나는 "강이죠. 에덴 동산에서 흘러나온 4개의 강 중 하나인데요, 급류가 강한 티그리스 강이라는 설이 있습니다."라고 대답했다. 그는 곧바로 되물었다. "그렇다면 이 전차는 강을 건너온 건가요? 이전으로 돌아갈 수 없는 상태인가요?" 한 번도 받아본 적 없는 질문이라서 무척 당황한 나는 제대로 된 답을 그에게 주지 못했다.

이제는 확실히 답할 수 있다. 등 뒤의 강은 원하든 원하지 않든 전진할 수밖에 없다는 '배수의 진'의 속성을 갖는다. 돌아갈 수 없는 강이다. 아기가 걸음마에 익숙해지고 나면 기어다니기 단계로 돌아가지 않는 것처럼.

선택의 기로에서 7번에게 중요한 기준은 "이것이 나에게 이득인가, 아니면 손해인가"가 아니라 "이대로 머물 것인가, 아니면 새로운 것을 찾아 떠나야 하는가"다. 7번은 위험과 손해를 감수하더라도 배수의 진을 치고 정체된 상태를 벗어나려는 본성을 지녔다. 이런 정체성은 소울넘버 7번에게 목숨만큼 중요한 자존심이다.

스핑크스가 끄는 마차 뒤에서 가로로 흐르는 물줄기는 안정된 세상을 상징하는 4번 [황제]와 미지의 세상을 상징하는 7번 [전차]를 구분하는 기준이다. [전차]는 단순히 더 넓은 세상을 탐험하거나 정복하려는 목표로 안전한 성을 떠나지는 않는다. 견고하다 못해 변화를 거부하는 4번 [황제]의 세상에서 느끼는 권태와 결핍은 7번에게 '욕구불만'이라는 강렬한 감정상태에 빠지게 한다. 그리고 그 욕구불만은 또 다른 무언가를 갈망케 한다. 욕구불만은 성장보다 성숙과 성공을 추구하고, 독립보다 독보적임을 원한다. 그 결과, 7번 [전차]는 배수진을 치더라도 자신에게 걸맞은 새로운 모습, 새로운 일, 새로운 미래의 자신을 찾기 위해 후진 기어와 브레이크가 없는 전차를 몰고 나간다. 이것이 숙명이고 이것만이 존재이유처럼 보인다.

소울넘버 7번의 역할

욕구 불만에 시달리는 이상주의자

나는 7번을 상징하는 인물로 알렉산더 대왕을 자주 언급한다. 그의 소울넘버가 7번이라고 확인된 것은 아니지만 전차를 탄 젊고 용맹한 남자의 전형으로 알렉산더 대왕만한 인물은 없다. 그는 대왕이라 불리지만 황제처럼 성내에서 권좌를 지키려고 전전긍긍하지 않았다. 세상 끝까지 정복하려 했던 그의 열정은 만족을 모르고 계속 나아가는 7번의 속성과 닮았다. 전쟁광처럼 보이지만 그는 자리 보전만 하기엔 너무나 가슴이 뜨거운, 길 위의 로맨티스트였다. 그는 부왕의 갑작스런 죽음으로 왕의 자리에 올랐지만 부왕의 명예를 넘어서고자 죽기 전까지 세계 정복이란 열망을 멈추지 않았다. 4번 [황제]를 넘어서려면 7번 [전차]는 기존 세상을 지배하기보다 새로운 세상을 개척해야 한다. 이것이 알렉산더 대왕의 운명과 일치하는 부분이다.

좋은 멘토를 만나라

7번의 역할은 개인 영역보다 조직에서 더 잘 드러난다. 보수적인 집단에 속한 7번이라면 조직 내에서 승진하기를 목표로 한다. 신입일 때는 팔로워십이 뛰어나고 중간관리자일 때는 리더십을 발휘하니 상사들이 선호하는 타입이다. 그러나 간혹 지나치게 수단과 방법을 가리지 않고 복적을 달성하려고 하는 바람에 다른 구성원들과의 관계가 틀어질 수 있음을 주의해야 한다. '마이 웨이'로 일하거나 새로운 길을 고집하다가 조직에서 퇴출될 수 있기 때문이다.

7번은 주변을 의식해 자신에게 높은 기대 수준을 적용한다. 그렇기에 자신감과 자존심이 강하지만 동시에 잘 해내지 못할까 봐 불안해 하기도 한다. 문제는 '눈만 높고 노력을 게을리하는' 7번에게 찾아온다. 특히 청소년기는 타인의 기대에 부응하기가 어려운 불안정기라서 이때는 전차를 어느 수준까지는 이끌어줄 부모나 멘토의 역할이 필수적이다. 좋은 부모와 멘토가 없으면 7번은 이상과 현실의 괴리를 수용치 못해 무기력하고 폐쇄적이 될 수 있다. 세상에 멋지고 완벽하게 데뷔하지 못할 바에 아예 아무런 시도도 하지 않겠다고 마음먹는다. 아무것도 하지 않으면 실패할 일도 망신 당할 일도 없기 때문이다. 알렉산더 대왕에겐 아리스토텔레스Aristotle, 레오니다스Leonidas, 리시마코스Lysimachus,

친한 친구인 헤파이스티온Hephaestion처럼 훌륭한 멘토들이 있었는데 그들은 일찍 서거한 부왕보다 훌륭한, 진정한 스승이었다.

스승을 뛰어넘어라

7번은 지적이고 영적인 멘토의 도움으로 자아 실현을 위한 통제력을 배워야 하고 언젠가는 과감하게 스승을 넘어서야 한다. 만약 소울넘버 7번이 전문의라면 개인병원을 운영하기보다 대학병원의 교수나 대표가 되어 시류에 맞는 대내외적 활동을 하는 편이 리더십을 발휘하기에 적합하다. 고양이를 키우다 보니 나의 지인 중에 수의사들이 많은 편인데 그중 7번 수의사들은 진료나 연구보다 대외로 활동하고 새로운 분야를 개척하는 데 진심이다. 모 7번 수의사는 반려동물 산업을 대상으로 한 인터넷 언론사를 최초로 설립했는데, 앞으로 대안언론계의 김어준처럼 성장할 가능성이 높아 보인다.

   7번이 요리사라면 주방에 갇히지 말고 고객과 대면하면서 개성 있는 퍼포먼스를 보일 때 유명세를 얻을 수 있다. 그렇다고 7번이 보여주기에만 능하고 실력이 없다는 말은 아니다. 바퀴 달린 전차답게 기동력과 순발력이 좋고 정보 수집과 응용력이 뛰어나서 개성 있고 창의적인 결과물을 제시하곤 한다. 능력의 깊이보다 능력의 독창성이 7번의 킬링 포인트다.

계속 나아가라

7번에게 집은 멋지게 꾸민 '마굿간'일 뿐이다. 전차가 빛나는 곳은 마굿간이 아니라 길 위다. 7번에게는 일종의 '역마살'이 있다. 밖으로 나가서 세상이 어떻게 돌아가고 변하는지 살피고 정보를 빠르게 업데이트한다. 유행에 민감하지만 그 유행을 따르기보다 자신만의 유행을 창조하고 싶어 한다. 물론 금방 싫증이 나서 또 다른 땅을 찾아 사방을 헤매지만, 그럴 때가 가장 두려우면서도 가장 자유를 느끼는 순간이다.

4원소 속의 소울넘버 7번

세븐 완드 Seven of Wands

전차에게 세상의 룰이란?

[세븐 완드] 카드에 등장하는 사람은 신발을 짝짝이로 신고서 손에 든 막대로 여섯 개의 다른 막대를 막아내려고 고군분투한다. 1 대 6이라 수적으로 매우 불리하게 보이지만 거인처럼 우뚝 선 그는 한 개의 막대로 공격과 방어를 모두 수행하며 자신을 겨냥해 쏟아지는 '세상의 지시'에 저항한다. 앞서 설명했듯 6은 신이 세상을 완성한 수이고 가장 인간적인 수이며 다양한 관계로 결합된 수다. 6이 대표하는 세상을 상대로 고작 막대 하나로 저항하는 [세븐 완드]는 굉장히 무모해 보인다. 그러나 여섯 개 막대

중 하나가 되지 않으려는 저항심은 소울넘버 7번이 자기 역할에 갖는 신념이다.

7번은 집단에 순응하기를 권장하는 세상의 통념을 자신의 앞길을 가로막는 적으로 간주한다. 대세를 주도하는 세력을 따라가면 자기 존재감이 사라진다고 믿기 때문이다. 그렇다고 완전히 홀로되어 자신만의 길을 가는 것에도 불안감을 느낀다. 그래서 7번은 자신에게 확신을 줄 멘토와 자신을 따를 추종자(혹은 협력자)를 필요로 한다. 7번은 집단 속 한 사람이 아니라 골목대장이 돼서라도 무리를 이끌려 한다. 오합지졸을 이끌든, 백만 대군을 지휘하든 대장은 대장이니까.

7번이 보수적이고 위계적인 조직 내에서 승진하겠다는 목표를 명확히 세운다면 남들과 반목하지 않고 오히려 적극적인 처세와 팔로우십으로 상당한 인정을 받을 수 있다. 타고나기를 자신의 배경과 스펙을 자랑하고 실력을 과신하는 경향이 있다 보니 다른 구성원들에게 성공지상주의자 혹은 기회주의자라는 인상을 주고 질투의 대상이 되는 것은 어쩔 수 없다. 전차를 탄 장군은 일반 군사들보다 머리 하나 높은 곳에서 앞을 내다본다. 이것은 무리 속에 파묻혔다가는 자기 역할을 충분히 발휘할 수 없다는 뜻이고 자신이 무리에서 눈에 띄지 못할까 봐 두려워한다는 의미다. 그리고 동시에, 사람들의 눈 밖에 날 수밖에 없는 7번의 숙명을 상징하기도 한다.

7번은 자신을 따르는 집단이 크든 작든 결국은 우두머리라서

혈혈단신으로 세상으로 돌진하는 고독하고 철학적인 로맨티스트다. 4번의 대표 인물인 도널드 트럼프 대통령 옆에서 군중의 환호에 응답하는, 소울넘버 7번의 일론 머스크가 택한 정치 지향이 과연 옳은지는 당장 판단하기 어렵다. 하지만 그동안 그가 보였던 행보는 새로이 진보할 세상에 필요한 룰rule을 제시하려고 전통과 통념, 선입견과 편견을 하나씩 깨뜨리며 전쟁의 별 '화성火星'으로 달리는 불의 전차를 연상케 한다.

세븐 컵 Seven of Cups

전차에게 욕망이란?

[세븐 컵]에서 등을 보이는 인물은 마치 실체를 숨기는 그림자처럼 보인다. 반면, 그의 앞에 펼쳐진 7개의 컵들은 다양하고 신묘한 형상들을 감추지 않고 드러내 보인다. 이 컵들은 인간이 아무리 채워도 만족할 수 없는 욕망과 기회를 가리키는 환상이며 그림자 인물의 실체를 뜻한다. [파이브 컵]과 달리 이 카드 속 7개의 컵들은 모두 똑바로 섰기에 컵 안에 담긴 상징들은 모두가 가능성을 내포한다.

중앙에 베일을 쓴 사람의 형상을 중심으로 7개의 컵을 좌우로 나눌 때, 왼쪽 컵들은 물질적 성취와 욕구를 상징하고 오른쪽 컵들은 추상적 성장과 잠재력을 의미한다. 중앙의 컵을 중심으로 왼쪽의 첫 번째 컵에는 살로메Salome가 참수한 세례 요한의 두상 같은 얼굴이 담겼다. 이것은 외적 아름다움과 영원한 로맨스를 추구하면서 자아의 정체성을 깨달아 가지만 이면에는 모든 관계를 파괴하는 질투와 허영심이 존재함을 뜻한다. 그 아래에 돌로 만든 성이 든 컵은 안정적인 생활에 필요한 물질적 성공을 의미하는데, 메이저카드 4번 [황제]와 16번 [타워The Tower] 카드와 연결되어 물질적 안정은 무너지기 쉬운 감옥임을 상징한다. 금은보화가 가득한 컵은 재물과 부에 대한 욕망으로서, 아귀같이 아무리 먹어도 배고픈 그리스 신화의 리모스Limos처럼 탐욕의 저주를 암시한다. 가장 배고픈 신인 리모스는 풍요로운 대지의 여신이 종종 복수를 의뢰하려고 부르는 청부업자같은 존재다. 이처럼 왼쪽의 세 컵들은 우리 생명을 연장하고 삶의 질을 높이는 현실의 원동력이 물질적 성취를 향한 욕망임을 나타낸다.

　이제 중앙의 컵을 중심으로 오른쪽에 있는 컵들을 살펴보자. 첫 번째 컵에는 에덴 동산에서 이브를 속인 황금색 뱀이 있는데, 유혹과 진실 사이에서 내적 갈등을 거치면서 깨달은 지혜를 상징한다. 그 아래의 컵에 든 상상의 동물인 푸른 용은 원시적 욕망과 원초적 에너지를 극복함으로써 얻을 잠재력을 상징하는데, 메이저카드 8번 [힘Strength]과 15번 [악마The Devil]와 연결된다. 승리와 영광의 황금색 월계관이 담긴 컵에는 불길한 느낌의 해골이 새겨졌는데, 메이저카드 13번 [죽음Death] 카드의 속성처럼 승리와 명예를 쟁취하고자 치러야 하는 가혹한 대가를 암시한다.

이제 중앙의 컵에서 베일을 뒤집어쓴 인물의 정체를 알아보자. 이 미스테리한 존재는 지금까지 살펴본 여섯 개 컵에 담긴 욕망을 달성할 열쇠이자 욕망에 관한 비밀 지식이다. 그리고 이 컵에는 수 7이 추구하는 현실과 이상, 내성과 영성을 뛰어넘고자 하는 수비학의 궁극적 목적이 담겼다.

기독교 세계관에서는 인간을 악에 빠지게 하는 욕망을 7대 죄악The Seven Deadly Sins이라고 정의한다. 그런데 왜 하필 7일까? 6은 신이 창조한 인간의 유한한 세계관을 상징하는데 만약 인간이 그 이상인 7을 원한다면 신성을 침범한 불경죄를 저지르는 것이다. 그리스 로마 신화에 등장하는 이카루스는 밀랍 날개를 달고 미궁을 탈출하지만 아버지의 경고를 무시하고 더 높이 날아오르는 바람에 날개가 태양에 녹아내렸고 결국 에게해에 떨어져 죽고 만다.

자유의지를 제한하는 감옥인 미궁에서 탈출하는 것에 그치지 않고 그 너머의 미지 세계를 동경하고 욕망하는 인간을 상징하는 이카루스의 이야기는 현실에서 늘 욕구불만에 시달리는 소울 넘버 7번의 카르마와 닮았다. 7번에게 삶의 현실은 '과거의 나'가 욕망했던 결과이자 미지의 것을 갈망할 수밖에 없는 욕구불만의 감옥이다.

욕구불만이 긍정적으로 작동하려면 7번은 자신의 욕망을 충족시킬 다양한 탐색과 도전에 나서야 한다. 그리고 끝없는 배움으로 자신을 성장시켜야 한다. 배우고 익히고 싸우고 충돌하면서 새로운 세상을 찾아 헤매야 한다.

7번의 인간관계도 이런 방식으로 작동하기에 7번이 누군가와 관계를 장기로 이어가기는 어렵다. 변심해서가 아니라 자신도 설명하기 힘든 욕구불만 때문이다. 소울넘버 7번이 자신의 모든 욕망을 충족시켜줄 것을 오직 한 사람에게 기대한다면 좌절감을 경험할 수 있으니 이를 잘 견뎌야 한다. 7번에게는 왼쪽의 세 컵에 담긴 현실적 욕망을 채워줄 사람과, 오른쪽의 세 컵에 담긴 이상적 욕망을 펼쳐줄 사회 인프라가 동시에 필요하다. 욕망과 욕구불만은 부정적인 감정이 아니다. 7대 죄악은 더더욱 아니다. 7번을 더 높이 날아오르게 하는 원동력이다.

세븐 소드 Seven of Swords
전차에게 컴플렉스란?

[세븐 소드] 카드에는 맘루크Mamluk 용병과 오스만 제국 군대가 착용하던 페즈Fez를 머리에 쓴 인물이 나오고 군대 막사로 보이는 구조물들이 배경을 이루는데, 아마도 해당 장소는 전쟁터라고 짐작된다.

타로카드의 기원을 살펴보면, 맘루크 왕조는 타로 덱의 마이너아르카나를 완성하는 데 크게 기여한 맘루크 플레잉 카드Mamluk Playing Card의 창시자이자 전달자로서 매우 중요한 위치에 있다. 맘루크 플레잉 카드가 유럽에 전달된 역사적 계기는 바로 십자군 전쟁이다. 여러 번의 십자군 전쟁 중에서 프랑스 루이 9세가 주도한 제7차 십자군 전쟁에서 맘루크 군이 대승을 거둠으로써 기나긴 종교 전쟁의 종식을 앞당겼다. 루이 9세의 군대는 초반 전투에서 대승을 거둔 탓에 군기가 매우 해이해진 상태였는데, 맘루크 군은 이를 이용해 새벽에 십자군 진영을 기습하는 계책을 성공시켰고 루이 9세를 포로로 생포하기까지 했다.

맘루크 군의 전략은 [세븐 소드] 카드의 도상학적 상징성과 놀랍도록 밀접하다. 경계를 풀고 쉬는 병사들의 칼을 훔쳐 도망가는 인물은 계략으로 문제를 해결해야 한다는 필요성과, 위험할지 모르니 신중함을 기하라는 메시지를 동시에 의미한다. 때로는 정공법보다 편법이 효과적이라는 점, 과신과 방심이 실패의 이유라는 이 카드의 의미는 상식에 해당하지만 소울넘버 7번은 이를 직시하지 않는 경향이 있다. 이것이 7번의 컴플렉스다.

7번은 선두에 서서 무리를 이끌겠다는 욕망이 강하다 보니 자신이 남들과 달라야 하고 남들보다 멋있어야 한다고 믿는다. 이렇게 자신의 '완벽함'에 집착하기에 외모, 스펙, 배경, 실력에 대한 컴플렉스가 강하다. 알렉산더 대왕이나 엘리자베스 여왕처럼 아예 리더로 태어나면 모를까 보통의 7번이라면 누구나 자신만의 컴플렉스가 있다. 엘리자베스 여왕조차 재클린 케네디에게서 컴플렉스를 느꼈을 정도니까.

무대에서 완벽한 퍼포먼스를 보이고 싶은 열망이 지나치게 강하면 무대 공포증이 발생해 무대에 오르길 포기할지 모른다. 처음부터 완벽한 사람은 없다. 본인의 완벽하지 못함을 들키기 싫다고 정공법을 쓸 필요는 없다. 떨리지 않는 척, 아무렇지 않은 척, 외롭지 않은 척, 있는 척, 멋진 척, 남다른 척, 완벽한 척 하는 위장 전술이 큰 효과를 발휘할 수 있다. 가장 오래됐고 가장 고도의 위장 전술은 바로 화장술이다. 외모에 자신이 없으면 화장으로 커버하거나 키가 작으면 키높이 구두를 신으면 된다. 키높이 구두가 마음에 들지 않으면 보다 당당한 자세로 본인의 존재감이 커 보이게 하는 것도 좋은 '척하는' 방법이다.

외모 컴플렉스를 극복한 모델이나 배우들 상당수의 소울넘버가 7번이다. 남들이 다 하는 방식으로는 이기기 어렵다면 독보적인 분야를 개척하는 것 역시 7번다운 전략이다. 만약 7번이 자신의 약점이 드러날까 두려워 타인들 앞에 설 기회를 포기한다면 고질적 욕구 불만은 더 가중된다. 자신의 컴플렉스를 숨기면서 남들이 방심한 틈을 노릴 묘책을 강구하길 바란다.

그런데 이런 계략이 성공하더라도 절대 마음을 놓아서는 안 된다. 특히 좋은 배경을 타고났거나 운 좋게 빨리 성공한 7번이라면 더욱 신중하고 조심해야 한다. 만용과 허영 때문에 맘루크 군의 포로가 된 루이 9세의 처지가 될 수 있기 때문이다. 특히 분위기에 취해서 말실수를 하거나 잘못된 행동을 하면 7번에게 큰 타격이 갈 수 있으니 경계하기 바란다.

7번은 본인의 컴플렉스에서 완전히 자유로워지지 못한다. 하지만 그 컴플렉스 덕에 누구도 흉내내지 못하는 개성, 스타일, 존재감을 형성할 수 있다. 사람들은 7번이 완벽해서 따르는 게 아니다. 7번이 컴플렉스를 극복해 독창성과 개성을 보이니까 따르는 것이다. 그러니 핑계 대지 말고 '멋진 척' 꾸미고서 밖으로 '미친 척' 나가라.

세븐 펜타클 Seven of Pentacles
전차에게 몸값이란?

[세븐 펜타클]에도 [세븐 완드]에서 나타난 1 대 6의 구도가 존재한다. 포도 넝쿨처럼 보이는 덤불에 포도 대신 6개의 펜타클이 주렁주렁 열렸고 1개의 펜타클은 남자의 발 사이에 놓였다. 남자는 7개 중 1개를 수확하고 잠시 멈춘 채 나머지 6개의 펜타클을 숙고하듯 바라본다. 그는 [세븐 완드]에서 휘두르던 막대에 가만히 기댔다. [세븐 완드]에 비하면 정적이고 소극적인 자세임이 분명하다.

자신을 공격하는 세상에 열정적으로 저항하고 원하는 승리를 얻고자 고군분투하던 모습과는 달리 주렁주렁 달린 열매를 앞에 두고 그는 왜 꿀 먹은 벙어리가 됐을까? '폼생폼사'의 7번에게도 재물과 보상 욕구는 매우 강렬하다. 하지만 늘 이상주의를 주창하던 7번에게 재물을 향한 노골적인 욕망은 자칫 속물이라는 인상을 남들에게 줄 수 있다. 그렇기에 남자의 모습은 재물 욕구와 이상적 가치 사이에서 딜레마에 빠진 상황이다.

하지만 7번이 지향하는 이상은 현실 세상에서 누구보다 남다르고 멋있게 성공한 롤모델이 되는 것이기에 애초부터 세속적인 욕망이다.

이런 딜레마를 해결할 힌트를 카드 속 펜타클의 구도에서 찾아낼 수 있다. 7개의 펜타클이 모두 하나의 넝쿨에 연결된다면 이상적이고 성스러운 하나의 성공과 성과라는 열매로 보일 것이다. 하지만 이 카드에서 6개의 펜타클만 연결되었고 나머지 하나는 넝쿨에서 떨어진 상태다. 6개의 펜타클은 7개의 펜타클과 다르다. 6이란 수가 그러하듯, 6개의 펜타클은 현실과 감각의 세상에서 필요한 물질이고 고생의 결과물이다. 6번 [연인] 카드는 에덴동산의 아담과 이브가 원죄로 인해 고생을 해야 보상을 얻을 수 있다는 세계관을 나타낸다. 동시에 인간에게 필요한 물질은 6개의 펜타클로 충분함을 뜻한다.

시들어가는 잎들이 이 열매를 수확할 적정한 시기임을 알려주는데도 이 남자는 하나의 열매를 앞에 두고 깊은 고민에 빠졌다. 왜 그럴까? 소울넘버 7번에게 재물은 생존을 위해 필요한 것 이상의 의미와 가치를 추구하게 하는 원동력이다. 겉은 우아해 보여도 물 아래에서 미친 듯 헤엄을 치는 백조를 떠올려 보라. 소울넘버 7번은 돈에 초연한 듯하지만 본인의 품위 유지에 상당한 비용이 들기에 본질적으로 재물의 풍요라는 욕망을 무시하지 못한다. 그런데도 7번은 재물 그 자체가 인생의 목표라고 보지 않고 자신이 돈의 많고 적음으로 평가받는 것을 매우 싫어한다. 상황이 이러하니 돈에 대한 양가감정과 딜레마에 종종 빠지는 것이다.

돈은 자신의 존재감과 가치를 평가하는 여러 기준 중 하나일 뿐이다. 재물이 많으면 많을수록, '몸값'이 비싸면 비쌀수록 명성을 얻기도 하지만, 자신에게 명성을 얻을 가치가 있다고 먼저 증명해야 한다. 성급하게 재물을 추구하기보다 자기 역량에 알맞은 '시장가격'을 설정하고 이와 더불어 자신의 진정한 가치를 보여주려고 노력해야 한다.

7번은 자기 가치를 돈으로 환산하면 얼마일지 매일 따져야 한다. 남들이 매기는 가격와 자신이 원하는 가격을 비교해서 그 차이를 좁히려고 노력하라. 이런 과정의 목적은 전투에 나가 공을 치하받기 위함이 아니고 전리품을 챙기기 위함도 아니다. 자기 몸값을 증명하기 위함이다. 프로 용병이 돼야 하는 7번에게 진정한 재물운이란, 돈 자체가 아니라 끊임없이 증명받아야 하는 자기 몸값임을 명심하기 바란다. 일론 머스크처럼 거대한 부를 이루고도 계속해서 새로이 도전함으로써 자기 가치를 증명하는 것, 이것이 7번이 따라야 할 롤모델이다.

8

힘

- Strength -

수비학 속의 소울넘버 8번
모든 열정을 품은 씨앗

모든 여행에는 터닝 포인트가 있다. 숙성한 열매는 7번 헵타드에 이르러 나무에서 떨어져 나와 새로운 출발을 준비한다. 열매는 달디단 향과 맛으로 다른 생명을 유인한다. 과육은 동물이나 사람에게 먹히지만 그 안에 고이 숨은 씨앗은 다시 땅으로 돌아간다. 그러나 그 땅은 원래 속했던 곳이 아니라 새로운 영토다. 씨앗은 땅을 가리지 않는다. 불평하지 않고 슬퍼하지 않는다. 태고부터 이어진 자기 역할을 다한다. 땅으로 떨어진 씨앗은 1부터 7까지 모든 과정을 전생의 기억처럼 간직하고 순리를 따른다. 그렇기에 8은 새로운 국면을 맞이한 씨앗이다.

  1부터 7 그리고 8로 이어지는 수의 여정을 음악에서도 찾을 수 있다. 피아노 건반은 낮은 '도'에서 시작해 '시'까지 이르는 7음계를 바탕으로 하지만, 여덟 번째인 '높은 도'가 있어야 새로운 음역으로 올라설 수 있다. '높은 도'는 단순한 반복이 아니라 한 주기의 완성이고 동시에 새로운 차원의 시작을 의미한다. 이는 씨앗이 성장해 열매에서 다시 씨앗으로 돌아가 땅에 묻히는 것과 같은 이치다. 하나의 옥타브는 순환이자 도약이고 그 교차점에 있는 수가 바로 8이다.

하지만 8은 단순히 주기의 순환만을 의미하지 않는다. 8에는 역사의 아이러니와 상징의 수난 이야기가 있다. 고대 로마력에서 8은 원래 10월을 의미했다. 그래서 10월을 뜻하는 영어 단어 October에는 8이란 의미의 접두어 옥타octa가 달렸다.

왜 그럴까? 로마력에서 1년의 시작은 3월이라서 여덟 번째 달은 10월이기 때문이다. 그러다가 카이사르가 율리우스력을 채택하면서 1월과 2월이 추가되었고 8월은 달력상 열 번째로 밀려났는데 이름은 여전히 October로 유지됐다. 그 후 아우구스투스Augustus 황제가 여덟 번째 달에 자기 이름을 붙임으로써 8월은 졸지에 오거스트August가 되었다.

그러면 왜 아우구스투스는 억지를 쓰면서까지 자기 이름을 달력에 넣었을까? 자신이 전투에서 가장 자주 승리한 달이 8월이었고, 이집트 원정에 성공한 달도 8월이었기 때문이라는 이야기가 전해진다. 그는 8이라는 수에 강인함과 에너지의 의미가 깃들었음을 믿었던 것 같다.

8이란 수는 달력뿐만 아니라 타로 덱에서도 자리 싸움을 했다.

22장의 메이저카드에서 8번 [힘]과 11번 [정의Justice]는 타로 덱에 따라 위치가 바뀌곤 한다. 마르세이유 계열의 고전 타로 덱에서는 [정의]가 8번이고 [힘]이 11번이다. 그러다 현대 타로 덱의 창시자인 아서 웨이트는 [힘] 카드를 8번에, [정의] 카드를 11번에 배열했다.

이렇게 8번과 11번의 위치가 변경된 이유에는 몇 가지 해석이 존재한다. 첫째, 점성학은 [힘] 카드가 사자자리Leo에 해당하고 [정의] 카드는 천칭자리Libra이기 때문에 순서상 [힘]이 먼저 나오는 것이 맞다고 주장한다. 둘째, 0을 제외한 21장의 메이저카드를 '바보의 여정'이라는 서사 구조로 스토리텔링하려면 0번인 [바보]가 8에서 내면의 힘을 얻어 10에서 운명의 변화를 겪은 후 11에서 정의를 분별할 판단력을 갖추는 게 논리적이라는 해석이 있다. 셋째, 웨이트 본인의 말처럼 "그냥 그러고 싶어서 그랬다."는 모호한 설명이 있다.

나는 수비학 관점에서 볼 때 [힘] 카드가 8번이 돼야 옳다고 주장한다. 왜냐하면 1번 [마술사]와 8번 [힘]에는 인물의 머리 위에 무한대 기호(∞)가 공통으로 등장하기 때문이다. 이것은 단순한 유사성이 아니다. 수비학에서 1부터 8까지의 순환은 하나의 완성된 주기이고 무한히 반복하는 '생명의 고리'를 함의하기 때문이다.

여기서 궁금증 하나! 무한대 기호(∞)는 8이 옆으로 누운 형태인데 그 이유는 무엇일까? 이 기호를 발명한 17세기 영국의 수학자 존 윌리스John Wallis는 그리스 알파벳에서 최후를 뜻하는 '오메가(ω)'를 차용했다고 밝혔다. 무한대 기호와 8이란 수가 닮았다는 것은 타로 관점에서 어떤 의미일까? 1번 [마술사]와 8번 [힘]에 무한대 기호가 공통으로 등장하는 것은 1에서 하늘의 뜻이 땅으로 이어지면 2부터 7까지 단계를 거쳐 8에 이르러 무한하게 재생 가능한 힘의 원천을 품는다는 의미다. 하나의 주기가 종료돼도 새로운 주기가 무한하게 시작됨을 뜻하기도 한다. 8은 하나의 옥타브가 끝나면 한 단계 높아진 새로운 옥타브가 시작되는 것, 즉 자연이라는 악보에서 무한한 재생을 상징하는 '도돌이표'다.

고대 중국에서도 주역의 괘를 풀어 설명한 주석집 『계사전繫辭傳』에는 이런 내용이 나온다. "역에 태극이 있으니 양의를 낳고 양의는 사상을 낳고 사상은 팔괘를 낳는다易有太極 是生兩儀 兩儀生四象 四象生八卦." 이것을 공자는 이해하기 쉽게 이렇게 설명했다. "변화가 극에 다다르면 두 가지 양식을 낳고, 두 가지 양식은 네 가지 형태를 낳고, 네 가지 형태는 팔괘를 낳고, 팔괘는 행과 불행을 결정한다." 그래서인지 중국인들은 8을 장수와 복을 가져다주는 수로 여긴다. 아마도 불사신이 되고자 했던 진시황의 열망을 이어받아 죽어도 끊임없이 살아나는 재생의 힘을 8이란 수에서 발견한 듯하다. 이렇게 동서고금을 막론하고 8은 무한히 재생되는 강력한 생명의 불꽃으로 지금까지 여겨진다.

타로카드 속의 힘
두려움을 잠재우는 내면의 용기

　8번 [힘] 카드에서 젊은 여인이 사자의 얼굴을 두 손으로 감싸는데, 사람들은 이 동작을 여러 가지로 해석한다. 어루만지는 듯 보이기도 하고 제압하려는 듯 보이기도 한다. 어떤 사람은 사자의 입을 강제로 벌리려 하거나 반대로 다물게 하려는 것 같다고도 말한다. 무엇이 그녀의 진짜 의도일까?

　의도가 무엇이든 이런 동작을 취하려면 이 여인이 사자보다 힘이 강하다는 조건이 만족돼야 한다. 이것이 8번 메이저카드의 타이틀이 힘Strength인 이유다. 우리말로 [힘]이라고 번역되는 영어 단어는 여러 가지가 있다. 스트렝스strength 말고도 파워power, 포스force, 마이트might, 에포트effort 등이 그렇다.

이것들 중 가장 헷갈리는 단어는 파워다. 파워와 스트레스 모두 우리말로는 힘이라 번역되지만, 엄연히 다른 의미를 가진다. 파워는 에너지나 영향력을 밖으로 발산하거나 다른 대상에게 가하는 힘을 뜻한다. 그래서 권력, 군사력, 공격력 등의 단어에는 파워가 쓰인다. 반면에 스트레스는 참고 견디는 힘을 의미한다. 인내력, 내구력, 장력 등의 단어에 포함된 '력_力'은 스트레스에 해당한다.

파워와 스트레스의 차이를 이해하고 다시 [힘] 카드를 들여다보자. 그러면 이 여인이 자기 '파워'를 사용해서 사자를 제압하려는 듯 보이지 않을 것이다. 사자에게 힘을 가하는 중이라면 여자의 얼굴에는 용을 쓰는 듯한 주름이 그려져야 하고 여자의 팔은 사자에게 일격을 가하려는 듯 큰 포물선을 그리는 동작을 취해야 한다. 헤라클레스가 네메아의 사자 Nemean lion를 맨손으로 목 졸라 죽이는 장면처럼.

그러나 여인은 영화 「미녀와 야수」에 등장하는 미녀에 가까운 모습이다. 수려했던 왕자가 마법에 걸려 사자로 변한 처지를 가슴깊이 연민하고 위로하는 듯 여인은 사자에게 몸을 숙여 눈을 맞춘다. 당장이라도 사자의 아가리가 덮칠 수 있는 상황임에도 그녀는 사자를 놀래키지 않으려고 평정심을 유지한다. 두려움에 뛰는 심장 소리와 숨소리를 최대한 줄이면서 그녀는 사자에게 다가가 얼굴을 감싸려 한다. 야수 앞에 던져져 엄청난 공포가 엄습하는 순간이지만 달아나지 않고 참아내는 것이 바로 '스트렝스'다.

'파워'를 대표하는 인물이 헤라클레스라면, '스트렝스'의 대표 인물은 로마 황제 디오클레티아누스Diocletianus의 기독교 박해에 저항했던 성녀 유페미아Euphemia다. '스트렝스'는 곧 용기다. 살 떨리도록 두려운 상황에서 신념을 방패 삼아 적과 맞서는 용기!

카드 속 사자는 꼬리를 뒷다리 사이로 말아넣어 개나 고양이처럼 순종하는 자세를 취한다. 이것으로도 우리는 여인이 사자보다 강자임을, 사자가 이를 순순히 인정하고 여인에게 의지함을 알 수 있다.

대형견이나 야생성이 강한 동물을 컨트롤하려면 튼튼한 목줄이 필요하듯이, 15번 [악마] 카드를 보면 남녀의 목에 커다란 사슬이 채워졌다. 그러나 8번 [힘] 카드에서는 목줄이나 쇠사슬이 아니라 들장미로 만든 화환 벨트가 여인의 허리춤에서 길게 늘어뜨려져 사자로 이어진다. 들장미는 전통적으로 야성과 욕망을 상징하지만, 이 장미는 '길들여진' 화환이 되어 통제된 열정 에너지로 변형되었음을 의미한다. 다시 말해, '파워'로 상대를 꺾으려하지 않고 서로를 이해하고 서로를 길들이는 연민과 유대감이 바로 '스트렝스'임을 상징한다.

소울넘버 8번의 역할
사자를 길들이는 소녀

나는 8번 내담자들에게 [힘] 카드를 보여주며 이런 이야기를 들려주곤 한다.

옛날에 소울넘버 1번부터 9번까지 아홉 명의 친구들이 들판으로 소풍을 갔습니다. 도착하자마자 어마어마한 덩치의 사자가 튀어나와서 모두가 어쩔 줄 몰라 벌벌 떨었죠. 몇몇은 '당장 저 사자를 죽여야 우리가 안전하다.'고 했고, 또 누군가는 "우리가 어떻게 사자를 죽일 수 있냐."며 빨리 도망가자고 소리쳤습니다. 이렇게 두 패로 나뉘어 옥신각신하는데 8번 친구는 아무리 무서운 사자라 해도 죽이자니 불쌍하고 그대로 달아나자니 비겁하다는 느낌이 들어서 괴로웠어요.

친구들은 주저하는 8번에게 "넌 어떻게 할 거야?"며 선택을 종용했죠.

8번은 자기가 주저하는 이유를 솔직하게 말합니다. 그러자 친구들은 "그러면 너 혼자 상대해 봐!"라며 매정하게 그를 사자 쪽으로 떠밀고는 풀숲으로 숨어버렸죠.

8번은 친구들의 배신으로 사자에게 잡아먹힐 상황에 처했습니다. 너무나 무서웠지만 도망치기엔 이미 늦었어요. 그는 애써 평정심을 찾으며 '내가 이 사자를 길들일 수 있지 않을까?'라고 상상합니다. 그리고 뒤돌아서 친구들에게 말합니다. "내가 이 사자를 길들여 볼게."라고. 친구들이 이렇게 대꾸했어요. "그래, 너다운 발상이야. 부디 잘해 보렴." 이렇게 그는 홀로 남겨졌습니다. 무척이나 외로웠죠. 사자 길들이기는 온전히 자기 일이 되었고, 시간이 얼마나 걸릴지 알 수 없었습니다.

사자는 처음 하루는 친근하게 굴더니만 다음날이 되면 8번의 목을 향해 달려들었습니다. 그는 상처투성이가 되었지만 위로해주는 친구는 아무도 없었어요. 이미 그들은 집으로 돌아갔거든요. 혼자서 상처를 치료하는 동안 그의 인내심은 강인해졌고 두려움은 연민으로 바뀌었습니다. 그리고 마침내 8번은 사자를 길들이는 데 성공하죠. 그는 사자와 공존하는 방법으로 길들이기가 최선의 선택임을 깨닫습니다. 그리고 비슷한 상황이 벌어지면 자신은 동일한 선택을 할 거라고 다짐합니다.

외로운 '소년소녀 가장'

8번 내담자들은 이 이야기에 크게 공감하며 그동안 외롭게 감당했던 것들을 서럽게 토로한다. 가정, 직장, 사회에서 8번은 어렵고 힘든 상황을 혼자 떠맡곤 한다. 그것도 빈번하게. 보통 그들은 집이 경제적으로 곤경에 처하면 '내가 성공해서 가족을 행복하게 해줘야지.'라고 다짐한다. 기꺼이 소년가장, 소녀가장이 되는 희생을 감수한다. 하지만 이를 알아주는 사람은 아무도 없다. 심지어 가족조차도. 그러니 8번이 피해의식에 사로잡히거나 홧병에 괴로워하는 경우가 많다.

자기 혼자 감당할 짐이 커지면 누구나 '나에게만 삶이 가혹하다.'라며 억울해한다. 하지만 8번은 무거운 짐을 피해 갈 줄 모른다. 기꺼이 혹은 떠밀려서 그 짐을 떠맡는다. 언젠가 인정과 사랑으로 보상받을 수 있다고 기대하면서. 하지만 8번은 이런 기대가 헛된 것임을 자주 경험하고 사람들에게서 '호구'라는 비아냥을 듣곤 한다.

물론 고생하는 과정에서 잠재력이 커져서 경제적 성공이나 경력의 성공을 일구는 사례가 많다. 소울넘버 8번의 잠재력 크기는 애당초 측정 불가다. 살다가 마주한 야수가 얼마나 자신을 힘들게 하느냐, 자신 앞에 놓인 문제가 얼마나 어려우냐에 따라 내공과 문제 해결 능력이 커지기 때문이다.

8번의 문제 해결 방식은 대상을 완전히 제압해서 항복을 받아내는 것이 아니다. 혹시 8번이 공격적인 태도로 문제에 맞서면 사람들과 그간 쌓은 신뢰가 무너질지 모른다. 또한 자기도 모르게 감정이 고조되어 폭주할 수도 있다. 이런 감정 폭발 상태에 이르면 누구도 8번을 제어할 수 없다. 달리는 트럭을 손바닥 하나로 멈춰 세울 수 없듯이 말이다. 8번의 내면에는 상냥한 여인과 함께 사나운 사자도 같이 존재하기 때문이다. 그렇기에 누군가가 이런 상태의 8번을 통제하려 들면 8번은 더욱 강경하게 나온다. 혹시나 주변인 중 8번이 이런 공격적인 모습을 보인다면 약자 혹은 피해자인 듯 굴어서 8번의 연민과 동정을 유발하는 것이 좋다. 그래야 8번이 자신의 폭주를 멈추고 '머슴'처럼 도울 것이기 때문이다.

현명한 조언가를 등에 업어라

8번에게는 '자기 안에 숨은 사자'를 이해해 주는 현명한 조언자가 필요하다. 그래서인지 8번은 늦은 나이에도 공부를 멈추지 않고 종교 생활이나 명상 수련에 매진한다. 개그우먼 이영자와 박미선이 소울넘버 8번인데, 둘 다 경제력이 뛰어나고 신앙심이 깊다. 두 사람 모두 한때 깊은 슬럼프에 시달렸고 여러 굴곡을 견뎌야 했지만 책임을 회피하지 않고 견딤으로써 다시금 사람들의 인정을 받았다. 이들은 한겨울에 누군가를 등에 업고 얼어붙은 강을 건너는 것 같은 고난을 묵묵히 이겨냈다.

만약 이들이 아무런 짐 없이 홀가분한 상태였다면 '넘치는 나의 힘과 열정으로 이겨낼 수 있어!'라고 만용을 부리며 언 강 위를 뛰다가 그만 빠져버렸을 것이다. 두 사람은 등에 업은 사람을 신경 쓰느라 한 걸음 한 걸음 신중하게 발을 내딛었기에 무사히 강을 건널 수 있었다. 여기서 8번의 등에 업힌 사람은 현명한 조언자나 종교 생활, 명상 수련 등을 의미하는데, 이런 활동들이 등을 따뜻하게 해주기에 8번은 외로움을 이길 수 있고 혹한기의 강처럼 매서운 고난을 견딜 수 있다.

고생과 고난을 수용하라

몇 년 전까지 나는 다섯 마리의 고양이와 함께 살았다(지금은 두 마리가 무지개 다리를 건너 세 마리랑 산다). 그때 매일 약을 먹여야 하는 고양이가 두 마리였는데, 먹일 때마다 고양이의 입을 최대한 벌려 날카로운 송곳니 사이로 약을 밀어넣어야 했다. 이렇게 수년간 하다 보니 어느 정도 익숙해졌고 약 먹기 과정에서 고양이와 교감이 가능해졌다. 물론 가끔 송곳니에 찔리고 발톱에 할퀴는 경우가 있다. 고양이 습성을 알지 못하는 지인들은 내 손과 팔뚝에 난 상처를 보며 고양이가 은혜를 모른다고 타박하곤 한다. 반려동물이라지만 고양이는 사자처럼 완전히 길들여지지 않는 야생동물에 가깝다. 주사 놓고 약 먹이는 행동이 자기를 위하는 것임을 알 리가 없다. 아프고 불편하니까 공격성을 드러낼 뿐이다.

우리는 아픈 고양이처럼 상처 입은 야수의 속성을 지닌 사람들과 함께 살아간다. 그들과 일을 같이하고 연애하며 가족으로 맺어지기도 한다. 다른 사람들과의 관계는 절대 방심할 수 없는 야수와의 관계와 같다. 선의가 있든 악의가 있든 중요치 않다. 그들을 수용하고 이해할 소통 방법이 무엇인지 관찰하고 배워야 가까이 다가가는 데 겨우 성공할 뿐이다.

그런데, 이렇게 힘듦에도 왜 다가가려 할까? 답은 간단하다.

외면할 수 없으니까! 외면하자니 마음 아프고, 같이하자니 '내'가 힘들지만, 그래도 마음보다는 몸이 힘든 게 나으니까. 소울넘버 8번은 자기가 고생을 자청하는 것이 바로 자신의 욕망이고 역할이기 때문임을 수용해야 한다. 그래야 오랫동안 채워지지 않은 내면의 결핍을 충분히 치유할 수 있다.

 소울넘버 8번에게 고생은 일종의 역할이다. 신은 인간이 감당할 수 있는 역경만을 준다는 말이 있는데, 이 말을 바꿔 8번에게 적용하면 이렇다. "신은 고생을 감당할 수 있는 역량을 8번에게 줬기에 고생은 그 역량에 따라붙는 기본옵션이다." 일, 사랑, 인간관계에서 8번이 처음부터 모두를 책임지고 모든 짐을 부담하려는 것은 그게 8번이 가장 잘하는 역할이기 때문이다. 팔자가 사나워서가 아니다. 영영 채우기 힘든 '애정 결핍' 상태의 본인이 자청했기 때문이다. 호구라서 피하지 않은 것이 아니다. 상대에게서 인정받으려는 요구가 더 강했기 때문이다. 아마 8번은 비슷한 상황이 닥쳐도 '바보 같은 선택'을 계속할 것이다.

 그러니 자책하지 마라. 한탄하거나 자학하기보다 이겨낼 힘을 키워라. 한숨 쉬며 힘들다고 하소연하면 당장은 인정받고 위로받지만 결국에 더욱 외로워질 뿐이다. [힘] 카드의 여인처럼 온화한 표정과 긍정적 태도를 취할 때 더 많은 사람들이 주변에 모인다. 그들 모두 8번에게 '내 문제 좀 해결해 줘!'라고 호소하겠지만, 그들을 줄을 세우고 기다리게 하라. 모두를 도울 수 없을뿐더러 모두를 무시할 수도 없으니까.

자수성가한 8번의 이마에는 깊은 주름이 패인 경우가 많다. 그간 고생이 대단했다는 표식이다. 반복되는 고생에 힘겨워하기보다 그것이 삶의 자산이라 여기는 8번의 주름살은 그래서 아름답다.

4원소 속의 소울넘버 8번

에이트 완드 Eight of Wands
힘에게 과로란?

[에이트 완드] 카드의 이미지는 길이가 각기 다른 8개의 막대가 왼쪽 하늘에서 오른쪽 땅으로 날아오는 모습이다. 길이는 다르지만 방향은 같다. 하늘에서 별똥별이 땅으로 떨어지는 장관을 연상케 한다. 이 카드에는 등장인물이 없다. 별똥별처럼 떨어지는 상황을 사람이 컨트롤할 수 없기 때문이다.

우리 주변에는 하고 싶은 일이 떠오르면 즉시 움직이는 사람들이 있는데, 이들을 액션 아이디어 action idea 유형이라고 부른다. 이들은 말이 끝나기 전에, 아이디어가 다 정리되기도 전에 행동부터 취한다. 하지만 행동하는 과정 내내 '이게 맞나, 틀리나?'를 고민한다. 방향을 잃고 헤매면서 전진한다. '힘들다, 어렵다.'라면서도 멈추지는 않는다. [에이트 완드]의 들쭉날쭉한 막대 길이처럼 소울넘버 8번은 일을 할 때 중구난방이고 계획성이 없다.

그러나 분명한 것은 모든 과정을 스스로 검증해야 속시원함을 느끼고 자기가 원하는 대로 해봐야 만족한다는 점이다. 중간 과정도 생략하기 일쑤고 체계없이 여러 일을 벌이다 보니 에너지 효율이 극히 낮고 '힘들다, 어렵다, 괴롭다.'라고 말하지만 타고난 열정과 에너지로 끝까지 자기가 하고 싶은 일을 해봐야 직성이 풀린다.

여기서 에너지가 넘친다는 말은 체력이 좋거나 무한한 긍정적 사고를 지녔다는 뜻은 아니다. 물론 에너제틱한 8번이 있지만, '저질 체력'이고 게으르며 부정적인 성격을 지닌 8번도 많다. 8번의 에너지는 체력과 무관하다. 자기가 열망하는 것은 누구도 막을 수 없고, 제풀에 꺾이기 전까지 욕망을 고집하는 것이 8번의 에너지다.

문제는 자신의 열정을 사람들에게 인정받고 칭찬받으려 한다는 점이고, 그러다 보니 마음이 급하고 무엇이든 과하게 접근한다는 점이다. 감정 몰입이 과하고 과로가 심하며 불평이 많다.

대기업 임원인 8번 남성 내담자는 과중한 업무로 힘들다는 고민을 털어놨다. 나는 "이대로 지속하면 죽습니다. 휴식시간을 가지세요. 스스로를 챙기세요."라고 조언했다. 내 조언을 진지하게 받아들인 그는 바로 회사를 그만두었다. 나는 그가 제대로 쉬려는 듯해서 안심했는데, 며칠 후 그에게서 문자 메시지가 도착했다. 스페인 산티아고로 순례 여행을 떠난다는 소식이었다. 어이가 없었다. 아무것도 하지 않고 휴식에 열중하라는 나의 조언을 이렇게 오해하다니! 그때 나는 깨달았다. 8번에게 휴식이란 그동안 하고 싶었는데 하지 못했던 일을 하면서 욕망을 해소하는 시간이란 것을. 살아있는 한, 아니 욕망이 죽지 않는 한 소울넘버 8번은 '힘들다, 괴롭다.'라고 말하면서도 멈추지 않을 것이다.

[에이트 완드]의 여덟 개 막대가 한 방향으로 움직이듯이, 1부터 8까지 각 과정을 모두 밟아야 직성이 풀리는 8번은 자기 일을 타인에게 맡기는 것이 미덥지 않아서 협업하기보다 혼자서 모든 과정을 도맡는다. '주인 마인드를 가진 머슴'이자 '머슴 마인드를 가진 주인'인 셈이다.

그러다 보니 안타까운 일이 종종 발생한다. 유통 대기업에서 팀장으로 일하던 8번 내담자는 내 조언에 따라 회사를 휴직하기로 준비하던 중에 뇌출혈로 쓰러졌다. 그의 의식은 아직 돌아오지 않았다. 8번은 반드시 자기 체력의 한계를 인지하고 건강과 마음 상태를 꾸준히 체크해야 한다. 만용 부리지 않기. 이것이 일과 인간관계에서 자기 역할을 성공으로 이끄는 유일한 길이다.

에이트 컵 Eight of Cups
힘에게 배신이란?

[에이트 컵] 카드는 앞서 살펴본 [파이브 컵]과 명확히 대비된다. [파이브 컵] 속 인물은 엎질러진 세 개의 컵으로 시선을 떨구고 똑바로 선 두 개의 컵을 등진다. 상실감과 미련으로 고개를 푹 숙인 뒷모습에는 깊은 슬픔이 어린다.

하지만 [에이트 컵]의 풍경은 다르다. 다섯 개의 컵 위에 세 개의 컵이 안정적으로 쌓였다. 엎어진 컵 하나 없이 질서정연하다. 하지만 이상하게도 어딘가에서 불균형이 느껴진다. '다섯 컵 위 네 컵'이어야 자연스러운데 '다섯 컵 위 세 컵'이라서 완벽한 대칭을 이루지 않기 때문이다.

그리고 한 남자가 여덟 개 컵을 등지고 협곡 너머로 떠난다. 물은 자연의 이치대로 위에서 아래로 흐른다. 그러나 이 남자는 물을 거슬러 협곡 상류로 향한다. 아마도 그는 여덟 개의 컵을 완벽한 모양으로 쌓으려 했을 것이다. 하지만 한 자리를 미처 채우지 못했다. 이 빈 자리는 단순한 부족이나 미완성이라고 말하기 어렵다. '밑 빠진 독에 물 붓는 심정'에 가까운 결핍이다.

사람들은 인간관계에서 결핍을 해소하려다가 외로움과 상실감이 더 깊어지는 경험을 하는데 소울넘버 8번은 유난히 이런 상처와 고통에 취약하다. 그래서 나는 8번에게 종종 '타고난 애정결핍자'라고 말하는데 이 말을 전면 부정하는 8번은 드물다. 특이하게도 8번은 자신의 결핍을 채우려고 상대방을 착취하기보다 상대방에게 헌신하고 상대방을 만족시키지 못할까 전전긍긍한다. 또한 자신의 애정과 신뢰를 확인받고자 오감이 느껴지도록 충분한 '접촉'을 필요로 한다. 그래야 정서적으로 안정을 찾는다고 믿는다.

소울넘버 8번에게 애정을 포함한 모든 인간관계는 '지금 내가 관심을 갖는 대상에게 주체적으로 헌신하고 열렬하게 잘해 주면서 애정 결핍을 해소하려는 욕망을 적극적으로 충족시키는 것'이다. 관계를 맺는 동안에는 보상과 같은 세속적인 목적을 내세우지 않고 그저 행복할 뿐이다.

그러다 어느 시점부터 상대에게 생색을 내며 보상을 원하기 시작하는데, 그 이유는 결핍이 없어지기는커녕 밑 빠진 독에 물 붓기처럼 호구가 된 것 같다는 배신감이 들기 때문이다. 하지만 상대 탓이 아니다. 진짜 원인은 본인의 열정이 식어버린 것이고 그 사실을 자각하지 못한 것이다. 자신이 변했음을 깨닫지 못하니까 '헌신해서 헌신짝이 됐다.'는 식으로 자기 팔자를 탓하고 자기연민에 빠질 수 있다. 8번은 이를 조심해야 한다.

그렇다면 상대에게 무조건 잘해 주지 말고 소위 '밀당(밀고 당기기)'을 잘해야 할까? 그래야 후회하지 않고 상처받지 않을까? 연애 고수의 이런 조언이 8번에게는 쉽지 않은 일이다. 8번은 자기 기운이 뻗쳐 그대로 직진하고, 열정적으로 표현하며, 줄 수 있는 것을 모두 주고 싶어 한다. 그래야 '살아있음'을 느낀다. 그러니 8번에게 밀당은 죽다 살다를 반복하는 간헐적 생존일 뿐이다.

소울넘버 8번의 애정 결핍은 타인이 채워줄 빈 공간을 뜻하지 않는다. 자신의 열정을 끝없이 쏟아부을 빈 공간을 찾을 수 없기에 발생하는 내면의 허기, 이것이 애정 결핍에 의해 형성된 8번의 에너지다. 이 거대한 에너지를 한 사람에게 쏟아붓는다면 자칫 서로에게 파멸적인 불균형을 초래할 수 있음에 주의하라. 그렇다고 여러 사람들에게서 만족을 얻으라는 말은 아니다. 오직 사람만을 에너지 쏟을 대상으로 삼는다면 인간관계 문제로 삶이 고단할 수 있다는 의미다. 8번은 자신의 뜨거운 열정을 일, 예술, 운동, 창작 등 다양한 관심사에 분산해 삶의 균형을 이뤄야 한다.

8번 남자는 연애할 때 상대에게 돌직구 같은 열정과 순수한 모습을 보이지만 결혼 후에는 경제적 문제와 육아 문제로 그 열정이 제한받을 수밖에 없어서 외로움을 경험하곤 한다. 반면, 8번 여자는 열정을 쏟을 대상이 처음에는 남편이었다가 나중에는 자식으로 바뀌기에 상대적으로 외로움을 덜 느낀다.

8번은 인간관계에서 종종 무시당하거나 배신당한다고 억울해하는데, 상대는 8번의 열정과 호의가 일방적으로 보여 부담을 느낄 수 있다. 그렇기에 가족, 친지, 애인, 친구, 동료 등에게서 항상 결핍을 느끼는 8번은 새로운 시각을 가져야 한다. 결핍을 긍정적으로 봐야 한다. 어릴 적 갖고 놀던 '슬라이딩 퍼즐' 판에는 한 칸이 비었다. 한 칸이 비어야 흩어진 그림 조각들을 움직일 수 있고 그림을 완성할 수 있기 때문이다. 그 빈자리는 반드시 채워야 할 결핍이 아니다. 미지의 세계로 통하는 문의 열쇠이고 완성으로 가는 통로다.

소울넘버 8번이 인간관계에서 느끼는 결핍은 무언가가 채워지지 않아서가 아니라 열정을 쏟을 새로운 도전이 필요하기 때문이다. 인간관계에서 배신감을 느낀다면 현재의 관계에서 열정이 시들었다는 뜻이고 새로이 열정을 자극할 빈 공간이 필요하다는 신호다.

'용기 있는 사람'은 타인의 배신을 두려워하지 않고 자신의 열정을 배반하지 않으려 애쓰는 사람이다. [파이브 컵]에서 검은 망토를 입은 사나이와 달리, 여덟 개 컵 너머 깊은 협곡을 향해 떠나는 남자의 뒷모습은 그래서 슬프지 않다.

에이트 소드 Eight of Swords
힘에게 고난이란?

[에이트 소드] 카드 속의 여인은 눈이 가려진 채 끈에 묶였고 그녀를 에워싸듯 여덟 자루의 검이 박혔다. 누가 이 여자를 이렇게 둔 걸까? 그런데 자세히 보면 상황이 좀 수상하다. 검들은 뒷편 성으로 가는 길을 안내하듯 꽂혔기에 그녀를 막지 않는다. 눈이 가려졌지만 몸을 묶은 끈은 느슨하고 다리는 자유로운 상태라 그녀가 원한다면 충분히 탈출할 수 있다. 그런데도 여자는 몸부림칠 기세 없이 얼음처럼 위축됐다. 만약 범죄심리학자가 이 그림을 본다면 이렇게 말하지 않을까? "범인은 바로 이 여자입니다. 먼저 칼을 꽂아 놓고 그 후에 눈을 가리고 허술하게 자신의 몸을 묶은 거죠. 그래서 미처 다리까지 묶을 수는 없었을 겁니다.

고로, 이 여자의 자작극입니다."

이토록 억지스러운 '포박 상태'는 8번이 스스로 현실의 책임이라는 속박과 굴레를 뒤집어썼다는 뜻이다. 소울넘버 8번은 강한 생존력과 생활력으로 물질적 보상과 인정을 받아 자신이 원하는 대로 살려는 갈망이 몹시 크다. 하지만 그렇게 살려는 게 8번에게 어려운 일이 아니기에 [에이트 소드]의 여자처럼 마치 고난과 도탄에 빠진 듯 자작극을 꾸밀 이유가 없다. 자작극을 벌인 이유는 8번 본인의 욕망을 충족시킬 '자유'를 원하기 때문이 아니라 원하는 것을 마음껏 해도 괜찮다는 주변 사람들의 '허락'을 바라기 때문이다.

아무도 8번이 하고자 하는 일을 막을 수 없는데도 8번은 늘 주변 사람들이 자신을 온전하고 완전하게 인정해 주길 바란다. 그래서 자기가 원하는 것을 스스로 선택하기보다 헌신적인 책임감으로 주변 사람들의 고난과 고통을 덜어주려고 애쓴다. 물론 8번이 타인을 위해 희생만 하고 자신을 돌보지 않는다는 뜻은 아니다. 앞서 말했듯, 하고 싶은 걸 마음껏 하려고 주변의 인정을 필요로 한다는 의미다.

그럼에도 8번은 슬픈 드라마의 주인공을 자청한다. 아무리 자기가 좋아하고 원해서 열정을 쏟는 것이라 해도 상대가 마음을 이해해 주기는커녕 너무 당연시하거나 무언가를 지적할 때면 8번은 한없는 '자학모드'에 빠진다. 평소엔 씩씩하고 능동적이던 8번이 갑자기 힘들다고 무너져 내리면 주변 사람들은 매우 당황한다. 이럴 때는 위로한답시고 "너무 힘들면 하지 마라."고 말하거나 "그렇게 힘든 걸 왜 하냐?"는 식으로 비난하는 것은 절대 금물이다. 8번에게서 어떤 후환을 당할지 모른다. 8번이 "힘들어 죽겠어!"라고 호소하는 말은 "안 하고 싶다."는 뜻이 아니다. 어느 순간 자기가 실속이 없는 듯해서 '현타_(현실자각타임)'가 오기 때문이다. 주변 사람들에게서 흔쾌히 허락받음으로써 동기를 얻고 싶기 때문이다. 그러므로 위축된 8번에게는 "고생이 많다, 하지만 잘하고 있다. 너니까 할 수 있는 거야."라고 응원해야 한다.

사실 이런 '하나 마나 한' 응원이 없어도 8번은 잘 견디면서 본인이 하고 싶은 걸 잘 해내곤 한다. 그런데도 왜 응원을 바랄까? 그것은 '이기적 자유'보다 '자발적 속박'이 있어야 8번이 덜 외로워하기 때문이다. 그러니 8번은 인간관계나 책임에서 자유롭지 못하다고 자책하거나 컴플렉스로 여기지 않아도 된다.

이 글을 읽는 소울넘버 8번이 현실의 앞길은 막막하고 몸은 무거운데 진흙탕 속을 걷는 듯 고생스럽다고 느낀다면, 게다가 자신에게 '허락'해줄 만한 주변 사람들이 없다면 이 말을 꼭 기억하기 바란다.

> 몸을 당당하게 펴라. 몸을 묶었던 끈이 끊어질 것이다. 자유로워진 팔로 현실을 외면했던 눈가리개를 직접 찢을 수 있다. 내 뒤를 가로막았던 검들은 장애물이 아니다. 성으로 가는 길을 알리는 이정표다.

에이트 펜타클 Eight of Pentacles

힘에게 생산성이란?

[에이트 컵]은 아랫단에 다섯 개의 컵과 윗단에 세 개의 컵으로 나뉘고, [에이트 소드]는 여자를 중심으로 왼쪽에 세 자루의 칼과 오른쪽에 다섯 자루의 칼로 나뉜다. [에이트 펜타클]에서도 기둥에 걸린 다섯 개의 완성된 펜타클과 세 개의 미완성 펜타클로 구도가 나뉜다. 그리고 그 경계, 즉 3과 5의 중간지점에서 한 남자가 열심히 펜타클을 만든다.

수비학에서 5는 황금비율의 상징이며 균형의 수이지만, 3은 불안정 속에서 창조성을 추구하는 확장의 수다. 소울넘버 8번이 3과 5의 에너지를 어떻게 이해하고 조율하느냐에 따라 대인관계, 마인드 컨트롤, 실리적 선택의 결과가 달라진다.

8번에게 인간관계는 완전한 소유와 충족이 불가능한 영역이기에 늘 결핍의 고통을 수반하는 것은 물론이고 욕망과 충동의 심한 기복으로 마인드를 컨트롤하기가 쉽지 않다. 반면, 실리적 문제는 노력한 만큼 정직하게 보상을 받을 수 있어 오히려 수월한 편이다. 카드 속 남자는 작업대 앞에 앉아 망치를 들었다. 이는 도구를 사용한 최초의 인간, 호모 하빌리스Homo Habilis를 상징한다. 작업대와 망치는 기술과 생산성을 높이는 작업 도구이자 전문성을 확장하는 수련의 도구다. 완성된 펜타클 다섯 개는 그가 이미 달성한 기술과 성취이고, 작업 중인 한 개의 펜타클은 현재의 고민이자 극복해야 할 한계이며, 발 아래 놓인 두 개의 펜타클은 다가올 가능성과 확장성을 상징한다. 이미 다섯 개의 결과물을 성실히 쌓았어도 그는 멈추지 않는다. 이는 자신의 한계를 넘으려는 진짜 욕망, 즉 진정한 자기 완성과 내적 성장의 갈망을 상징한다.

소울넘버 8번은 물질적인 것에 열망이 크고 노력에 따라 보상받으려는 심리도 강하다. 겉으로도 성공과 부에 욕심이 많아 보인다. 고생이나 실패를 두려워하지 않는 태도, 진지함, 자신감이 넘쳐 보인다. 그래서일까? 사람들은 8번의 인생 목표가 성공, 명성, 부라고 착각하는 경향이 있다.

그렇지 않다. 카드 속 남자는 완성한 다섯 개의 펜타클을 마을 사람들에게 팔아서 충분한 이익을 남길 수 있다. 그럼에도 작업을 멈추지 않는다는 것은 8번이 진정으로 원하는 것이 단지 물질적 성취만은 아님을 뜻한다.

그를 계속 움직이게 만드는 동력은 자기만족 본능이다. 이런 노력이 8번을 독보적인 장인의 반열에 올릴 수 있지만, 실용성과 시장성을 외면한다면 부각되지 못한다. 그렇기에 8번은 본인의 창의성을 실용성과 연결시켜야 한다. 자기만족 수준에 머물지 않고 사람들에게 실질적인 도움이 되도록 창의성을 발휘해야 8번은 사람들의 인정을 제대로 받는 진정한 장인이 된다.

만약 8번이 피와 땀을 쏟는 노력 없이 지름길을 이용해 빨리 성공하려 한다면 추락의 시기가 빨리 닥칠 수 있으니 조심해야 한다. 반면, 공을 들이느라 세상으로 나아길 주저한다면 장고 끝에 악수를 두는 허무한 결말에 이를 수 있으니 역시나 유의하기 바란다.

카드의 왼쪽 아래에는 마을로 향하는 작은 길이 있다. 이 길은 8번이 새로운 기술을 배우고 익히려는 목적이 그저 부를 이루려는 게 아니라 사회에 실질적 도움을 주려는 것일 때 전문성과 경제적 보상을 동시에 실현할 수 있음을 의미한다. 따라서 견습생처럼 초심을 잃지 않되 장인처럼 새로운 가능성으로 부단히 나아간다는 태도를 유지하기 바란다.

8번에게 쉬운 길은 없다. 고생 없이는 아무것도 얻지 못한다. 그렇다. 어떤 의미에서 이번 생은 망한 것이다. 그러니 가마우지처럼 죽어라 일만 하지 말라. 일부러 시간을 내서 삶의 여유와 즐거움, 소비와 사치의 시간을 만끽하기 바란다.

9

은둔자

- The Hermit -

수비학 속의 소울넘버 9번
다른 차원으로 가는 은하철도 999

1부터 8까지 '씨앗의 여정'은 모두 끝났다. 소울넘버 1번 [마술사] 머리 위의 무한대가 소울넘버 8번 [힘]의 무한대와 만나면서 씨앗의 여정은 일단락된다. 그러나 아직 에네아드ennead라는 이름의 9번이 남았다. 에네아드는 고대 이집트 신화에서 '9로 이루어진 한 조組의 신들'을 가리키는 말이다. 씨앗의 여정이 끝난 후의 에네아드는 무슨 의미일까?

 9라는 수는 1부터 8 사이의 연결고리 밖에 존재한다. 타고난 아웃사이더이거나 초월한 존재인지 모르지만, 9는 주류에 속하지 않아도 무시할 수 없는 존재임이 틀림없다. 여러 히어로가 '어벤저스'로 뭉쳤다 해도 미친 타노스를 이길 수 없었듯, 1부터 8까지의 수는 9가 있어야 순환과 반복만이 존재하는 무한지옥에서 벗어나 다른 차원으로 넘어갈 수 있다.

수학에서 9는 아주 특별한 역할을 한다. 1부터 8까지 모두 더하면 36이 된다. 36을 구성하는 수인 3과 6을 더하면 9가 나온다. 1부터 9까지 더하면 45가 되는데, 4와 5를 더해도 9가 나온다. 또한 9에 어떤 수를 곱하든지 결과값의 각 자릿수를 더하면 9가 튀어나온다.

9 × 2 = 18 → 1 + 8 = 9
9 × 31 = 279 → 2 + 7 + 9 = 18 → 1 + 8 = 9
9 × 125 = 1125 → 1 + 1 + 2 + 5 = 9

그리고 두 자리 수 AB와 BA가 있을 때, 큰 수에서 작은 수를 빼면 그 값은 언제나 9의 배수가 된다.

53 - 35 = 18 (9의 2배수)
72 - 27 = 45 (9의 5배수)
82 - 28 = 54 (9의 6배수)

어떤 자연수든 각 자릿수를 모두 더한 결과가 9, 18, 27 등과 같은 9의 배수라면 그 수는 9로 나누어 떨어진다. 이 법칙은 옛 수학자들이 계산을 다시 확인하는 방법으로 자주 사용했다. 이렇게 9는 마치 자신을 드러내지 않고서도 진실을 비추는 거울처럼 작용한다.

이런 속성은 타로카드에도 적용된다. 메이저카드 22장 중 어느 하나에 9를 더하면 해당 카드의 쉐도우카드(Shadow Card, 빛과 그림자처럼 메이저카드와 '서로 상'을 이루는 카드 조합을 가리키며, 한쪽 카드에 드러나지 않고 감춰진 욕망이나 꿈을 표현한다)가 나온다.

예를 들어보자. 메이저카드 6번 [연인] 카드에 9를 더하면 15번 [악마] 카드가 나오는데, [악마] 카드는 [연인] 카드의 쉐도우카드다. 그리고 15의 1과 5를 더하면 6이 된다. 메이저카드 9번 [은둔자]에 9를 더하면 18번 [달] 카드가 되고, 18의 1과 8을 더하면 9가 나온다. 메이저카드 1번, 2번, 3번의 쉐도우카드는 각각 다음과 같다.

1번 [마술사] + 9 = 10 [운명의 수레바퀴]
2번 [여사제] + 9 = 11 [정의]
3번 [황녀]   + 9 = 12 [행맨]

메이저카드 1번, 2번, 3번은 쉐도우카드를 한 장 더 가질 수 있다(9를 다시 더해도 21을 넘지 않기 때문임).

1번 [마술사] + 9 = 10 → 10 + 9 = 19 [태양]
2번 [여사제] + 9 = 11 → 11 + 9 = 20 [심판]
3번 [황녀]   + 9 = 12 → 12 + 9 = 21 [세계]

수학의 세계가 아닌 자연계에서는 9각형, 즉 에네아드의 구조를 찾기 어렵다. 하지만 동물 세포에는 세포 분열 시 중요한 역할을 담당하는 중심체centrosome가 있는데, 흥미롭게도 그 구조가 '9 + 0'이다. 중심체는 튜불린tubulin 단백질이 3개씩 일렬로 배열된 삼중항triplet 9개로 원통 모양을 형성하는데, 그 안은 비었기에 '9 + 0 구조'라고 일컫는다. 이 중심체는 엄마 중심체와 이를 복제한 딸 중심체가 한 쌍을 이룬다.

생명을 잇는 역할로서 '모녀 상징'은 그리스 신화에서도 찾아볼 수 있다. 대지와 출산의 여신 데메테르Demeter는 하데스Hades에게 납치된 딸 페르세포네Persephone를 찾으려고 이곳저곳을 헤맸다. 슬픔에 잠긴 데메테르가 땅을 돌보지 않자 온 세상이 불모지로 변했고, 제우스는 하는 수 없이 하데스에게 페르세포네를 풀어주라고 명했다. 하지만 하데스는 일부러 페르세포네에게 지하세계의 음식을 먹였다. 지하세계 음식을 먹는다는 것은 영원히 그곳에 살겠다는 약속이기 때문이었다. 페르세포네는 다시 제우스를 찾아가 눈물로 청했고, 그러자 제우스는 1년 중 9개월은 모녀가 지상에서 함께 살도록 했고 나머지 3개월은 페르세포네가 지하세계로 내려가 살도록 중재했다. 이렇게 해서 4계절 중 페르세포네가 지하세계에 사는 기간은 생장을 멈추는 겨울이 되었다. 아이가 태어나기 전 엄마의 자궁에서 아홉 달을 보내는 생명의 법칙에도 에네아드의 속성이 깃들었다.

1부터 8이라는 사이클 밖에 위치한 9는 모든 과정이 지나가야 하는 관문이며 불을 밝히는 등대지기 같은 존재다. 고대부터 수학자들은 스스로 드러나지 않지만 어디에나 존재하는 9라는 수를 보면서 신성과 경외심을 느꼈다. 동서양을 막론하고 종교 영역에서 최고 또는 최종 단계를 나타낼 때는 9를 사용하곤 한다. 월정사 9층 석탑, 황룡사 9층 목탑 등 우리나라의 유명 불탑들을 떠올려 보라.

나에게도 9를 둘러싼 특별한 경험이 있다. 이 경험 덕에 타로와 수비학을 연결하자는 아이디어를 떠올리지 않았을까 싶다. 초등학생일 때 일요일 오전이면 교회에 가야 해서 일찍 일어나곤 했는데(이래뵈도 모태신앙이다), 나는 그 시간이 너무 괴로웠다. 예배 시간과 만화영화 「은하철도 999」의 방영 시간이 겹쳤기 때문이었다. TV 보느라 교회는 늘 땡땡이를 쳤고 그 탓에 엄마한테 등짝 스매싱을 당해야 했던, 눈물없이는 들을 수 없는 슬픈 사연! 어쨌든….

영원히 죽지 않는 기계 인간이 되려고 철이가 메텔과 함께 프로메슘 행성에 이르는 여정에서 겪는 여러 사건을 보면서 나는 어린 마음에도 철이의 꿈이 절대 이루어지지 않을 거라고 예감했던 것 같다. 「은하철도 999」의 원작자는 '999'의 의미를 '완성되지 않은 영원한 소년'을 의미한다고 말했다.

우리나라에도 9가 등장하는 슬픈 결말의 이야기가 있다. 「전설의 고향」에서 꼬리가 9개 달린 구미호가 100일을 하루 남겨놓은 99일째에 정체가 노출돼 인간이 되지 못하고 구천을 떠돌게

된다는 이야기. 나는 TV 속 구미호가 너무 무서워 이불을 뒤집어쓴 채 덜덜 떨면서도 '구미호의 99일'과 '은하철도 999'의 9가 '현실로 이루어지지 않는 꿈'을 의미한다는 것을 어렴풋이 느꼈다. 꿈이 현실로 이루어지면 그것은 이미 꿈이 아니다. 그렇기에 '현실로 이루어지지 않는 꿈'이란 말은 그 자체로 진실이다.

「은하철도 999」에는 1부터 9까지 소울넘버를 상징하는 인물들이 등장한다. 모든 소울넘버의 은하 여행을 돕는 차장의 소울넘버는 0번이다. 그리고 철이의 멘토이자 안내자인 메텔은 매력적이고 독특한 스타일을 지녔고 행성들을 끊임없이 돌아다닌다. 여왕의 대리인이기도 한 그녀는 소울넘버 7번의 전형이다. 그녀가 마지막에 '은하철도 777'을 타고서 떠난다는 것만 봐도 알 수 있다.

그렇다면 철이의 소울넘버는 몇 번일까? 누가 봐도 1번이 아닐까? 철이는 어머니가 기계인간에게서 죽임을 당해 어쩔 수 없이 독립해야 했고 기계인간으로 변신하는 것을 삶의 유일한 목표로 삼아 여행길에 오른다. 자각에 이른 씨앗이 여정을 시작하듯이, 철이는 수많은 행성을 경유하며 고초를 겪고 그 과정에서 점차 성장한다. 소울넘버 2번처럼 절망 속에서 자기만의 해결책을 찾아내고, 3번처럼 타인과 공감하고 즐거워하며, 4번처럼 현실감각을 키우고 자신을 지키려 애쓴다. 그러다가 5번의 개성과 나르시시즘을 내면에서 발견하고, 외적으로는 6번처럼 인간적이고 오지랖 넓으며 사회적 책임감을 중요시하는 청년으로 자란다. 그리고 철이는 기계인간이라는 간절한 꿈이 이루어지려는 바로 그 순간에 다른 길을 선택한다. 7번처럼 한 곳에 머물지 않고 새로운 세상에서 삶을 개척하기로 결정했기 때문이다. 이렇게 고통스럽지만 동시에 아름다운 삶의 과정을 수용하는, 평범하지만 동시에 위대한 인간으로 성장하며 철이는 8번으로 거듭난다.

차장은 철이를 기차에서 내려준 다음 또 다른 소울넘버 1번 승객을 999호에 태우고 떠난다. 사실 이 만화영화의 진짜 주인공은 증기기관차 모양을 한 10량짜리 기차 999호다. 이 기차가 바로 소울넘버 9번의 실체다. 꿈꾸는 자들을 태운 999호는 속세와 현실의 경계를 초월하여 은하수 건너 무한 우주로 날아간다. 다시 말해, 새로운 차원으로 안내한다. 1부터 8까지 무한 반복하는 운명의 궤도 너머로 이탈하려는 의지의 원형, 999호는 바로 에네아드가 심상화된 결과물이다.

타로카드 속의 은둔자
멀리 넓게 퍼지는 지혜의 빛

9번 [은둔자]의 신분은 사제지만 5번 [교황]처럼 휘황찬란한 예복을 입지는 않았다. 그는 남루한 회색빛 후드를 입고 산 위에 홀로 섰다. 타로카드 78장 중에서 9번 [은둔자]만큼 압도적인 크기와 존재감으로 카드 전체에 꽉 차게 그려진 인물은 없다. 하얀 산맥조차 [은둔자]가 밟고 선 발판 정도로 보인다.

   그는 산 정상에 우뚝 서서 발 아래 펼쳐진 세상을 잘 들여다보려고 랜턴을 비춘다. 랜턴 안에 빛나는 헥사그램은 다윗의 별이고 유대인의 상징이다. 소울넘버 6번 [연인]에서 설명했듯이, 2개의 정삼각형이 밑변을 서로 마주보도록 겹쳐 그린 헥사그램은 '불'과 '물'의 합체다. 바른 정삼각형이 '불'이고 뒤집힌 정삼각형이 '물'이다. 동양의 관점에서 헥사그램은 하늘과 땅의 합체, 양과 음의 합체다.

불과 물이라는 두 극단이 공존한다는 것은 이질적이고 거대한 힘이 갈등을 일으키면서 동시에 융합한다는 의미다. 양극단에서 지혜라는 에너지의 빛이 발현된다는 뜻이기도 하다. 이것이 랜턴 속 헥사그램이 갖는 상징이다.

그는 랜턴을 들고 무엇을 살필까? 우선 [은둔자]의 위치에서 세상이 어떻게 보일지 상상해 보자. 10층짜리 아파트 1층에 소울넘버 1번이 살고, 9층에는 소울넘버 9번이 산다면 어떨까? 어느 층이 좋고 나쁘냐를 떠나 두 사람의 시야에 들어오는 세상의 범위는 확실히 다르다. 소울넘버 1번은 1층의 문제를 접할 것이고 그 문제에 더 민감하게 즉각 반응할 것이다. 1층이니까 문제가 발견되면 바로 밖으로 나가서 적극적으로 대응할 수 있다. 반면에 9층에 사는 소울넘버 9번은 시야가 넓기에 더 멀리서 발생한 문제를 발견할 것이다. 그러나 문제를 직접 해결하려면 1층까지 내려가야 하니 시간이 꽤 걸릴 뿐만 아니라 내려간다고 해도 9층에서 봤던 것과 다른 장면을 접할 것이다. 그래서 9층에 사는 9번은 1층에 사는 1번과는 다른 방식으로 문제를 해결해야 한다.

소울넘버 9번은 [은둔자]처럼 아주 높은 곳 한가운데에서 발아래를 비추는 시선을 지녔다. 그리고 그 시선에서 발견되는 문제를 어떻게 해결할지를 전체적인 관점으로 궁리한다. [은둔자]의 역할을 등대지기의 불빛으로 묘사하는 이유는 여기에 있다.

[은둔자]가 든 랜턴은 홀로 밤을 지키는 등대지기와 유사하다. 그는 어둔 밤바다를 항해하는 선박의 안전을 위해 늘 깨어야 한다. 그런데 밤에 불을 밝히는 역할이 이타적이고 헌신적인 등대지기의 것만은 아니다. 교도소 망루에서 죄수들을 감시하는 교도관도 비슷한 역할을 수행한다. 망루는 소수의 교도관이 수많은 죄수를 효율적으로 감시할 목적으로 담장 모퉁이에 높이 솟았다.

담장 망루보다 더 효율적인 감시 방식이 있다. 감방을 원형 경기장처럼 둥글게 이어 붙이고 중앙에 망루 하나를 만들면 한두 명의 교도관이 모든 감방을 감시할 수 있다. 이런 구조물을 판옵티콘(panopticon, 그리스어로 '모두'를 뜻하는 '판'과 '본다'는 뜻의 '옵티콘'을 합성한 말로서 영국의 공리주의 철학자 제러미 벤담이 제안한 교도소의 형태)이라 부른다. 판옵티콘은 실제로 미국의 교도소에서 채택하는 감시 방식인데, 교도관은 망루 안에서 몇 발자국 움직이기만 해도 죄수 전체를 감시할 수 있지만 감방과 상당히 떨어졌기에 아주 안전하다. 더욱이 조명을 감방 쪽으로 비추기 때문에 교도관의 얼굴에 그늘이 져서 죄수들에게 모습이 노출될 위험도 없다. 이보다 더 완벽한 '관찰자 시점'이 있을까?

판옵티콘의 단점이 없는 것은 아니다. 감방에 문제가 발생하면 교도관이 현장까지 다다르는 데 시간이 꽤 걸린다. 그렇기에 중앙 망루 위의 교도관은 사태를 진압하는 역할보다 현장에서 문제에 대처하는 팀에게 조명을 밝혀주는 지원 역할에 알맞다.

이것이 소울넘버 9번의 역할이다.

  여기에서 9번에게 조금은 섭섭한 일이 발생할 수 있다. 9번이 조명을 잘 비춰 주어서 문제 해결에 크게 조력했다 하더라도 현장의 영웅에 비해 존재감이 작을 수밖에 없다. 그렇기에 9번은 밝은 조명 뒤에서 그림자처럼 머무는 자신에게 불만을 가질지 모른다. 만약 불만이 피해의식으로 악화되어 조명의 방향을 자신에게 돌리면 [은둔자]의 실체가 드러나고 만다. 자신의 위치와 정체가 노출되어 위험에 빠질 수 있고, 타인의 호된 비난을 받을 수 있다.

  아무리 옳은 일을 하더라도 세상에는 그걸 고깝게 여기는 사람들이 있다. 100퍼센트 동의나 인정을 얻는 것은 불가능하고 비판과 비난이 가해지기 마련이지만 소울넘버 9번은 이를 견디기 힘들어한다. 생색내고 싶고 유명해지고 싶은 9번에게 타인의 직설적인 비판과 평가는 두려울 수밖에 없다. 그러므로 9번에게는 '신비주의' 전략이 가장 안전하다. 자신을 알아주지 않는다면서 스스로를 크게 드러낸다면 '잘해 주고도 욕먹는' 상황을 만들 뿐이다.

  그렇기에 소울넘버 9번은 타인과의 직접적인 협업보다는 자문가Advisor 역할을 맡는 것이 좋다. 즉, 자신의 독자적 역량을 발휘해 타인이 볼 수 없는 부분을 전체적으로 통찰하고 다양한 각도에서 문제점을 찾아 일러주는 참모 역할이 어울린다.

  9번에게 참모 역할이 잘 맞는다는 점은 한 손에 헥사그램이 빛나는 랜턴을 들고 다른 손에는 지팡이를 쥔 [은둔자]의 상징에서도 잘 드러난다. 그는 문제를 발견해내는 자이고 아이디어를 구상하는 자다. 게임판에 뛰어든 플레이어나 현장에서 활약하는 실행가Doer가 아니라 훈수를 두는 자다. 9번이 이런 전문가 위치에 있다면 타인의 신뢰를 얻을 수 있고 불필요한 충돌 없이 관계를 유지할 수 있다.

만약 9번이 신입으로 조직에 합류한다면 조직 생활이 녹록치 않을지 모른다. 전체를 조망하는 시점으로 참신한 아이디어와 접근방식을 설득력 있게 설명하는 능력으로 동료와 상사의 칭찬을 받겠지만 조금이라도 '오버'하는 순간 "시키는 일이나 제대로 해라. 그건 네 권한 밖의 일이야."라는 식으로 부정적인 피드백을 받을 수 있다.

소울넘버가 9번인 유명인에는 소설가 무라카미 하루키村上春樹, 레게 음악의 전설 밥 말리Bob Marley, 테레사Teresa 수녀, 김수환 추기경, 마하트마 간디Mahatma Gandhi, 미국 대통령 지미 카터Jimmy Carter, 배우 윤여정 등이 있다. 이들의 인생 행보나 라이프스타일, 철학 등으로 우리는 소울넘버 9번의 특징을 파악할 수 있다. 이들이 9번의 대표 인물로 꼽힐 만큼 유명해졌으니 아마도 이들이 살면서 이룬 현실적 성공에도 공통점이 존재할 것이다.

하지만 우리가 보다 주목해야 할 것은 이들의 독특한 정신세계다. 이들은 사회성이 좋거나 사교적이지는 않지만 자기 의견과 정서적 유대감을 공유하길 원하고 그런 식으로 자기 라이프

스타일을 추구한다. 현실적 성공(부, 명예, 권력 등)은 9번의 최종 목표가 아니다. 현실적 성공으로 얻은 인지도와 영향력으로 특정 관심 분야의 이슈에서 활발히 활동하는 것이 9번의 최종 목표다.

정치 분야에서 소울넘버 9번이 최고 권력자가 되는 것은 쉽지 않은 일이다. 자격과 능력이 있냐 없냐를 떠나서 9번은 1번부터 8번까지의 보수적 카르텔에게서 공격을 받고 배제당하기 쉽기 때문이다. 9번인 지미 카터 전 대통령은 도덕주의 정책을 내세워 당선되었으나 임기 내내 낮은 지지율을 기록했고 결국 재임에 실패했다. 그는 퇴임 후에 인권운동가로 활동하며 노벨 평화상을 수상했는데, 이처럼 소울넘버 9번은 4번의 독재적 리더십과 달리 인도주의적 리더십을 고수할 때 성공할 수 있다.

9번은 자신의 기여와 능력을 제대로 인정받지 못하고 종종 오해나 비난을 받곤 한다. 그럴 때 너무 억울하다고 주변에 불평이나 험담을 쏟아내면 공감받기는커녕 잘난척으로 보이고 자기가 한 말 때문에 곤란해질 테니 감정을 자제해야 장기적으로 유리하다. 9번은 억울할수록 은둔자가 되어야 한다. 그렇게 자신의 역할과 적정한 자리를 찾는 데 집중할 때 비로소 현실의 궤도를 뛰어넘을 수 있다.

소울넘버 9번의 역할
게으른 복고풍 혁명가

9번은 자신이 절대 그럴 의도가 아니라고 항변하지만, '사람을 무시한다, 건방지다'라는 평판을 종종 받는다. 왜 그럴까? 나보다 키 큰 사람이 "야, 네 정수리에 흰머리 났어."라고 말하면 어떤 기분이 들까? 안 보이는 부분에 흰머리가 났다는 정보를 알려줘서 고맙긴 하지만 그래도 불쾌하지 않겠는가? 하지만 이보다 중요한 본질은 다른 데 있다. 흰머리를 지적당해서 불쾌하기보다 남의 정수리를 내려다 본다는 사실 자체가 불편한 것이다. 하지만 정보를 알려준 사람은 자기가 그저 키가 클 뿐이고, 그래서 정수리가 내려다보였을 뿐이고, 흰머리를 발견했을 뿐이라고 대꾸하지 않을까? 그러니 흰머리를 지적당한 사람의 표정이 왜 좋지 않은지 9번은 알 수가 없다.

거시적 관점으로 이해하라

소울넘버 9번은 타인을 칭찬하거나 인정할 때도 재미있는 시각을 드러낸다. 누군가에게 훌륭하다고 칭찬을 하면서도 그런 훌륭한 점을 알아본 사람이 바로 자신이라는 사실을 부각시킨다. 결국 자기 칭찬이다. 9번은 이렇게 자기중심적 시각으로 타인이나 사물을 바라보기에 타인의 심기를 거스른다. 너무 나이스하게 지적하는 점도 부아를 유발한다. 하지만 이런 9번의 특성은 성격에 문제가 있어서가 아니다. 온 세상을 잘 내려다보려고 스스로 홀로된 자, 즉 [은둔자]는 자신을 중심으로 360도를 통찰할 위치에 있기에 거시적 관점으로 문제를 이해하고 해결책을 제시할 뿐이다. 그래서 문제가 해결되면 더 좋은 쪽으로 변화될 거라 9번은 기대한다.

친한 친구, 옛 직장 동료, 이웃 등 내 주변에는 소울넘버 9번이 꽤 많은 편이다. 내 소울넘버가 2번이라서 사제 계열에 속한 9번과 잘 통하기 때문일까? (그렇지는 않다. 소울넘버로 '궁합'을 보는 것은 의미가 없다.) 어쨌든 나는 소울넘버 9번의 독특함과 까칠함을 사랑한다. 이들은 내가 무척 이해하기 쉬운 존재들이다. 왜냐하면 이들은 늘 "이게 싫다. 저게 좋아. 이건 관심이 없거든! 저것은 틀렸어. 이것도 틀렸네. 다 틀리고 나만 옳아."라며 자신도 모르게 자기 판단과 느낌을 요란하게 드러낸다. 또한, 겉으로는 상냥하고 매너 있는 호인으로 보여도 싫은 일이나 흥미 없는 일은 하지 않으려 하고 자존심이 상하면 심하게 몽니를 부리기도 한다. 좋고 싫음이 분명하기에 9번을 대하기가 오히려 편하다.

그렇다고 이들이 '프로 불편러'라는 뜻은 아니다. 9번은 [은둔자]의 전지적 시점으로 세상을 바라보며 문제를 가장 먼저 발견한다는 자기 역할에 충실할 뿐이다. 입에 침이 마르도록 구시렁거리는 듯 보여도 사실 틀린 말은 거의 없다. 생색내기나 자화자찬을 상황에 맞도록 세련되게만 한다면 9번은 상대에게 매력적이라는 인상을 줄 수 있다.

자신만의 정답을 찾아라

9번의 '세상 보는 전지적 시점 능력' 덕에 기존에 없던 직업들이 생겨나기도 한다. 이들은 기존의 것들에 문제가 있다고 말하지만 1번 [마술사]처럼 혁신 마인드와 개척정신으로 '맨땅에 헤딩'하는 과도한 에너지 소모와 비효율적인 시도는 하지 않는다. 대신, 기존 시스템들을 자기 스타일로 변형시키는 능력이 탁월하다.

9번은 특유의 눈썰미와 좋은 손재주를 지녔고 높은 창작 욕구를 드러낸다. 요리, 꽃꽂이, 인테리어, 공예 등에 관심이 많아서 여러 곳을 찾아다니며 배운다. 하지만 스승이 가르치는 대로 따라하지 않고 자기 방식을 고집하는 경향이 있다. 그래서 청출어람이라는 소리를 들을 정도로 자기 스타일화하는 능력이 뛰어나다. 9번은 푸드 스타일리스트, 다양한 분야를 융합하는 컨설턴트, 편집숍 디렉터, 꽃꽂이 심리 치료사 등 기존의 직업을 스타일리시하게 변형하거나 새로운 분야와 브랜드를 창출할 수 있다.

   나중에도 살펴보겠지만, [나인 펜타클]을 보면 화려한 싱글처럼 보이는 여자가 황금 동전이 주렁주렁 열린 배경 앞에서 흡족한 표정으로 섰다. 그녀처럼 혼자서 온전히 즐기고 누리는 '자족적 문화생활'이야말로 9번이 일과 역할에서 남다른 독창성을 발휘할 수 있는 필요충분조건이다.

   가성비를 추구하기보다 고급 취향을 즐기고, 기꺼이 돈을 지불해 게으름의 시간을 만끽해야 하니 9번은 은근히 일확천금을 꿈꾼다. 그렇다고 해서 9번이 경제적으로 무능하거나 나태하게 살지는 않는다. 욕심이 많고 남들에게 뒤지는 것을 싫어하기에 매우 경쟁적이고 질투심이 많다.

   그러나 9번이 궁극적으로 원하는 것은 부자나 현실적 성공 혹은 권력이 아니라 사람들에게 존재감과 영향력을 발휘하는 '한량'으로 사는 것이다. 꼭 한량이 아니더라도 독특한 문화생활을 잘 영위한다면 9번은 남들이 따라하기 힘든 독창적이고 인사이트 있는 아이디어를 창조할 수 있다. 그렇기에 9번은 세상이 설정한 정답이 아니라 본인만의 정답을 찾아야 한다. 남들이 만든 자격증을 따기보다 새로운 도전자들에게 자격증을 주는 일을 해야 한다. 이 시대의 마지막 한량이자 꿈꾸는 몽상가로서 9번에겐 현실의 욕망과 이상을 조화롭게 충족시킬 새로운 시각이 늘 필요하다.

4원소 속의 소울넘버 9번

나인 완드 Nine of Wands
은둔자에게 직업이란?

9에 해당하는 네 장의 마이너카드에는 공통적으로 등장인물과 4원소의 상징이 분리된 병풍 구도가 나타난다. [에이트 완드]에서 여덟 개의 막대는 하늘에서 땅으로 떨어지는 별똥별처럼 그려진다. 하지만 [나인 완드]에서는 한 남자가 하나의 막대를 들고 섰고 그 뒤로 여덟 개의 막대가 서로 다른 높낮이로 병풍처럼 늘어섰다. 이는 9의 단계에 이르러 여덟 개의 막대는 더 이상 허공을 가로지르지 않고 땅에 뿌리를 내린 생명이 되어 각기 다른 속도로 성장한다는 의미다.

9는 1부터 8까지의 여정을 거치면서 습득한 경험을 갈무리하고 복기하며 업그레이드하는 마지막 단계다. 따라서 뒤에 선 여덟 개의 막대는 일터에서 발생하는 다양한 업무와 역할을 상징한다. 그런데 남자가 든 한 개의 막대는 이들과 연결되지 않는다. 이 막대는 1부터 8까지의 과정을 관리감독하는 데 필요한 지팡이, 즉 관리자로 보이는 남자가 중심을 잡고 지탱하는 도구다.

관리감독의 일은 스트레스가 큰 정신노동이긴 하지만 뚜렷하고 물리적인 결과를 내는 일은 아니다. 관리감독은 9번의 역할상 피할 수 없는 일이고 적성에 맞는 일이기도 하다. 9번은 뒷편의 여덟 개 막대가 상징하는 물리적 노동력이 필요한 업무에 몰두하기보다 한 발 떨어져서 전체 흐름을 관찰하고 문제를 진단하며 새로운 해결책을 고안하는 '문제 해결사'의 전문성을 발전시켜야 한다.

사실 9번은 문제 해결사 역할에 맞게 수많은 정보 속에서 의미있는 것을 가려내는 눈치, 눈썰미, 센스 등 직관력을 타고난다. 또한 이들은 좋아하는 무언가에 꽂히면 그것과 관련된 정보를 강박적으로 파고들어 수집하고 탐닉하기에 직관력을 더욱 키운다. 겉으로는 맥락 없이 왔다갔다하는 듯 '헛짓거리'로 보이지만, 9번에게 이런 무용해 보이는 경험이 가장 소중한 자산이자 자신만의 세상이다.

이런 특성을 지닌 9번은 정치, 경제, 종교, 문화 등 사회 전반의 문제를 탐구하고 비평하는 분야에서 탁월한 통찰력을 발휘한다. 물론, 사람들은 이들의 의견과 대안이 너무 급진적이고 비현실적이라고 종종 평가한다. 더불어, 9번은 원래 직접적으로 변화를 실현하려는 행동가가 아니라 참모 스타일이라서 남들에게서 '게으른 혁명가' 혹은 '은둔의 컨트롤러'라는 평가를 듣기도 한다. 전략은 뛰어나지만 직접 손에 피를 묻히기는 꺼리는 고수랄까? 그래서 혼자 모든 걸 해내야 하는 환경에서 9번은 오래 버티지 못한다.

그러나 9번은 좋든 싫든 검증받은 조직이나 시스템에서 경험을 쌓는 게 좋다. 조직의 시스템과 인프라를 이용한다면 자신의 혁신적 아이디어를 실현시킬 기회가 많고 성공할 확률도 높기 때문이다. 조직에서 벗어나 활동하고 싶다면 매니악한 분야에서 독창성을 발휘하는 전문가로 꿋꿋이 밀고 나가는 것이 좋은 전략이다. 예를 들어, 대중의 기호와 취향에 편승하지 않는 '독설' 비평가, 단기적이고 긴급한 사안에 투입되는 프로젝트 매니저, 참신한 비지니스 모델을 제시하는 컨설턴트, 구조조정을 기획하는 인사 컨설턴트, CEO 직속의 전략가, 연수원 원장 등이 9번의 역할에 적합한 직업이다. 이런 직업들은 9번의 잠재된 직관력과 통찰력을 발굴해 구체적인 성과를 창출케 할 가능성이 크다.

대학 교수, 교사, 정신과 의사도 9번에게 적합한 직업이지만, 직업 특성상 보수적이고 경직된 문화를 지닌 조직에서 일해야 하기에 9번은 남들에게 '너무 튄다'는 부정적인 인상을 줄 수 있다. 다른 구성원들과 협업하기 어렵고 충돌하기 쉬워서 무기력함에 빠질 수도 있다. 앞서 언급했듯이, 소울넘버 9번은 [나인 완드] 뒷쪽의 1부터 8까지 막대에는 속하지 않기 때문이다. 아무리 9번의 능력이 탁월하고 존재감도 강하더라도 조직 내 관계에서 배제된 듯한 배신감을 자주 경험할 수 있다. 9번은 정치와 처세에 둔감하고 조직의 생리를 무시하는 성향을 가졌기에 어느 순간 '낙동강 오리알' 신세가 되기도 한다. 결국 조직에서 오래 못 버티고 독립을 선언할 확률이 매우 높다.

하지만 이것은 단점이 아니고 불행한 팔자도 아니다. 9번의 숙명이자 자신만의 길을 결국은 개척해야 한다는 운명이다. 그래도 과거와 달리 과학 기술의 혁신으로 혼자서 많은 것을 해낼 수 있기에 9번에게는 이보다 훌륭한 업무 환경은 없다. AI(인공지능), 다양한 온라인 플랫폼, 미디어 기술 등의 발전은 9번에게 매우 유리한 조건이다. 그러니 세상과 조직에, 인간관계에 적응하려고 너무 애쓸 필요가 없다. 차라리 은둔하며 자신의 독창적 세계관을 창조하는 게 9번에게는 성공의 열쇠다.

나인 컵 Nine of Cups
은둔자에게 타인이란?

아침 출근길, 만원 지하철에서 어떤 이가 '쩍벌' 다리를 하고 팔짱 낀 채 유행에 한참 뒤떨어진 모자를 쓰고 당당하게 앉았다면 남들에게 어떤 인상을 줄까? 지하철 빌런? 신체 언어 전문가들은 쩍벌 자세가 우위를 과시하려는 심리에서, 팔짱낀 자세는 방어하려는 심리에서 나온다고 분석한다. 납득이 되는 설명이지만 절대적인 답은 아니다.

  지하철 빌런처럼 보이는 [나인 컵]의 남자는 남들에게 권위를 과시하려고, 남들의 공격에 방어하려고 그런 자세를 취한 게 아니다. 마치 트로피처럼 단상에 진열된 아홉 개의 컵은 여유와 만족스러움을 상징한다. 이 남자에게는 쩍벌과 팔짱 자세를 취해서 타인을 불편하게 만들려는 이기적인 의도가 없다. 그는 사람들과 섞이길 원하면서 동시에 그 밀착된 관계 안에서 자신만의 정서적 공간과 물리적 공간을 확보하길 원할 뿐이다. 이런 평화적인 거리두기가 어려워지면 9번은 매우 예민해지고 스트레스를 받는다. [나인 컵]의 남자는 힘을 과시하기보다 자신에게 힘이 있다는 믿음을 솔직하게 남들에게 드러낸다. 믿는 구석이 있을 때 자연스럽게 당당해지는 법이다.

혹자는 이런 모습이 우월감과 권위의식의 표출이라고 반감을 가질지 모른다. 중앙에 당당하게 앉아 아홉 개의 컵을 과시하듯 병풍처럼 세워 놓고 만족감 가득한 미소를 짓는 모습이 그다지 겸손해 보이지 않기 때문이다. [나인 컵]의 남자에게서 느껴지는 이런 복잡한 감정이 바로 타인들이 9번에게서 받는 인상이다.

9번이 무심한 개인주의자처럼 보이더라도 이들은 사람들의 심리와 감정선을 섬세하게 감지하고 복잡한 내면을 잘 읽는다. 또한 아웃사이더처럼 따로 행동하는 듯 보이더라도 늘 사람과 사람 사이의 복잡다단한 관계에 관심을 기울이기에 제법 사회적이다. 진정한 은둔자라면 세상만사에 관심을 끊고 '은둔형 외톨이'로 살겠지만, 소울넘버 9번은 온라인이든 오프라인이든 사람들 사이에서 발생하는 모든 일에 관심을 가지고 직간접으로 관계를 유지하는 독특한 사회성을 지녔다.

은둔자를 뜻하는 영어 단어 hermit(허밋)는 고대 그리스어로 황무지, 사막, 외딴곳을 의미하는 eremos에서 유래했다. 이 말에서

'외딴곳에 홀로 지내는 사람'을 뜻하는 eremites가 파생되었고, 중세 라틴어 eremita를 거쳐 hermit로 정착됐다. 어원 측면에서는 직접적인 관련은 없지만, 상징 측면에서 hermit의 어미 -mit는 missile(미사일)의 어근인 mittere, 즉 라틴어로 '던지다', '보내다'란 뜻을 떠올리게 한다. missile은 '던질 수 있는 것', '보내지는 것'을 의미한다. hermit과 missile의 공통점은 공간을 전제로 한 거리감이다.

은둔자 hermit은 세상과 단절하려고 고립을 택한 게 아니라 세상을 더 멀리 보고 더 깊이 보려고 스스로 세상과 거리를 두는 존재다. 그는 고립되거나 따돌림당한 외톨이loneliness가 아니다. 그는 스스로 타인과 거리를 두고 멀리서 빛나는 홀로된 자aloneness다.

홀로된 자인 9번에게 인간관계의 목적은 철저히 자기만족이다. 그래서 9번과 관계를 맺는 주변의 반응은 극단적이다. 매우 좋아하거나 매우 재수 없어 하거나. 단순히 9번의 성격이 평범하지 않아서는 아니다. 9번은 인간관계 자체에 집중하기보다 자신이 추구하는 목적을 공유하는 사람이나 단체에 집중한다. 도움이 절실한 집단, 공통 관심사가 있는 상대, 도덕적이고 인도주의적인 목적을 공유하는 단체와 밀접한 관계를 맺는다. 한 마디로 인간애가 아니라 '인류애적 관계'를 지향한다. 만약 9번이 가족, 학교, 직장에서 늘 겉도는 느낌이고 아무리 애써도 이너서클에 끼지 못해서 소외감을 느낀다면 그건 단순한 느낌이 아니라 엄연한 사실이다.

[나인 컵]에 병풍처럼 놓인 아홉 개의 컵 사이에 9번이 끼어앉을 자리는 없다. 그 안에 끼려고 애쓰는 것이 얼마나 소모적이고 어색한지 객관적으로 바라봐야 한다. 그 사이에 끼려고 하기보다 아홉 개의 컵을 바라보는 입장이 되어야 한다. 그러면 아홉 명의 지지자들 앞에 선 특별한 주인공이라고 스스로를 상상할 수 있다. 9번에게 타인은 여전히 타인이다. 사람들 사이에 바람이 지나갈 만큼의 공간이 9번에게는 필요하다.

나인 소드 Nine of Swords
은둔자에게 걱정이란?

깊은 밤처럼 검은 공중에 아홉 개의 칼이 커튼처럼 허공에 떴고 그 아래 한 여자가 손으로 얼굴을 감싼 채 침대 위에 앉았다. 아홉 개의 칼은 여자를 겨누지 않고, 그녀의 몸엔 상처 하나 없다. 그녀의 표정은 보이지 않지만 두려움, 고통, 슬픔이 오롯이 느껴진다. 안전하게 휴식을 취할 수 있는 공간인 침실에서 아홉 개의 칼보다 더 무서운 악몽을 꾸었을까? 혹시 가위에 눌린 걸까? 아니면 낮에 생긴 걱정으로 쉬이 잠들지 못하는 걸까? 어떤 이유든 이 카드가 말하는 고통은 실제 사건이나 질병 혹은 상처에서 유발된 고통이 아니라 '망상'에서 비롯된 내면의 고통이다.

그렇다면 소울넘버 9번은 왜 이런 망상에 고통받을까? 이들의 걱정 대부분은 아직 오지 않은 미래, 일어나지 않은 일, 돌이킬 수 없는 과거, 미해결된 문제, 내 앞에 벌어진 타인의 문제에서 나온다. 9번에게 특별히 이타적인 관심과 약자를 향한 연민과 동정심이 있기 때문은 아니다.

소울넘버 9번은 높은 산 정상에서 세상을 한눈에 내려다본다. 현실에서 멀리 위치하고 사적인 공간에서 총기 난사, 지구 온난화, 차별, 탄압, 부정부패, 전쟁 등 온갖 비극적인 것들로 가득한 세상을 내려다보는 9번은 답답함과 무기력을 느낄 수밖에 없다. 그러니 9번은 자신에게 특별한 문제가 없더라도 낮에 꾸는 악몽처럼 세상의 아픔을 느낀다. 다행히 9번은 매우 높은 시점에서 세상을 관찰하기에 음소거된 공포 영화를 보는 듯한 상태로 세세한 일에 연연하진 않는다. 하지만 그래도 예민함과 감정의 기복에서 자유롭지 못하다. 본인도 모르게 감정의 파도에 휩쓸려서 주변 사람들을 불안감으로 휘감는다.

평소에는 거센 비난에도 흔들리지 않는 '텅스텐급 강철 멘탈'을 보이다가 어느 날은 '쿠크다스'처럼 쉽게 부서지며 감정의 낙차를 드러낸다. 처음에는 자책을 하다가 심하면 피해의식에 빠져 가까운 사람들을 원망하고 몰아세우기에 관계를 어렵게 만든다. 그러다가 하루 아침에 딴사람처럼 멀쩡한 멘탈로 돌아와서 사람들을 어리둥절하게 한다.

9번이 이렇게 주기적으로 정서 불안을 보이는 이유는 성격 문제가 아니다. [나인 소드]의 여자처럼 운명적으로 느껴지는 예지적 불안감이 해소되지 않고 계속 누적되어 발생하는 부작용이다. 여기서 '운명적'이라 표현한 것은 9번의 불안감이 정신 건강에 문제가 있어서가 아니라 문제 해결을 위한 직관력을 닦는 과정이기 때문이다.

9번은 자신이 타고난 능력을 잘 컨트롤하지 못해 생기는 부작용을 어떻게 줄일까? 사실, 방법은 간단하다. 종교 생활, 정신과 상담, 약물 치료는 그다지 효과가 없다. 현실을 도피하려고 억지로 눈과 귀와 입을 닫기보다 자신만의 세계에 깊이 몰입해야 한다. 시쳇말로 '덕질'에 가까운 문화 생활이나 취향에 몰입하고 탐닉해야 잠시라도 모든 걱정을 잊을 수 있다. 단점은 품위 유지비가 많이 든다는 것뿐?

악몽은 악몽일 뿐이다. 중요한 것은 '악몽보다 해몽'이다. 세상의 고통이 가슴에 걱정을 유발하고 걱정은 감정에 상처를 남기지만 그 상처를 따라가면 타인을 위로할 지혜를 만날 것이다.

나인 펜타클 Nine of Pentacles

은둔자에게 로또란?

재물운을 상징하는 펜타클 카드에서 [나인 펜타클]은 누구나 반기는 길吉한 카드다. 이 그림은 여느 카드들과 확연히 다른 차원의 풍요로움을 보인다. 아홉 개의 황금 펜타클 사이로 아홉 송이 포도가 주렁주렁 매달렸다. [세븐 펜타클]에도 넝쿨이 등장하지만 포도가 완숙한 상태로 등장하는 펜타클 카드는 오직 이 카드뿐이다.

  황금색 가운을 입고 우아하게 선 여자를 중심으로 왼쪽에는 펜타클 6개와 3개의 포도송이가, 오른쪽에는 펜타클 3개와 6개의 포도송이가 달렸다. 양쪽의 합이 동일하게 9가 되는 이 대칭 구도는 그녀의 재력, 교양, 감성이 안정적이고 완벽한 균형에 이르렀음을 의미한다.

9는 1에서 8까지 모든 노력이 하나로 맺힌 마지막 결실이자 씨앗의 궁극적인 목표다. [나인 펜타클] 카드는 현실의 열매인 펜타클과 이상의 열매인 포도를 하나의 화면에 배치함으로써 현실을 넘어서 다른 차원으로 향하는 9의 속성을 담았다. [쓰리 펜타클]이 '이상의 목표를 달성하려는 순수한 협업'을 함의한다면, [나인 펜타클]은 이상의 목표가 현실화된 모습, 즉 '이상적이고 새로운 라이프스타일'을 제시한다. 소울넘버 9번에게 재물은 현실 세계를 살면서 축적해야 할 목표가 아니라 이상 세계에 이르는 데 필요한 연료다. 재테크 전문가가 스타벅스에서 카페 라테 한 잔 값을 매일 저축하면 목돈을 마련할 수 있다는 소위 카페 라테 효과 Caffe Latte Effect를 주장하면 9번은 이렇게 대꾸한다. "한 푼 두 푼 모아 한 방에 우아하게 카페 라테를 즐기는 것, 그게 인생이야."라고.

9번 [은둔자]가 겉모습이 청렴한 수도사 같다고 해서 실제 삶까지 검소하고 금욕적이라 간주하면 오산이다. 사실, 중세라는 극단적인 계급 사회에서 9번은 종교학자이자 수도사라서 고달픈 노동과 치열한 권력 다툼에서 한발 물러났었다. 9번은 현실의 부富와 귀貴를 누리지 못했어도 지혜, 명예, 아름다움 등 진정으로 무용無用한 것을 사랑했던 계급이었다.

하지만 이처럼 고고하게 살려면 돈이 많이 드는 게 요즘의 현실이다. 그래서 현대의 9번은 일확천금의 유혹에 쉽게 끌리곤 한다. 아니, 쉽게 돈을 벌 거라 믿고, 적게 일하면서 많이 벌기를 바란다. 누구에게나 이런 욕심이 있다고 말하겠지만, 9번은 그 욕심이 현실화될 거라고 믿는다. 돈 자체가 목적이 아니라 빨리 충분한 돈을 만들어 현실의 의무와 부담에서 벗어나 자신만의 소박하고 우아한 시간을 누리려는 열망이 크기 때문이다.

9번은 돈을 매우 사랑하지만 편리한 라이프스타일, 호사스러운 휴식, 혼자만의 여행, 독특한 취미 활동, 고상한 소비, 화려한 사교 등에는 아낌없이 돈을 지불하려 한다. 그러니 주변 사람들의 눈에는 물욕이 많고 '자기만족형 사치'를 부리는 자로 오해받을 수 있다.

경쟁이 치열하고 높은 기준을 강요하는 한국에서 살아가려면 누구나 경제적으로 스트레스를 많이 받겠지만, 9번은 다른 의미에서 더 심각한 스트레스를 경험한다. 사회적 성공, 인정, 재산에 연연하기 때문이 아니라, 하기 싫은 일을 하지 않을 자유와 하고 싶은 것을 할 수 있는 자유를 얻으려면 일단 경제적 자유를 획득해야 하기 때문이다.

경제적 자유로 풍요로운 라이프스타일을 누리는 것이 9번의 궁극적인 재물운이다. 하지만 경제적 자유에 이르겠다고 해서 따라하기 벅찬 재테크나 투기에 지나치게 몰두하지 않기를 바란다. 몸과 마음이 피폐해질 수 있기 때문이다. 본인이 아무리 계획을 잘 세운다 해도 그 계획과 상관없이 돈이 들어왔다가 나가기를 반복하는 것이 9번의 특징적인 돈 흐름이다. 그러니 남들처럼 돈으로 라이프스타일을 사려고 하지 말고 돈이 없어도 자신이 원하는 라이프스타일을 추구하는 방법을 찾아보라. 새로운 시각으로 바라보면 9번만의 독창적인 아이디어가 튀어나올 것이고 그 아이디어로 대박이 날지 모르니까.

맺음말
불에서 물로, 그 연금술 같은 여정

저는 [에이트 완드]에서 영감을 받아 『나의 소울넘버』 초판 표지에 아홉 개의 별똥별이 하늘에서 한 사람에게 떨어지는 모습을 나타냈습니다. 그 별똥별은 고독한 인간 존재의 운명을 일깨우는 상징이죠.

타로수비학을 통해 나의 소울넘버를 알아간다는 것은 홀로 태어나 홀로 죽는 인간이 자기 자신이라는 신비한 타자他者를 만나는 일입니다. 이 만남으로 고독이라는 공허가 모험으로 바뀌고 어지러운 방황이 도전으로 전환되는 여정이 시작됩니다.

별똥별 이미지는 길가메시Gilgamesh 서사시의 한 장면에서 연상한 것이기도 합니다. 길가메시는 어느 날 꿈에서 별똥별을 보았는데, 그의 어머니는 "너의 운명을 바꿀 인연, 곧 엔키두Enkidu

의 도래"라고 해몽해 주었죠. 이 꿈을 계기로 누구도 제어할 수 없었던 폭군 길가메시가 한 인간으로 변화했는데, 저는 그의 탈바꿈이 소울넘버로 '나 자신'을 깨닫는 순간과 닮았다고 보았기에 별똥별 아홉 개가 떨어지는 이미지를 표지에 담았죠.

하지만 이번 개정판에서 저는 새로운 관점을 이야기하고 싶었습니다. 아니, 다음 단계로 나아가고 싶었다는 게 보다 정확한 표현입니다. 길가메시가 엔키두의 죽음을 목격하고 깊은 상실감과 죽음에 대한 공포에 빠져 불사초를 찾고자 광야를 방황하는 모습은 '나를 알아간다는 것'의 불완전한 여정을 암시합니다.

길가메시는 천신만고 끝에 얻은 불사초를 눈앞에서 놓치고 마는데, 그것은 불행이 아니라 운명입니다. 마치 「은하철도 999」의 주인공 철이가 마지막 순간에 불사의 기계인간이 되길 거부하고 다른 사람들을 도우려고 여행을 떠나는 것과 같은 맥락이죠.

길가메시 역시 우루크로 돌아가 도시의 성벽을 바라보면서 자신의 업적과 삶의 의미를 재발견합니다. 그 모습은 [식스 컵]을 연상케 하죠. 한 아이가 다른 아이에게 잔을 건네는 이미지는 '과거의 나'가 '미래의 나'를 돕는다는 시간의 선물이고, 성장한 후에 반추한 '기억 속의 나'를 따뜻하게 껴안는 장면이기도 합니다.

그래서 이번 표지의 컨셉트로 저는 '나의 새로운 이면을 만나는 순간'을 의미하는 [에이트 완드]의 별똥별이 아니라 '나를 통해 나를 돕고 타인을 돕는 여정'을 상징하는 [식스 컵]을 선택했습니다. 긴 시간 개정판을 준비하며 저의 세계관 역시 불에서 물로, 속도에서 순환으로 연금술처럼 극적으로 변화했음을 깨달았기 때문입니다.

이제 이 책은 '나는 누구인가?'를 질문하는 책이 아닙니다. '나는 나를 통해 타인을 어떻게 도울 수 있는가?'에 답하려는 책입니다. 별똥별이 떨어질 때 소원을 빌 듯 당신의 소원은 타인에게 건네는 작은 손으로 완성될 겁니다.

3년 넘게 개정판을 마무리하지 못해 늘 가슴 한 켠에 괴로움이 뱀처럼 똬리를 틀었는데, 혼돈스럽던 세상이 질서를 찾아가는 새 시대에 마침내 개정판을 내놓으니 이보다 더 기쁠 수 없군요. 여러분에게 연금술 같은 변화가 일어나기를 소망합니다.

한민경의 타로수비학

나의 소울넘버

©한민경

개정판 1쇄 발행 | 2025년 8월 20일

지은이	한민경
편집디자인	유정식
일러스트	이강호
표지디자인	이강호
펴낸이	유정식
펴낸곳	경다방
출판등록	2020년 7월 27일(제2020-000080)
주소	서울시 서대문구 연희로27길 113, 1층 (우. 03698)
전화	02-733-1568
이메일	kyoungdabang@gmail.com

값 25,000원
ISBN 979-11-973221-3-6   03180

*이 책의 판권은 지은이와 경다방에 있습니다.
 이 책 내용의 전부 또는 일부를 재사용하려면 반드시 양측의 서면 동의를 받아야 합니다.
*잘못 만들어진 책은 구입하신 서점에서 교환해 드립니다.